CONSIDERACIONES ACERCA DE LA RELACIÓN ENTRE EL SER HUMANO Y EL ORDENAMIENTO JURÍDICO

CONSIDERACIONES ACERCA DE LA RELACIÓN ENTRE EL SER HUMANO Y EL ORDENAMIENTO JURÍDICO

SUJETO, OBJETO Y ACCIÓN COMO ELEMENTOS FUNDAMENTALES DE LA PROPOSICIÓN JURÍDICA

Juan Ignacio Pinaglia-Villalón y Gavira

Doctor en Derecho Profesor de Derecho Civil

COLEX 2023

Foto de portada: imagen de la barbarie humana. Seres humanos (sujetos de derecho) rebajados a la categoría de cosas (objeto) por otros seres humanos (sujetos de derecho) para ser (acción) directamente asesinados en cámaras de gas y quemados, algunos todavía con vida, en hornos crematorios. Imagen del holocausto que tuvo lugar hace 80 años.

«Quien olvida su historia está condenado a repetirla»
(frase escrita en la entrada del bloque número 4
del campo de exterminio Auschwitz I).

© Editorial Colex, S.L.
Calle Costa Rica, número 5, 3º B (local comercial)
A Coruña, C.P. 15004
info@colex.es
www.colex.es

I.S.B.N.: 978-84-1359-653-2
Depósito legal: C 765-2023

Este libro está dedicado a la memoria de todos los seres humanos inocentes e indefensos cruelmente asesinados sin piedad y misericordia, como corderos llevados al matadero

SUMARIO

INTRODUCCIÓN 11

CAPÍTULO I. CUESTIÓN PRELIMINAR: LOS CARACTERES DEL DERECHO: CARÁCTER HUMANO, CARÁCTER SOCIAL Y CARÁCTER NORMATIVO 13

CAPÍTULO II. EL SIGNIFICADO FENOMENOLÓGICO DEL DERECHO. LA DIMENSIÓN EXISTENCIAL DE LA JURIDICIDAD: LA VIDA HUMANA EN RELACIÓN 17

CAPÍTULO III. EL MUNDO DE LOS VALORES 21

CAPÍTULO IV. EL CONCEPTO JURÍDICO DE INTERÉS: SU SIGNIFICADO PARTICULAR EN RELACIÓN CON LA PERSONA 27

CAPÍTULO V. EL RECONOCIMIENTO DEL VALOR ESENCIAL DE LA PERSONA HUMANA EN LOS SISTEMAS NORMATIVOS ESPAÑOL E ITALIANO: EL ARTÍCULO 10 DE LA CONSTITUCIÓN ESPAÑOLA Y EL ARTÍCULO 2 DE LA CONSTITUCIÓN ITALIANA 33

1. Introducción 33
2. La concreción constitucional del valor jurídico de la persona humana 34
3. Punto de partida en el análisis de la categoría jurídica de la subjetividad: la persona humana como sujeto de derecho, y no como objeto, en las Constituciones española e italiana. El principio constitucional de igualdad formal o igualdad ante la ley 48
4. La definición de la subjetividad en función de las condiciones personales y materiales del ser humano. El principio constitucional de igualdad material o igualdad real 54
5. Aproximación preliminar a la configuración de la subjetividad desde la perspectiva constitucional 58

CAPÍTULO VI. ANÁLISIS ESPECÍFICO DE LA SUBJETIVIDAD JURÍDICA 63

1. El concepto de persona física y la especial trascendencia del cuerpo humano como materialización de la subjetividad 63

2. La regulación legal de los sujetos del derecho en función de la actividad desarrollada o del papel concretamente desenvuelto en las relaciones intersubjetivas. El instrumento cualificante del *status* 72

3. El *status* como instrumento técnico que define a la persona en su dimensión social con la finalidad de aplicar una determinada disciplina legal . . 78

4. La relevancia del comportamiento del sujeto empírico en la experiencia jurídica 91

5. La configuración constitucional y civil del comportamiento del sujeto privado en las relaciones intersubjetivas: el principio de solidaridad 100

6. La esencial estructura relacional o social del ser humano como fundamento de la vida jurídica entendida como experiencia de vida: sus consecuencias en el plano de la subjetividad jurídica. 109

CAPÍTULO VII. ANÁLISIS DEL PROBLEMA FUNDAMENTAL DEL COMIENZO DE LA VIDA JURÍDICA 119

1. El nacimiento como hecho social determinante del inicio de la vida jurídica. Particular referencia a la situación del concebido y no nacido en nuestro ordenamiento jurídico 119

2. El nacimiento con vida 128

CAPÍTULO VIII. LAS CONDICIONES FORMALES NECESARIAS PARA EL DESARROLLO DEL PODER REAL DEL SER HUMANO NACIDO EN LAS RELACIONES SOCIALES 133

CAPÍTULO IX. CAPACIDAD JURÍDICA Y CAPACIDAD DE OBRAR. 135

1. Introducción 135

2. La capacidad jurídica 138

3. La capacidad de obrar. Especial referencia a los menores de edad 140
   A. Concepto y fundamento de la capacidad de obrar 140
   B. Punto de partida: la originaria formulación de la tutela del menor 144
   C. El concepto de la capacidad natural de entender y querer y su relevancia constitucional. 145
   D. Situaciones concretas en las que se da relevancia a la capacidad natural de entender y querer: la responsabilidad extracontractual, el contrato y los derechos de la personalidad 148
   E. La dimensión relacional de la capacidad 158

BIBLIOGRAFÍA. 163

INTRODUCCIÓN

El presente libro se inició y se terminó en la ciudad medieval y eterna de Siena (Italia) durante una estancia de investigación en el Departamento de Derecho de su Universidad, desde principios de febrero de 2020 hasta finales de junio del mismo año.

Desempeñé mi cometido profesional en unas circunstancias muy adversas a consecuencia del obligado enclaustramiento al que nos sometió la situación de pandemia que nos azotó a partir del mes de marzo del año 2020 y que tanto dolor, muerte y destrucción causó. La mayoría de la gente no piensa en la muerte. Esto nos lo recuerda la muerte misma mientras juega al ajedrez en la playa de *El séptimo sello*, la película del cineasta sueco Ingmar Bergman. Siempre llega el día, contesta su contrincante, en que estando al borde de la vida uno no tiene más remedio que enfrentarse a las tinieblas. En medio del más riguroso silencio, de la más absoluta soledad y de las tensiones trascendentes, tuve ánimos para cumplir mi misión haciendo lo que tenía que hacer: *carpe diem quam minimum credula postero* (Horacio).

El trabajo de investigación realizado pretende aportar modestamente unas breves reflexiones acerca de un tema de teoría general del derecho, la subjetividad jurídica, estudiando específicamente, pero no exhaustivamente, porque no es esa la intención, algunas cuestiones fundamentales que dejamos señaladas en este momento:

- En primer lugar, la consideración constitucional del ser humano como presupuesto ontológico del derecho, tutelado desde el momento en que vive en las formaciones sociales; por tanto, con respecto al valor jurídico de la persona la realidad no es otra que la que se realiza en la existencia social del ser humano. La primera característica del ser humano es su estructura relacional que expresa el sustantivo latino *persona*. Sobre la común condición humana de los individuos descansa la igualdad entre ellos.
- En segundo lugar, la consideración de que la juridicidad no se agota en la previsión de un sistema que se limita a establecer esquemas de acción y que hace del sujeto solo un abstracto centro de imputa-

ción de situaciones jurídicas (efectos), sin tener en cuenta el modo en que tales situaciones se concretan en la realidad histórica. Es algo evidente para todos que la vida humana no se desenvuelve en una dimensión ideal y perfecta, sino que, como dice Ortega y Gasset, «la vida se encuentra siempre en ciertas circunstancias». La vida humana tiene un carácter dinámico que se concreta en la acción: la persona es el mismo individuo en comunicación o relación intersubjetiva o social con los otros. Según la legislación civil, doble es la forma de la subjetividad que puede asumir el ser humano: punto de referencia de los efectos jurídicos y autor de los presupuestos de aplicación de las normas.

Y como quiera que el código civil fija las condiciones que el individuo debe reunir para ser considerado destinatario potencial de las normas (ser humano nacido) y autor de los hechos (tradicionalmente, mayor de edad), se hace una breve referencia a la capacidad del menor de edad, con la finalidad de evidenciar, simplemente, cómo el paulatino reconocimiento de la capacidad de obrar del menor, tanto en el código civil como en la legislación especial, es una consecuencia de la aplicación de los principios constitucionales de igualdad, solidaridad y libre desarrollo de la personalidad, con la consiguiente relevancia de la persona (categoría del ser), en lugar del patrimonio (categoría del tener), y de la autodeterminación individual.

Como se puede comprender, el contenido originario del libro, escrito durante el primer semestre del año 2020, se ha perfeccionado y completado a consecuencia de las últimas modificaciones legislativas en el tema de la capacidad de las personas menores de edad y de las personas con discapacidad, incorporando al texto originario nuevas citas doctrinales.

Aprovecho este momento para expresar mi más profundo y sincero agradecimiento a todas las personas que hicieron posible la realización de este trabajo y mi estancia en Siena, especialmente al director del Departamento de Derecho de su Universidad, profesor D. Stefano Pagliantini, a la encargada de la Secretaría Administrativa del referido Departamento, Dott.ssa Roberta Lelli, y al encargado de la Biblioteca, Dott. Francesco Poesini.

Por último, me queda el recuerdo imborrable de la luz dorada, límpida y serena que baña el maravilloso valle del río Orcia, paisaje de llanuras calcáreas, donde se elevan colinas casi cónicas con asentamientos fortificados en las cimas.

Carmona (Sevilla), verano de 2022

CAPÍTULO I

CUESTIÓN PRELIMINAR: LOS CARACTERES DEL DERECHO: CARÁCTER HUMANO, CARÁCTER SOCIAL Y CARÁCTER NORMATIVO

Siguiendo en este punto íntegramente la explicación del insigne jurista italiano Falzea[1], el derecho tiene un primer carácter fundamental que constituye un límite extremo de todas sus definiciones. Se trata del *carácter humano del derecho: hominum causa omne ius constitutum est* (todo el derecho se ha creado por razón de los hombres). Este aforismo, que se lee en el Digesto de Justiniano (D. 1, 5, 2), establece el siguiente principio: *el derecho es un fenómeno humano*.

El anterior principio, afirma el referido jurista[2], autoriza a establecer los dos corolarios siguientes:

a) los fenómenos jurídicos no existen más allá de la esfera de existencia del ser humano, en el mundo subhumano[3];

b) un derecho no se da, por encima del ser humano, en un mundo de seres superiores y trascendentes.

---

1 FALZEA, ANGELO, *Introduzione alle scienze giuridiche. Parte prima: Il concetto del diritto*, seconda edizione, Milano, Giuffrè Editore, 1979, p. 5.

2 FALZEA, *Introduzione alle scienze giuridiche*..., cit., pp. 5 y 7.

3 En una época que, movida por el biologicismo, tiende a asimilar la condición del ser humano a la del animal, y confiere a este derechos, nada menos que para igualarlo a aquel, se impone la pregunta acerca de la naturaleza del ser humano, aquello que lo distingue del resto de seres creados. De una correcta antropología el derecho debe abastecerse. La praxis humana, no basada en los instintos, sino en la *phrónesis* ofrece un criterio distintivo. BLANCH NOUGUÉS, JUAN MANUEL, «*Ius, iustitia* y persona: a propósito de la pregunta antropológica», en *Revista General de Derecho Romano*, n.º 10, julio 2008, p. 3.

Otro carácter que casi unánimemente se suele atribuir al derecho, según Falzea[4], resulta de la necesaria *relación entre derecho y sociedad: ubi ius ibi societas; ubi societas ibi ius*. No puede haber derecho donde no hay pluralidad de sujetos. El ser humano aislado no tiene necesidad del derecho.

Además, afirma[5] que la experiencia señala que los sistemas jurídicos ordinariamente no abarcan la entera humanidad, sino que solo se extienden al ámbito de los distintos pueblos o sociedades, determinadas en el espacio y en el tiempo. Pero la experiencia también señala la aspiración a un derecho que valga para la entera humanidad. Precisamente, la afirmación de un ideal derecho de la naturaleza, válido para todo el género humano, ha determinado una corriente de pensamiento que puede considerarse como el signo de esta aspiración. Aspiración que tiene hoy un principio de realización histórica. Un derecho que no se queda en el nivel puramente ideal del derecho de la naturaleza, sino que tiende a entrar en el plano histórico y a concretarse en un orden positivamente vinculante se proporciona por la Organización de las Naciones Unidas, cuya Carta quiere constituir una tentativa de codificación universal que aspira a su validez con respecto a todos los pueblos de la tierra.

Para Falzea[6], la sociedad humana genera derecho porque posee un lenguaje de gran riqueza expresiva; un lenguaje capaz de expresar cualquier contenido emocional y racional del mundo del espíritu[7].

Añade[8] que también es necesario, por último, considerar un tercer carácter que, junto al carácter humano y al carácter social, viene comúnmente y tradicionalmente reconocido al fenómeno jurídico: es aquel que podemos llamar el *carácter normativo* del derecho. Existe un consenso de fondo sobre este punto: se puede discutir si el momento normativo es el momento principal, pero no se puede desconocer que es un momento esencial del fenómeno jurídico. Cualquier derecho, cualquier ordenamiento jurídico se presenta como un sistema de normas. El problema radica en establecer cuál es el significado exacto de este presupuesto sin defecto ni exceso.

---

4 *Introduzione alle scienze giuridiche...*, cit., pp. 7-8

5 Falzea, *Introduzione alle scienze giuridiche...*, cit., p. 10.

6 *Introduzione alle scienze giuridiche...*, cit., p. 13.

7 Se afirma que un rasgo fundamental que nos distingue de las demás especies animales es nuestra condición de animales bioculturales. Somos biología, pero transformada por la cultura. Algunas de nuestras características son innatas, transmitidas por herencia genética (naturaleza), y otras son adquiridas por aprendizaje, por contagio del entorno (cultura). Las investigaciones últimas ponen de relieve que el lenguaje consiste en el desarrollo autónomo de una capacidad genética, propia de la especie humana. Una cosa es la capacidad de comunicarse que poseen las diversas especies animales y otra el lenguaje humano. Seguimos en este punto a Beorlegui, Carlos, «La capacidad lingüística del ser humano: una diferencia cualitativa», en *Thémata. Revista de Filosofía*, núm. 37, 2006, p. 140. Disponible en: https://institucional.us.es/revistas/themata/37/11Beorlegui.pdf.

8 Falzea, *Introduzione alle scienze giuridiche...*, cit., pp. 14, 15 y 16.

Señala Falzea[9] que el mundo social humano tiene sus leyes. Leyes específicamente sociales y, además, diversas de sociedad a sociedad son las llamadas *normas de conducta*. Estas normas tienen carácter genérico de leyes porque de manera más o menos directa vinculan las relaciones entre los sujetos y regulan las modalidades. Cualquier ley, tanto las normas de conducta como las leyes del mundo físico, implica en su misma idea un vínculo o una necesidad. Ahora bien, mientras las leyes físicas implican una rígida necesidad que excluye cualquier libertad y actividad humana, las normas de conducta presuponen siempre la libertad y la actividad del ser humano. La misma denominación pone en claro este carácter diferencial entre ellas: *conducta significa precisamente actividad y no es pensable actividad sin libertad*; cada actividad es por definición elección y decisión libre. Se entiende entonces cómo también la necesidad, aquella necesidad que es inherente a la idea general de ley y se encuentra, por tanto, en cualquier tipo de ley, no puede dejar de asumir una característica del todo especial en el caso de las normas de conducta. La necesidad de las normas de conducta no consiste en una determinación física inmediata, hasta tal punto de excluir toda libertad, y se manifiesta más bien como una *exigencia* puesta a la libertad y a la actividad del ser humano.

Afirma[10] también que la conciliación entre los dos momentos opuestos de la necesidad y de la libertad se obtiene en cualquier norma con la conversión de la necesidad en exigencia. Por otra parte, *cualquier exigencia manifiesta un valor*: toda exigencia es un llamamiento que un valor o sistema de valores hace a la libertad del ser humano. El actuar humano, que la ley exige, permanece libre y deviene necesario solo en el sentido que su cumplimiento es condición necesaria para la realización de un valor. La necesidad normativa es, pues, una necesidad condicionada. Toda norma humana afirma esencialmente la libertad humana, porque en concreto el ser humano puede libremente satisfacer o dejar insatisfecha la instancia del valor en cuestión; pero en toda norma se afirma también la necesidad, puesto que, si aquella instancia resulta satisfecha, es necesario que se cumpla el modo de conducta o tipo de comportamiento exigido por la norma. La norma expresa la necesidad de un determinado tipo de comportamiento para que un valor resulte satisfecho y establece la correspondiente exigencia a la libertad humana. Frente a la ley física que instaura una estricta necesidad *de facto*, la norma define una exigencia para la libertad y una necesidad axiológica, un valor o un *deber ser* que es conjuntamente un deber hacer encomendado a la acción libre.

Con la definición del derecho como necesidad de un valor viene introducida una categoría fundamental. Considera Falzea[11] que la categoría del

9 *Introduzione alle scienze giuridiche...*, cit., pp. 16-17.

10 FALZEA, *Introduzione alle scienze giuridiche...*, cit., pp. 17-18.

11 *Introduzione alle scienze giuridiche...*, cit., p. 18.

valor es de aquellas que tienen hoy la utilización conceptual más profunda y extendida en la filosofía y en la teoría general de las ciencias humanas. Ella representa el centro de gravedad de una nueva disciplina filosófica general, la así llamada *Axiología* (del griego ἄξιος «valioso» y λόγος «tratado»), o filosofía de los valores.

CAPÍTULO II

EL SIGNIFICADO FENOMENOLÓGICO DEL DERECHO. LA DIMENSIÓN EXISTENCIAL DE LA JURIDICIDAD: LA VIDA HUMANA EN RELACIÓN

Según una corriente doctrinal[12], la norma es la que atribuye al elemento de hecho el carácter de la juridicidad.

Tal doctrina, que parte de la consideración del fenómeno jurídico como síntesis de dos órdenes de elementos: uno formal, proveniente de la norma y que se aplica en el proceso de calificación, otro material existente en la realidad extrajurídica, funda todo su planteamiento en la búsqueda de los criterios, de los presupuestos mediante los cuales se actúa el pretendido proceso de calificación en virtud del cual una entidad natural, porción del mundo externo, se transforma en entidad jurídica[13].

En la doctrina expuesta no parece perfilarse completamente la profunda problemática de la juridicidad, puesto que sitúa dicha juridicidad en el momento formal, normativo, sin tener en cuenta que *la juridicidad es intrínseca al vivir humano*, como pone de manifiesto la investigación antropológica estructuralista.

Siguiendo a Cotta[14], la regla vinculante del actuar, constitutiva de la categoría de la juridicidad y representable simbólicamente con la abreviatura deóntica «se debe/no se debe», existe porque responde a dos necesidades primarias del individuo humano: ser él mismo en la relación con el otro (nece-

---

12 FALZEA, ANGELO, *Il soggetto nel sistema dei fenomeni giuridici*, Pubblicazioni dell'Istituto di scienze giuridiche, economiche, politiche e sociali della R. Università di Messina, N. 10, Milano, Dott. A. Giuffrè Editore, 1939, p. 24.

13 Véase FALZEA, *Il soggetto nel sistema dei fenomeni giuridici*, cit., p. 3.

14 COTTA, SERGIO, *Soggetto Umano. Soggetto Giuridico*, Milano, Dott. Giuffrè Editore, 1997, pp. 51 ss. y 69 ss.

sidad de la propia seguridad humana: de la vida, contra la agresión; de la verdad, contra el engaño; etc.) y no estar solo (necesidad de estar juntos)[15].

Por tanto, la dimensión existencial de la juridicidad tiene su propio fundamento en la naturaleza del ser humano, es natural para el ser humano, es antropológicamente natural, de modo que el derecho, que es una categoría intelectual de tipo formal o artificial, no es otra cosa que una abstracción a partir de la experiencia de un devenir activo, porque lo genuino del ser humano consiste en hacerse a través de la experiencia. Los contenidos normativos concretos no serán naturales, pero sí lo será la naturalidad de la experiencia jurídica transhistórica[16].

El jurista sabe, al menos en teoría, continuamos con la lúcida explicación de Cotta[17], que las normas, puesto que están establecidas por el ser humano y están dirigidas a la conducta humana, tienen un presupuesto antropológico. Si la forma lógica de la juridicidad es entendida según la fórmula de Kelsen «Si es A, debe ser B» (que es la traducción en forma restrictiva del imperativo hipotético-técnico de Kant: «Si quieres X, debes hacer Y»), entonces todo *Sollen* (deber ser) presupone un *Sein* (ser) propio del ser humano. El se debe normativo entra en juego solamente cuando el carácter hipotético de aquel «si» (has hecho) se realice: ningún ser humano está obligado, en sentido determinista, a estipular un contrato, a contraer matrimonio, etc. Únicamente porque se es ser humano se está en disposición de realizar voluntariamente un determinado acto. Del mismo modo, también la parte dispositiva de la norma, el «se debe», se apoya en la premisa «dado que se es ser humano». Solamente porque se es ser humano se debe comportar de un determinado modo (el contenido concreto del «se debe» es diverso según tiempos y culturas). Si no concurrieran en el mundo un yo junto con otro yo, ambos no sujetos al determinismo animal, no podría surgir la idea del «deber hacer» y, por tanto, de las reglas: *el ser humano es por naturaleza un ser que se relaciona con los otros seres humanos*.

Seguir la doctrina expuesta comporta pasar de la concepción del ser humano como sujeto pasivo del derecho, reducido a un mero «supuesto de hecho jurídico», al ser humano como *sujeto activo* del derecho o como centro de la experiencia jurídica: el ser humano es el agente primero, no el

15 La forma prescriptiva, afirma Cotta (*Soggetto Umano*..., cit., pp. 65-66), es la forma prioritaria de la reglamentación civilista en sentido amplio, con la que viene establecida la forma jurídica de lo que el sujeto se propone hacer (matrimonio, testamento, etc.). Se satisface y tutela la necesidad de no estar solo. Por el contrario, la necesidad de ser uno mismo frente a las múltiples amenazas que acechan al sujeto (calumnia, homicidio, etc.) encuentra su principal garantía jurídica en la reglamentación penal, de evidente sustancia prohibitiva.

16 *Cfr.* COTTA, SERGIO, *Diritto. Persona. Mondo Umano*, Torino, G. Giappichelli Editore, 1989, pp. 186 ss.

17 *Op. ult. cit.*, pp. 191 ss.

actor ficticio, titular de derechos y responsabilidad sin los que el actuar del ser humano no se distinguiría de los instintos de los animales. Desde este punto de vista, la juridicidad, entendida como regla vinculante de los comportamientos humanos, ya sean personales o de grupo, con respecto a sus relaciones externas, sería considerada como un modo particular de ser, de comportarse, y no como el resultado de una simple calificación que emana de un sistema normativo fundado en un principio hipotético, el cual opera en la perspectiva de una rígida separación entre el mundo de los hechos y el mundo de los valores[18]. *La juridicidad se expresa en la acción*[19].

18 *Cfr.* ALCARO, FRANCESCO, *Riflessioni critiche intorno alla soggettività giuridica. Significato di un'evoluzione*, collana *Quaderni di «Studi Senesi»*, raccolti da DOMENICO MAFFEI, 36, Milano, Dott. A. Giuffrè Editore, 1976, p. 22.

19 *Ibidem*, p. 29, nota 50.

CAPÍTULO III

EL MUNDO DE LOS VALORES

Si el hecho que constituye el supuesto de hecho o hipótesis de la norma jurídica es un hecho observable que pertenece al mundo real y material, el efecto jurídico es una cosa peculiar del mundo del derecho, algo que tiene una existencia exquisitamente jurídica y que no es materialmente determinable[20].

Partiendo de la estructura hipotética de la norma jurídica, el problema del efecto jurídico se resuelve en el problema más general del derecho como valor[21].

A diferencia de la ley física, la cual establece una necesidad física y por eso incide en el mundo de los hechos, la norma jurídica establece un deber ser que se refiere al plano de los valores. La expresión deber ser (*Sollen, Ought*) nos conduce inmediatamente a la idea de valor. Toda norma de conducta, jurídica o ética, define un valor del proceder humano. Esto es algo admitido por filósofos y teóricos del derecho de las más variadas escuelas y tendencias[22].

---

20 Véase FALZEA, ANGELO, «Efficacia giuridica», en *Voci di teoria generale del diritto*, Milano, Giuffrè Editore, 1970, p. 189.

21 *Ibidem*, p. 197.

22 *Ibidem*, pp. 200-201.

El efecto jurídico es el valor de un determinado acto humano que está condicionado por un determinado hecho de la realidad. Mientras el hecho, una vez realizado, entra en la realidad, el acto humano debido entra solamente en el terreno de los valores[23].

Contemplado el fenómeno jurídico desde la perspectiva anterior, el derecho es sobre todo un discurso sobre los hechos en términos de eso que los sujetos pueden o deben hacer en determinadas circunstancias. Un discurso normativo que la ciencia jurídica desempeña proponiendo de manera prescriptiva una determinada versión del derecho vigente como correcta[24].

La norma jurídica implica una valoración de las conductas que constituyen el objeto de su regulación. Valoración acerca de lo que se puede, se debe o no se debe hacer. Pero no es solo valoración, ya que lo característico del derecho es que a ese juicio añade la prescripción. Que el derecho es norma significa en este momento que su contenido son órdenes, prohibiciones y permisos, esto es, reglas de comportamiento, las cuales deben ser usadas por los individuos. La norma no constituye, pues, la expresión de un «ser», sino que representa la expresión de un «deber ser» (lógica deóntica)[25].

La función de la norma jurídica consiste en calificar hechos y fijar valores para guiar o dirigir comportamientos[26].

En definitiva, el discurso normativo no da cuenta de lo que es, sino de lo que debe ser o de lo que debe producirse. Por ello, no consiste en un discurso que describa hechos o situaciones (función descriptiva del lenguaje), sino

---

23 *Cfr.* FALZEA, «Efficacia giuridica», cit., pp. 208-209.
Para este pensador (*op. ult. cit.*, pp. 209 ss. y 234 ss.), los valores definidos en los efectos por las normas jurídicas pueden configurarse como valores reales condicionados. La realidad de los valores es una realidad de experiencia histórica y social, no una realidad metafísica. Lo que puede ser o no ser real es la satisfacción de los mismos. El derecho es un valor real objetivo que se puede denominar interés. En la base de cualquier norma se puede ver un problema de vida y de intereses de vida, que no puede ser ni entendido ni resuelto por el jurista sin una referencia a la realidad social y a sus exigencias. En otros términos, el significado de las normas se extiende a la sustancia de los intereses sociales con respecto a los cuales la comunidad jurídica persigue la tutela. Mientras el hecho es la situación condicionante del mundo que configura un determinado problema de vida y plantea una definida constelación de intereses individuales o colectivos, el efecto jurídico debe representar una solución adecuada del problema y un armónico equilibrio de los intereses en juego. El efecto jurídico como solución práctica del problema.

24 *Cfr.* GENTILI, AURELIO, *Il diritto come discorso*, en *Trattato di diritto privato*, a cura di GIOVANNI IUDICA e PAOLO ZATTI, Milano, Dott. A. Giuffrè Editore, 2013, pp. 42-43.

25 Véase sobre lo dicho PRIETO SANCHÍS, LUIS, «Aproximación al concepto de derecho. Nociones fundamentales», en Betegón *et al.*, *Lecciones de teoría del derecho*, Aravaca (Madrid), MacGraw-Hill/Interamericana de España, S.A.U., 1997, pp. 10-11.

26 *Cfr.* GENTILI, *Il diritto come discorso*, cit., p. 43.

en un discurso que pretende dirigir o normar conductas (función directiva o prescriptiva). El recurso a esta clase de discurso da lugar a la formulación de enunciados normativos[27].

El efecto jurídico por antonomasia es considerado, en el ámbito privado, aquel que consiste en la atribución de un significado a un comportamiento (convertido en debido, autorizado o permitido, etc.) a través de la constitución de una situación jurídica[28]. Eso se traduce en verdad en la asignación de calificaciones ideales a sujeto y objeto (por ejemplo, deudor, acreedor, propietario, etc.)[29].

27 Un uso directivo o prescriptivo del lenguaje supone la expresión de enunciados que tienen como finalidad influir en el comportamiento de aquellos a quienes van dirigidos. La función directiva o prescriptiva da lugar al uso de un lenguaje normativo. En las prescripciones, que representan un caso de utilización del lenguaje directivo, el contenido viene representado por aquello que la norma declara obligatorio, prohibido o permitido; es decir, por lo prescrito. Tiene que ver, por tanto, con las acciones o actividades que llevan a cabo las personas. Véase BETEGÓN CARRILLO, JERÓNIMO, «La norma jurídica», en Betegón *et al.*, *Lecciones de teoría del derecho*, Aravaca (Madrid), MacGraw-Hill /Interamericana de España, S.A.U., 1997, pp. 118-119 y 126.
Los operadores deónticos significan: Permisión (PER)=hacer/no hacer (realización/abstención). Obligación (OB) = hacer (realización). Prohibición (PH) = no hacer (abstención). *Cfr.* FERRAJOLI, LUIGI, *Principia iuris. Teoria del diritto e della democracia*, 1. *Teoria del diritto*, Roma-Bari, Gius. Laterza & Figli Spa, 2007, pp. 120 a 124.
Siguiendo a Guastini, una norma, en sentido estricto, es una prescripción o regla de conducta. La norma que califica una acción como obligatoria se denomina mandato. La norma que califica una omisión como obligatoria se denomina prohibición. Son normas, en sentido amplio, las autorizaciones. Se llama autorización a todo enunciado que califica un comportamiento como permitido, facultativo o libre. Las autorizaciones, en efecto, no son susceptibles de obediencia ni de violación. Solo pueden ser usadas o no. Quien realiza la acción permitida se vale de la autorización, pero no sería apropiado decir que le presta obediencia. Quien omite realizar la acción permitida no se vale de la autorización, pero no sería apropiado decir que la viola. GUASTINI, RICCARDO, *Distinguiendo. Estudios de teoría y metateoría del derecho*, Barcelona, Editorial Gedisa, 1999, pp. 96–97.

28 Señala Falzea («Efficacia giuridica», cit., pp. 295-296) que situación jurídica o situación de derecho es solo el efecto jurídico. Además, el efecto jurídico es configurado como situación en la medida en que en su concreción se refiere a sujetos determinados y también a determinadas actividades de los sujetos.
Según Ugas, la posición asignada en virtud del efecto concreto a un sujeto se llama situación jurídica subjetiva, la cual se identifica en la síntesis de una disciplina normativa referida a un sujeto y a un objeto determinado. UGAS, ANNA PAOLA, *Fatto e dinamica nel diritto*, en *Studi di diritto privato*, 39, collana diretta da F.D. BUSNELLI-S. PATTI-V. SCALISI-P. ZATTI, Torino, G. Giappichelli Editore, 2011, pp. 85-86.

29 *Cfr.* UGAS, *Fatto e dinamica nel diritto*, cit., p. 78. Como afirma Falzea («Efficacia giuridica», cit., pp. 271-272), la fenomenología jurídica no es más que la fenomenología del mundo real, visto *sub specie iuris*. Puesto que el mundo real se nos aparece en el espacio y en el tiempo, todo fenómeno real puede ser considerado espacialmente y temporalmente: bajo el perfil del espacio él se configura como cuerpo, cosa, «objeto»; bajo el perfil del tiempo se configura, en cambio, como evento, acontecimiento, «hecho». La distinción entre objetos del espacio y hechos del tiempo sigue siendo la base de la fenomenología del mundo real, adquiriendo importancia el modo en el que la dis-

El derecho positivo está lleno de juicios de valor. La razón por la que los comportamientos sociales son prohibidos, obligatorios y permitidos descansa sobre valoraciones subyacentes[30].

La regla jurídica constituye una guía para la acción humana en cuanto prescribe un determinado modo de hacer las cosas. Eso implica que las acciones posibles sean más de una. Y frente a tantas acciones posibles un sujeto libre y consciente debe elegir una y lo hace sopesando los pros y los contras de las diversas oportunidades. En el proceso de deliberación, que precede a la decisión, son comparadas razones diferentes, pero no todas tienen el mismo peso[31].

Las normas jurídicas son razones para la acción; señalan qué valores debemos perseguir, qué razones para la acción deben guiar nuestra conducta[32]. Las reglas jurídicas deben ser consideradas como un conjunto de razones para realizar determinadas acciones o para abstenerse de ellas, es decir, como un conjunto de razones prácticas[33].

La norma no es un hecho, sino un esquema de calificación de hechos sociales. Toda regla normativa (escrita o no escrita) tiene un contenido consistente en la descripción del comportamiento y en su calificación normativa: prescribe lo que debe tener lugar y sugiere implícitamente la razón. Precisa-

tinción se asume en la esfera humana, teniendo en cuenta que el mundo del derecho es un mundo esencialmente humano. Los mismos sujetos humanos figuran entre los objetos del espacio porque tienen un cuerpo espacialmente extendido, y los actos humanos figuran entre los hechos del tiempo porque se desenvuelven temporalmente. Por eso, a la conexión entre hechos y objetos sigue la conexión paralela entre actos y sujetos: como los hechos están ligados a los objetos, así los actos están ligados a los sujetos.

30 *Cfr.* VIOLA, FRANCESCO e ZACCARIA, GIUSEPPE, *Le ragioni del diritto*, Bologna, il Mulino/ Manuali, 2003, p. 9.

31 Así, VIOLA-ZACCARIA, *Le ragioni del diritto*, cit., p. 15.

32 Según Raz, el concepto clave para la explicación de las normas es el de razones para la acción. RAZ, JOSEPH, *Razón práctica y normas*, traducción de Juan Ruiz Manero, colección *El Derecho y la justicia*, volumen 27, Madrid, Centro de Estudios Constitucionales, 1991. Como se encargan de aclarar Viola-Zaccaria (*Le ragioni del diritto*, cit., p. 15), no cabe confundir las razones con los motivos de la acción.

33 *Cfr.* VIOLA-ZACCARIA, *Le ragioni del diritto*, cit., p. 15. Según la doctrina, el derecho es esencialmente práctico: se apela a las normas que forman parte del derecho existente para justificar acciones y decisiones, es decir, se construyen razonamientos prácticos justificatorios en los que aparentemente las normas jurídicas operan como razones para actuar. Las normas se pueden entender como juicios de deber que se utilizan en razonamientos prácticos justificatorios de acciones y decisiones. Así lo recoge BAYÓN MOHÍNO, JUAN CARLOS, *La normatividad del derecho: deber jurídico y razones para la acción*, colección *El Derecho y la justicia*, 26, Madrid, Centro de Estudios Constitucionales, 1991, pp. 17 y 20.

mente porque la norma se apoya en razones es por lo que consiste en una «medida» del comportamiento. Una norma no apoyada en razones constituiría una limitación injustificada y arbitraria de la libertad humana[34].

Si la esfera de realidad en la que se encuentra el derecho es la esfera de la vida humana en relación (el derecho lo encontramos siempre inmerso en el contexto de relaciones de hecho: matrimoniales, contractuales, etc.), podemos suponer que los valores de la vida humana están en el origen de los valores del derecho. Estos últimos expresan una necesidad axiológica, una exigencia, un deber ser, y también los valores de la vida humana se manifiestan como exigencias. Las exigencias son absolutamente reales. Lo que puede o no puede ser real es la satisfacción de las mismas: que el *Sollen* no se traduzca en *Sein*[35].

34 *Cfr.* VIOLA-ZACCARIA, *Le ragioni del diritto*, cit., p. 16.

35 *Cfr.* FALZEA, «Efficacia giuridica», cit., pp. 215-216.

CAPÍTULO IV

EL CONCEPTO JURÍDICO DE INTERÉS: SU SIGNIFICADO PARTICULAR EN RELACIÓN CON LA PERSONA

Siguiendo el análisis de Silvestri[36], ningún tratamiento moderno de teoría del derecho puede prescindir del concepto de interés. El mérito histórico de la llamada «jurisprudencia de los intereses», de Jhering y de Heck sobre todo, ha sido la superación de la pandectística y de la llamada «jurisprudencia de los conceptos», con el consiguiente giro hacia una jurisprudencia pragmática.Interés es un término usado en el lenguaje filosófico, económico, sociológico y jurídico con diversos significados. En general, con la palabra interés se indica la tendencia de un sujeto, de un grupo o de una colectividad a obtener o mantener alguna cosa que estima necesaria o útil. El interés es siempre egoísta. Quien tiende a obtener alguna cosa persigue conseguir una ventaja. En el momento en que no es posible una satisfacción meramente privada y personal del interés, es necesario encontrar criterios de armonización y de graduación. En tal caso, adquiere importancia el problema de la conveniencia de la tutela. Para que el derecho pueda realizar esta función de tutela es indispensable que el interés se valore desde un punto de vista objetivo como una verdadera y propia necesidad de hecho, y no, subjetivamente, como motivo de la acción humana·

Al abordar la cuestión de la objetividad jurídica hay que partir de la consideración fundamental de definir el derecho en función del interés, y no de la

36 SILVESTRI, GAETANO, *Dal potere ai principi. Libertà ed eguaglianza nel costituzionalismo contemporaneo*, Roma-Bari, Gius. Laterza & Figli Spa, marzo 2009, pp. 29 a 31.

voluntad. Mientras el interés se define dentro del marco de la relación que conecta el momento subjetivo al objetivo, el querer, en cuanto expresión de la realidad psíquica del ser humano, tiene en sí mismo la fuente última de su determinación y de su dirección hacia el exterior. La categoría lógica y práctica que representa el correlato de la voluntad no es aquella de objeto, sino aquella de fin[37].

Solamente la entidad o situación del mundo exterior que interese a alguna persona puede devenir objeto jurídico, y tal situación interesa a alguien en cuanto es útil con relación a sus necesidades y a sus fines. En virtud de esa utilidad (elemento objetivo) el interés del sujeto asume forma jurídica a través de un específico instrumento de tutela (situación subjetiva)[38].

Según la doctrina moderna[39], hay que diferenciar las nociones de cosa y bien jurídico. La cosa es una entidad material de la realidad natural que puede devenir inmediato punto de incidencia de eventos naturales o de comportamientos humanos. En cambio, el bien en sentido jurídico es una entidad de diversa naturaleza: ella representa la resultante del proceso de calificación normativa de un interés humano que el ordenamiento estima merecedor de tutela y que constituye propiamente el objeto del derecho subjetivo.

Indudablemente, el proceso de calificación normativa, en virtud del cual el interés merecedor de tutela se transforma en bien jurídico, implica que se considere la cosa, puesto que la caracterización del bien jurídico se realiza en función de las utilidades que la cosa puede dar y correlativamente del interés que en estas utilidades puede encontrar satisfacción.

Según Messinetti,[40] un defecto de tipo formalista en el que ha incurrido la ciencia jurídica a la hora de determinar la existencia de un bien en sentido jurídico, entendido como objeto de una específica forma de tutela jurídica, ha sido partir de una situación subjetiva modelada sobre el esquema de la

---

37 *Cfr.* MESSINETTI, DAVIDE, «Oggetto dei diritti», en *Enciclopedia del diritto*, XXIX, Milano, Dott. A. Giuffrè Editore, 1979, p. 810.

38 *Cfr.* MESSINETTI, «Oggetto dei diritti», cit., p. 809.

39 PUGLIATTI, SALVATORE, «Cosa (Teoria generale)», en *Enciclopedia del diritto*, XI, Dott. A. Giuffrè Editore, Milano, 1962, pp. 19 ss.; «Beni (Teoria generale)» en *Enciclopedia del diritto*, V, Milano Dott. A Giuffrè Editore, 1959, pp. 164 ss.; ZENO-ZENCOVICH, VINCENZO, «Cosa», en *Digesto delle discipline privatistiche*, Sezione civile, IV, Torino, Utet, 1989, pp. 438 ss.; SCOZZAFAVA, OBERDAN TOMMASO, *I beni e le forme giuridique di appartenenza*, Università di Roma-Facoltà di Giurisprudenza, *Studi di diritto civile*, diretti da ROSARIO NICOLÒ e FRANCESCO SANTORO-PASSARELLI, 32, Milano, Dott. A. Giuffrè Editore, 1982, pp. 1 ss.; COMPORTI, MARCO, «Formalismo e realismo in tema di diritto soggettivo», en *Studi in onore di Francesco Santoro-Passarelli*, I, Napoli, Casa Editrice Dott. Eugenio Jovene, 1972, pp. 715 ss.; MESSINETTI, «Oggetto dei diritti», cit., pp. 808 ss.

40 «Oggetto dei diritti», cit., pp. 812 a 814.

propiedad (que indica, conceptualmente, el tipo de poder por medio del cual viene atribuida al sujeto una esfera de señorío en vista del goce exclusivo de un bien), negando la existencia de un bien en sentido jurídico en los casos en los que la tutela normativa no se expresa, desde el punto de vista subjetivo, en un poder que tenga los caracteres de las formas jurídicas de apropiación exclusiva. Es evidente que si la noción de bien jurídico se identifica con aquella de término objetivo de las formas jurídicas de apropiación exclusiva, entonces las entidades que revelan la citada aptitud se identifican con los bienes en sentido económico, los cuales, bajo el perfil de la realidad material, están constituidos por cosas. Sin embargo, en teoría, la calificación de objeto, según el ordenamiento jurídico, puede ser atribuida tanto a porciones de la realidad (cosas en sentido económico, materiales o inmateriales) como a simples modos de ser de las cosas, siempre que estas sean tomadas en consideración como punto de referencia de un específico interés no directamente económico del sujeto. Para el mundo del derecho, la situación útil no es solo aquella que proporciona una ventaja en sentido económico (en cuya hipótesis el interés se especifica como interés en la consecución y apropiación de la utilidad), sino también aquella que consiste en la protección frente a un daño (en cuya hipótesis el interés se especifica como interés en la conservación o en el mantenimiento de la situación útil). Consiguientemente, la objetivación jurídica trasciende el mundo de las cosas.

Por otra parte, *la categoría de la objetividad adquiere un especial significado en relación con la persona*, ya que el punto de referencia objetivo del interés específicamente tutelado no estaría constituido por una utilidad externa al sujeto, sino interna e inherente a su vida de relación. En otros términos, *el objeto de la tutela sería el mismo sujeto contemplado en sus diversas proyecciones o manifestaciones existenciales o en sus diversos intereses vitales (vida, integridad física y moral, libertad, honor, etc.)*.

Como afirma De Cupis[41], siendo el objeto de los derechos de la personalidad *un modo de ser físico o moral de la persona*, se entiende que no contenga en sí mismo una inmediata utilidad de carácter económico. La vida, la integridad física, la libertad, etc., permiten al sujeto conseguir otros bienes provistos de utilidad económica, pero no pueden identificarse ni confundirse con los bienes personales. Cuando se lesiona un derecho de la personalidad surge un derecho al resarcimiento a favor del sujeto lesionado.

41 De Cupis, Adriano, *I diritti della personalità*, Tomo I, en *Trattato di diritto civile e commerciale*, diretto dai professori Antonio Cicu-Francesco Messineo, Volume IV, t. 1, Milano, Dott. A. Giuffrè Editore, 1959, p. 46.

Los valores existenciales del ser humano constitucionalmente protegidos configuran la subjetividad de la persona. Esta, proyectándose en la vida de relación, adopta nombres diferentes según los intereses específicos en los que se concreta[42].

Hay que distinguir entre las situaciones del ser humano en cuanto ser viviente y las situaciones de las cosas externas de las que el ser humano se sirve. Los intereses son en los dos casos profundamente diversos: en el caso del ser humano, se trata de intereses relativos a su existencia física y a sus exigencias vitales; en el caso de las cosas, se trata de intereses que dependen de la utilidad que las cosas poseen para el ser humano[43].

Situados en la realidad humana, afirma Falzea[44] que dicha realidad es una realidad compleja. Tiene una propia esfera racional y es también un organismo animal, y en cada una de esas esferas tiene sus propias exigencias. Así, en cuanto ser físico y organismo viviente sus intereses se refieren a la integridad del cuerpo y a la vida meramente vegetativa, es decir, se refieren a meras exigencias biológicas como tales —edad, salud, enfermedad, etc.—. En un nivel superior están los intereses que responden a las exigencias de una vida no meramente vegetativa, principalmente las aspiraciones de orden racional, cuya realización está confiada a la consciencia y a la voluntad reflejadas en las expresiones simbólicas objetivas de la cultura humana.

Por último, hay que decir que el principio constitucional de la solidaridad suministra el criterio general para una diversa valoración de la tutela del interés del sujeto, tutela que en la actualidad está condicionada a la compatibilidad de los fines individualmente perseguidos con los fines sociales.

El deber de solidaridad sumerge al individuo y a sus intereses utilitaristas en una dimensión social[45].

El deber de solidaridad se explica en función de la dimensión social de la vida humana. La referencia a la solidaridad debe entenderse como una cláusula general que exige atender al interés común, y no solo al propio. El ser humano que las constituciones modernas toman en consideración como individuo y como partícipe de la realidad social, no es un sujeto encerrado

42 Así, MESSINETTI, «Oggetto dei dirittii», cit. p. 825.

43 FALZEA, ANGELO, «Il fatto naturale», en *Voci di teoria generale del diritto*, Milano, Giuffrè Editore, 1970, pp. 412-413.

44 «Fatto giuridico», en *Voci di teoria generale del diritto*, Milano, Giuffrè Editore, 1970, pp. 395-396.

45 *Cfr.* PIROZZOLI, ANNA, *La dignità dell'uomo. Geometrie costituzionali*, Università degli Studi di Teramo, collana della Facoltà di Giurisprudenza, 21, Napoli, Edizioni Scientifiche Italiane, 2012, p. 19.

en sus egoísmos y en su estricta esfera privada y particular, sino alguien necesariamente y por naturaleza abierto a los otros, a la vida de relación y a lo social. También en la dimensión social la existencia humana sería impracticable, o incluso imposible, sin un compromiso de colaboración recíproca entre los individuos. Si los derechos son instrumentos de integración entre los seres humanos, los deberes de solidaridad representan los instrumentos necesarios para un real y libre desarrollo de la persona[46].

46 *Cfr.* SCALISI, ANTONINO, *Il valore della persona nel sistema e i nuovi diritti della personalità*, Pubblicazioni degli Istituti di scienze giuridiche, economiche, politiche e sociali della Facoltà di Giurisprudenza della Università di Messina, N. 162, Milano, Dott. A. Giuffrè Editore, S.p.A., 1990, p. 38.

CAPÍTULO V

EL RECONOCIMIENTO DEL VALOR ESENCIAL DE LA PERSONA HUMANA EN LOS SISTEMAS NORMATIVOS ESPAÑOL E ITALIANO: EL ARTÍCULO 10 DE LA CONSTITUCIÓN ESPAÑOLA Y EL ARTÍCULO 2 DE LA CONSTITUCIÓN ITALIANA

1. Introducción

En el sistema normativo español, el valor jurídico fundamental de la persona aparece reconocido, con carácter general, en el artículo 10 de la Constitución.

> **Artículo 10.1.:**
> «La dignidad de la persona, los derechos inviolables que le son inherentes, el libre desarrollo de la personalidad, el respeto a la ley y a los derechos de los demás son fundamento del orden político y de la paz social».

Sin lugar a dudas, este artículo es la pieza angular de todo el sistema de libertades y derechos reconocidos en el Título I de la Constitución española. Dentro del sistema constitucional es considerado como el punto de arranque, como el *prius* lógico y ontológico para la existencia y especificación de los demás derechos, como se lee en la sentencia del Tribunal Constitucional 53/1985, de 11 de abril (fundamento jurídico 3).

En Italia, tenemos que citar el artículo 2 de la Constitución:

> «La República reconoce y garantiza los derechos inviolables del hombre, tanto como individuo, como en el seno de las formaciones sociales en las que desarrolla su personalidad, y exige el cumplimiento de los deberes inderogables de solidaridad política, económica y social».

2. La concreción constitucional del valor jurídico de la persona humana

El principio personalista, solemnemente consagrado en los artículos antes citados de las Constituciones española e italiana, expresa la indiscutida primacía del ser humano en el ordenamiento jurídico estatal, en el sentido de que *el Estado está al servicio del ser humano*. De modo que el fin prioritario de la organización estatal es asegurar el libre desarrollo de la personalidad y garantizar los derechos (considerados inviolables) del ser humano. Desde la perspectiva histórica, la exigencia del respeto y de la valoración del ser humano marca la superación del sistema particularista de los privilegios, dejado al arbitrio del soberano en el Estado absoluto, y se convierte en el presupuesto del constitucionalismo en su más íntima esencia[47].

En relación con la Constitución española, afirma Fernández Segado[48] que no alberga la más mínima duda de que nuestra Constitución, al igual que otros textos europeos, parte de un principio personalista, que toma al ser humano como verdadero *prius*, como punto de partida y de referencia. *Civitas homini, non homo civitati existit* (la sociedad existe para el hombre, y no el hombre para la sociedad), podría afirmarse, retomando el viejo aforismo romano. La proclamación como fundamento del orden político de la dignidad de la persona, de los derechos inviolables que le son inherentes y del libre desarrollo de la personalidad (artículo 10.1 de la Constitución española) no deja resquicio alguno a la duda. Piénsese, además, añade el mismo autor, en que el libre desarrollo de la personalidad no es sino la manifestación personalizada de la dignidad intrínseca de todos los seres humanos, que se manifiesta en la libre capacidad de autodeterminación de cada persona. De su trascendencia para el ordenamiento constitucional puede dar buena idea el hecho de que el artículo 27.2 de la Constitución española disponga que la educación tendrá por objeto el pleno desarrollo de la personalidad humana. Este principio personalista, que toma como valor fundamental de referencia a la persona humana, emerge asimismo en el artículo 9.2 de la Constitución española.

Según Hernández Gil[49], la Constitución española muestra una nueva imagen de la persona: humanista, realista y eticista. La persona no es considerada a modo de investidura resultante de lo que el derecho le concede ni siquiera de lo que le reconoce. Actúa como presupuesto y fundamento del propio orden

47 Seguimos en este punto la exposición de VEDASCHI, ARIANNA, «Il principio personalista», en *Diritti e doveri*, a cura di LUCA MEZZETTI, Torino, G. Giappichelli Editore, 2013, p. 209.

48 FERNÁNDEZ SEGADO, FRANCISCO, «La solidaridad como principio constitucional», en *Teoría y Realidad Constitucional*, n.° 30, 2.° semestre 2012, p. 160. DOI: https://doi.org/10.5944/trc.30.2012.7004.

49 HERNÁNDEZ GIL, ANTONIO, *El cambio político español y la Constitución*, colección *Textos*, 69, Madrid, Editorial Planeta, S.A., 1982, pp. 419 y 422.

político y jurídico. No empieza o es con el derecho; este dota de significación al ser humano existente con valor y vigencia previos en cuanto realidad (ontológica) y exigencia (ética). Añade que es muy significativo y coherente con la imagen que la Constitución ofrece de la persona el hecho de que la categoría antropológico-ética de la dignidad aparezca antepuesta, afirmada *per se* y no como una derivación de los derechos. La persona no es el resultado de los derechos que le corresponden; luego, aun sin derechos, la persona, que es un *prius* respecto de toda ordenación jurídico-positiva, existe en cuanto tal; por lo mismo, los derechos le son inherentes, traen de ella su causa; son exigibles por la dignidad de la persona.

El apartado primero del artículo 10 de la Constitución española se refiere a la *dignidad de la persona* como un valor inherente a la misma, que consiste en el derecho de cada cual a determinar libremente su vida de forma consciente y responsable y a obtener el correspondiente respeto de los demás, de acuerdo con la citada sentencia del Tribunal Constitucional 53/1985, de 11 de abril (fundamento jurídico 8).

Las características de la dignidad esencial de la persona como valor superior pueden resumirse en las siguientes:

- en primer lugar, la dignidad del ser humano es cualitativamente superior a la del resto de seres;
- en segundo lugar, y en consecuencia con lo anterior, la dignidad humana no admite grados, por lo tanto todos los seres humanos, por el hecho de ser personas, son iguales en dignidad, sin que pueda devaluarse la dignidad del individuo o de grupos de personas y considerarlos de inferior condición con respecto a los demás;
- en tercer lugar, el respeto a esta dignidad es el fundamento de todo derecho positivo, sea estatal o internacional; es necesario, pues, acomodar cualquier norma del ordenamiento jurídico a las exigencias de la dignidad de la persona;
- por último, la dignidad humana es irrenunciable, indisponible y se conserva hasta el mismo momento de la muerte[50].

Según Hernández Gil[51], la dignidad y los derechos fundamentales no se colocan en un mismo plano, pues la norma fundamental «afirma como valor absoluto la dignidad de la persona, sin aludir siquiera a su reconocimiento, para luego, en plano distinto, referirse a los derechos que le son inherentes».

---

50 Recogemos estas características de la «Sinopsis del artículo 10 CE», elaborado por MARÍA MERINO NORVERTO (diciembre de 2003) y actualizado por SARA SIEIRA (enero de 2011) y que puede consultarse en el portal temático creado por el Congreso de los Diputados con ocasión del 25 aniversario de la Constitución de 1978. Disponible en: https://app.congreso.es/consti/constitucion/indice/sinopsis/sinopsis.jsp?art=10&tipo=2.

51 *El cambio político español...*, cit., p. 422.

Para Lucas Verdú[52], la dignidad de la persona humana, contenida en el artículo 10.1 de la Constitución española, constituye un valor constitucional porque cuenta con la nota axiológica característica de la superioridad. En este sentido, la dignidad humana no es un resultado del Estado social y democrático de derecho, sino un presupuesto del mismo. A su juicio, el valor de la dignidad de la persona humana aparece como un principio fundamental que exige prestaciones positivas del Estado y abstenciones de este mismo en la medida que no debe atentar contra ella. La dignidad de la persona humana y su libre desarrollo que contiene, porque le son inherentes, derechos inviolables, es el fundamento, principio, origen del ordenamiento constitucional español, es la *Grundnorm* en sentido lógico (el ser humano es antes que el Estado), ontológico (el ser humano es una realidad sustancial) y deontológico (el ser humano debe ser antes que el Estado y este debe ser para el ser humano).

La dignidad humana constituye la expresión de la mayor exigencia de ser uno mismo en un mundo en el que los avances tecnológicos y los procesos económicos amenazan con sustituir al ser humano de cualquier proceso vital de la sociedad[53].

De acuerdo con todo lo dicho hasta ahora, cabe afirmar que la norma constitucional constituye la fuente inmediata y directa de la garantía jurídica de la persona humana como tal, en cuanto representa el valor directamente actuado por la norma que lo reconoce mediante la imposición de un *deber de abstención* (omisión de un comportamiento contrario al valor normativo) a todos los sujetos. Necesidad normativa que expresa en acto el valor esencial de la garantía jurídica, entendida como garantía contra la violación. En esta dimensión, que corresponde a su más intrínseca esencia, el principio constitucional tiene siempre una relevancia, dotada del carisma de la juridicidad y, como tal, inmediatamente operante. Tal capacidad de determinar o condicionar la conducta mediante la formalización jurídica de una necesidad negativa (deber de abstención), se manifiesta en una doble dirección: tanto en relación con la función legislativa como en relación con el mismo proceder de los sujetos del derecho. La persona se realiza, en su aspecto formal, como valor normativo definido en el deber de abstención. El valor jurídico de persona que emerge del artículo 10.1 de la Constitución española y del artículo 2 de la Constitución italiana opera de manera inmediata con relación a aquellos sujetos que lo lesionan o violan, con independencia de la naturaleza de la actividad, ya sea pública o privada. En conclusión, las indicaciones nor-

52 Lucas Verdú, Pablo, *Estimativa y política constitucionales (Los valores y los principios rectores del ordenamiento constitucional español)*, Madrid, Sección de Publicaciones, Facultad de Derecho, Universidad Complutense, 1984, pp. 109, 111 y 117.

53 *Cfr.* Scalisi, *Il valore della persona nel sistema...*, cit., p. 7.

mativas contenidas en los artículos citados expresan una primera y esencial garantía jurídica del valor de la persona que se traduce en la forma del deber jurídico de abstención[54].

Por otra parte, aunque en España, como se señala[55], la dignidad de la persona no se protege como un derecho fundamental, puede esgrimirse, eso sí, como un criterio interpretativo.

En la idea de un núcleo duro intangible, que se blinda *erga omnes*, se inspira la STC 120/1990, de 27 de junio (fundamento jurídico 4), que contiene la siguiente afirmación: «la dignidad ha de permanecer inalterada cualquiera que sea la situación en que la persona se encuentre..., constituyendo, en consecuencia, un *minimum* invulnerable que todo estatuto jurídico debe asegurar, de modo que, sean unas u otras las limitaciones que se impongan en el disfrute de derechos individuales, no conlleven menosprecio para la estima que, en cuanto ser humano, merece la persona».

Siguiendo a Lucas Verdú[56], en la medida que los derechos y libertades son inviolables e inherentes a la dignidad de la persona y a su desarrollo, y en tanto que esta última es un supervalor, cada uno de aquellos derechos y libertades albergan parcelas, más o menos relevantes, del orden axiológico que deben ser protegidas y aplicadas. Por eso toda estimación y ponderación estimativa de los derechos básicos deben ser analizados singularmente, sea en su conexión sistemática y en eventuales conflictos entre ellos, en función de la dignidad de la persona y de su libre desarrollo.

En la jurisprudencia constitucional española, se ha resaltado con diferentes fórmulas la vinculación de casi todos los derechos de la Sección primera del Capítulo segundo de la Constitución con el respeto a la dignidad. Así, el derecho a la intimidad es «una derivación de la dignidad de la persona» (STC 2017/1996), que garantiza al individuo un ámbito propio y reservado, necesario para mantener una calidad mínima de la vida humana, sin el cual «no es realizable, ni concebible siquiera, la existencia en dignidad» (STC 20/1992). También se ha destacado la «íntima conexión originaria con la dignidad» del derecho al honor (STC 139/1995), que brinda protección frente al insulto o a las expresiones gratuitamente injuriosas o vejatorias, que quedan excluidas

54 *Cfr.* MESSINETTI, DAVIDE, «Personalità (diritti della)», en *Enciclopedia del diritto*, XXXIII, Milano, Dott. A. Giuffrè Editore, 1983, pp. 373-374.

55 BILBAO UBILLOS, JUAN MARÍA, «Artículo 10.1», en *Comentario a la Constitución Española: 40 aniversario 1978-2018*, Tomo I (*Preámbulo a artículo 96)*, Libro-homenaje a Luis López Guerra, directores PABLO PÉREZ TREMPS y ALEJANDRO SAIZ ARNAIZ, coordinadora CARMEN MONTESINOS PADILLA, Valencia, Tirant lo Blanch, 2018, p. 265. También destaca el carácter interpretador del valor de la dignidad para un adecuado esclarecimiento del sentido y alcance de los derechos y deberes fundamentales, LUCAS VERDÚ, *Estimativa y política constitucionales...*, cit., p. 107.

56 *Estimativa y política constitucionales...*, cit., pp. 122-123.

del ámbito protegido por la libertad de expresión precisamente porque suponen «una lesión injustificada a la dignidad de las personas» (STC 204/2001). O su estrecha relación con el derecho al secreto de las comunicaciones, que constituye «una plasmación singular de la dignidad de la persona» (STC 180/1999), con los derechos a la integridad física y moral y a la intimidad domiciliaria (STC 150/2011) y con la prohibición de la tortura y las penas o tratos inhumanos o degradantes (STC 181/2004)[57].

En definitiva, *las manifestaciones esenciales del valor jurídico de la persona se resumen en dos planos diversos*: el primero asume la forma de mandato jurídico, dotado como tal de intrínseca normatividad, que se traduce en la forma del deber jurídico de abstención de los otros; en el segundo plano el valor de la persona aparece como principio de interpretación y conformación de otras normas del sistema[58].

La dignidad, es decir, la propia cualidad de persona se sustancia en el derecho al respeto[59]. La dignidad configura el *irréductible humain* inherente a la persona como bien jurídico diferente de los derechos y de las libertades fundamentales que, en cambio, definen su ámbito de realización y desarrollo[60]. La dignidad es un atributo intrínseco a la condición humana: todo ser humano, como fin en sí mismo, posee un valor intrínseco, es decir, la dignidad (es la imagen que el ser humano tiene de sí mismo). Esta constituye el motivo por el que los seres humanos tienen derechos y deberes. Se trata de un presupuesto moral gracias al cual se accede al ejercicio de los derechos del ser humano[61]. La dignidad no aparece como un derecho, sino como una cualidad inherente o intrínseca a la persona humana, cuyo reconocimiento implica y exige la igualdad entre todos los seres humanos mediante una igual atribución de derechos fundamentales inalienables. La derivación de los derechos fundamentales de la dignidad es reconocida, por ejemplo, en la Convención de las Naciones Unidas contra la tortura y otros tratos o penas crueles, inhumanos o degradantes del año 1984 (en este texto se considera que el reconocimiento de los derechos iguales e inalienables de todos los miembros de la familia humana es la base de la libertad, la justicia y la paz en el mundo, reconociendo que tales derechos emanan o derivan de la dignidad inherente a la persona humana), o en la Convención ONU sobre los derechos del niño del año 1989 con respecto al niño privado de libertad (artículo 37,

57 Seguimos la exposición de BILBAO UBILLOS, *op. cit.*, pp. 267-268.

58 *Cfr.* MESSINETTI, «Personalità...», cit., p. 378.

59 *Cfr.* SILVESTRI, *Dal potere ai principi....*, cit., p. 88.

60 *Cfr.* PIROZZOLI, *La dignità dell'uomo...*, cit., p. 20.

61 *Cfr.* MAZZONI, COSIMO MARCO, «I diritti fondamentali dell'uomo», en MAZZONI, COSIMO MARCO e PICCINNI, MARIASSUNTA, *La persona fisica*, collana *Trattato di diritto privato*, a cura di GIOVANNI IUDICA e PAOLO ZATTI, MILANO, Dott. A. Giuffrè Editore, S.p.A., 2016, pp. 159 ss.

apartado c: «Todo niño privado de libertad sea tratado con la humanidad y el respeto que merece la dignidad inherente a la persona humana, y de manera que se tengan en cuenta las necesidades de las personas de su edad»), o en la más reciente Convención de las Naciones Unidas sobre los derechos de las personas con discapacidad del año 2006 (según el artículo 1, el propósito de la Convención es promover, proteger y asegurar el goce pleno y en condiciones de igualdad de todos los derechos humanos y libertades fundamentales por todas las personas con discapacidad, y promover el respeto de su dignidad inherente)[62].

En suma, desde el punto de vista constitucional el ser humano es el centro del ordenamiento jurídico y el ordenamiento jurídico constituye el medio mediante el cual el individuo, no el Estado, puede realizarse en el ámbito de la comunidad.

De manera que no se debe concebir la persona humana como un ser aislado; ella es tutelada desde el momento en que vive en las formaciones sociales. Bajo este perfil, *la persona humana no es solo esencia, sino también coexistencia*. La tutela de la persona humana se erige como esfera de interpersonalidad, no solamente de personalidad. Por eso el valor de la personalidad está sustraído a la disponibilidad por parte de los otros. Personalidad, en forma positiva, es afirmación de la plena autodisponibilidad de las posibilidades propias de cada ser humano[63].

Dicho lo cual, centrándonos nuevamente en el valor jurídico de la persona humana hay que afirmar que *todo valor jurídico expresa una conexión entre derecho y vida*, ya que la calificación jurídica consiste en la asunción en la esfera del derecho de una realidad material, históricamente y objetivamente determinada. *Con respecto al valor jurídico de la persona la realidad no es otra que la que se realiza en la existencia social del ser humano*.

La valoración jurídica es ulterior a la valoración social, existiendo entre ellas una relación que puede contemplarse desde un doble aspecto: por una parte, la norma jurídica selecciona los valores sociales que deben ser asumidos en el ámbito del derecho; por otra parte, la norma social impone al derecho el reconocimiento de los propios contenidos normativos[64].

La realidad empírica que constituye la base del valor de la persona (como de cualquier otro valor de la realidad humana) se identifica con la esencia natural del ser humano en la dimensión histórica en que se concreta[65].

---

62 Así lo recoge ZATTI, PAOLO, *Maschere del diritto volti della vita*, collana *Derive*, serie diretta da COSIMO MARCO MAZZONI, 12, Milano, Dott. A. Giufrrè Editore, S.p.A., 2009, pp. 32 a 35.

63 *Cfr.* PERLINGIERI, PIETRO, *La persona e i suoi diritti. Problemi del diritto civile*, Napoli, Edizioni Scientifiche Italiane s.p.a., 2005, p. 26.

64 Véase MESSINETTI, «Personalità...», cit., pp. 365-366.

65 *Cfr.* MESSINETTI, «Personalità...», cit., pp. 368-369.

Siguiendo el amplio y profundo estudio de Messinetti[66], el modelo ordinario de norma jurídica, en cuyo ámbito un esquema de hecho viene vinculado a un esquema de efecto sobre la base de la relación de causalidad jurídica, exige un proceso de adaptación para poder incorporar el peculiar valor jurídico de la persona humana en el universo del ordenamiento jurídico[67].

La adaptación, afirma Messinetti[68], se refiere sobre todo al esquema de hecho, pues es del todo evidente que una cosa es una norma relativa a un contrato o a un acto ilícito y otra una norma relativa a la persona humana en sí misma considerada. En la primera hipótesis, el interés con respecto al cual la norma asume la tutela es un interés episódico, circunscrito en el tiempo y localizado en el espacio, así que la actuación de la norma está destinada a agotarse cuando se concluye jurídicamente, en su ámbito espacial y temporal, el evento específico del interés en juego. En la segunda hipótesis, se está en presencia de un interés que no tiene otros confines espaciales y temporales que los de la persona humana: de un interés que acompaña a la persona humana durante todo el tiempo de su existencia y durante todo el arco espacial de su presencia. Mientras la norma que tutela el valor de la persona solo necesita para su actuación la actual presencia de las personas que constituyen la comunidad jurídica, las demás normas jurídicas solo entran en aplicación cuando, además de la presencia del sujeto, se verifican específicos eventos en el tiempo que ponen en marcha intereses humanos merecedores de garantía jurídica. La norma que tutela el valor de la persona, como todas las normas jurídicas, incluye la previsión de un hecho que representa el hecho constitutivo del valor jurídico, pero se trata de un hecho-situación o de una situación de hecho, y no de un hecho-evento: de una situación de hecho que abarca toda la duración de la persona.

Pero también, añade Messinetti[69], la adaptación se refiere al efecto jurídico. Si la situación jurídica en la que se resuelve el efecto predispuesto por la norma se delimita siguiendo el modelo del derecho subjetivo, el cual a su vez se construye sobre el esquema del derecho de propiedad (carácter exclusivo y absoluto), no hay forma de identificar aquel tipo peculiar de situación jurídica mediante la cual se tutela el valor de la persona humana. En tal situación jurídica existe el sujeto del interés tutelado, pero la tutela no consiste en la atribución a la persona de un poder en vista de una dinámica de acción

66 «Personalità...», cit., pp. 359.

67 No cabe la menor duda que el tema tiene su dificultad, como demuestra el hecho de que Hernández Gil (*El cambio político español...*, cit., p. 419) diga que en vano trataremos de encontrar en el artículo 10.1 de la Constitución española cuál es la parte en que se contiene la previsión de un supuesto de hecho y cuál es la dedicada a establecer la consecuencia jurídica.

68 «Personalità...», cit., pp. 359-360.

69 «Personalità...», cit., p. 360.

dirigida a la actuación del interés. La necesidad ínsita en la norma jurídica es satisfecha independientemente de un comportamiento del sujeto tutelado y de un poder del mismo; pero también independientemente del comportamiento de otro sujeto en favor del sujeto del interés. En definitiva, el valor jurídico de la persona encuentra su actuación directamente en la norma que lo reconoce: la valoración jurídica de la situación de hecho no se realiza a través de los acontecimientos de la dinámica jurídica que presupone la atribución al sujeto de un poder de acción y a otro sujeto de un deber de acción. Esta es la definición general del modelo normativo relativo a la relevancia jurídica de la persona humana (identificada en el hecho del nacimiento).

Por otra parte, afirma también Messinetti[70] que la ausencia de una relación intersubjetiva, es decir, de una relación entre sujetos en el valor jurídico de la persona, no significa que sea un valor estático. La personalidad tiene una dinámica interna, en el sentido que pone de relieve proyecciones que reflejan la actuación del valor. Y las manifestaciones fundamentales en las que se exterioriza el mandato jurídico correlativo al valor normativo de la persona no responden a la lógica de una dinámica adquisitiva, sino a una dinámica de desarrollo del valor. El valor jurídico de la persona no emerge solo a través de la tutela llevada a cabo por las normas relativas a aspectos específicos y expresamente reconocidos (por ejemplo, en el sector del derecho penal), sino fundamentalmente como un principio general que encuentra su fundamento en el propio sistema, en virtud de la formalización de la persona como valor normativo. La expresión esencial de la tutela de la persona asume la forma del deber de abstención (necesidad normativa), que impone la omisión de una acción que pueda lesionar el valor jurídico de la persona. De tal manera que la tutela de la persona se dirige a todos los sujetos. Carácter general de la tutela ligada a la naturaleza imperativa de la norma jurídica, la cual tiene su fundamento en la coexistencia de esferas de garantía de igual valor. Cada uno tiene el deber de no lesionar la esfera personal del otro, puesto que los otros tienen el mismo deber hacia él. Contemplado el fenómeno de la tutela de la persona desde esta perspectiva, es obvio que el valor jurídico de la persona es el resultado de una valoración objetiva que se impone directamente por la norma a todos los sujetos portadores del valor, los cuales, a consecuencia del deber de abstención al que están sujetos, no se les permite (imposibilidad jurídica) realizar actos de violación del valor.

Si el valor jurídico de la persona expresa una necesidad normativa que se manifiesta en el deber jurídico de abstención, el cual se realiza directamente por la norma que lo formaliza, sin, por tanto, la mediación de comportamientos dirigidos a la actuación del valor, entonces resulta que la transgresión o violación de la norma jurídica que reconoce el valor jurídico de la persona no

70 «Personalità...», cit., pp. 360 a 362.

impide la actuación práctica del valor con respecto a todos los otros sujetos distintos del sujeto que lo haya violado, cuyo comportamiento tiene el signo de la antijuridicidad[71].

Sin perjuicio de lo que digamos a continuación sobre la cuestión relativa a las formas jurídicas de tutela de la persona, en cuyo análisis habrá que determinar si el señalado deber jurídico de abstención agota la relevancia jurídica de la persona, la dignidad humana representa un límite a la libertad de los demás, pero también a la propia libertad. Se traduce en la obligación de abstenerse de realizar acciones lesivas también con respecto a la propia persona, pudiéndose reconocer un comportamiento no lícito incluso en las hipótesis en las que sea el propio sujeto interesado en dar el consentimiento.

La apelación a la dignidad es la apelación del ser humano al reconocimiento de sus propias exigencias existenciales. Todo ser humano encomienda el sentido de su existencia a la realización de su propio sistema de intereses y exigencias, y la dignidad hace referencia a tales exigencias humanas, las cuales representan históricamente las diversas dimensiones de la realidad humana: material, anímica, etc. La apelación a la libertad concretiza la aspiración del ser humano a realizar la propia personalidad, es decir, a interpretar y vivir la experiencia existencial según su propio y personal modo de sentir el universo al que pertenece[72].

De la exposición realizada hasta el momento conviene destacar que los valores, atributos, dimensiones o exigencias existenciales del ser humano (vida, integridad física, libertad, honor, etc.) encuentran su formalización jurídica en los artículos antes mencionados de las Constituciones española e italiana que consagran la cláusula general de los derechos inviolables, definidos, como recuerda De Cupis[73], como derechos esenciales porque constituyen el mínimum necesario del contenido de la misma personalidad.

La eficacia de la cláusula de los derechos inviolables no debe limitarse a un simple reenvío a los derechos expresamente contemplados en las normas constitucionales, porque eso equivaldría a atribuir a la cláusula constitucional referida un significado pleonástico y a establecer un límite a la misma garantía del pleno y libre desarrollo de la persona proclamado también en los textos constitucionales. La cláusula de los derechos inviolables es una cláusula abierta, capaz de abarcar cualquier manifestación de la persona que ha adquirido relevancia social o que es considerada como representativa de la esencia humana. Dicha cláusula responde a la precisa elección legisla-

71 Así, MESSINETTI, «Personalità...», cit., p. 364.

72 *Cfr.* SCALISI, *Il valore della persona nel sistema...*, cit., pp. 29 a 31.

73 *I diritti della personalità*, Tomo I, cit., p. 18.

tiva de permitir la adecuación del derecho a la evolución y al progreso de la vida social, asegurando la protección jurídica a nuevos intereses humanos que paulatinamente surjan. Hay que reivindicar la autonomía de la previsión específica de los derechos inviolables del ser humano con respecto a las ulteriores especificaciones de los mismos, puesto que lo que se persigue con la referida cláusula general es señalar que existen exigencias humanas inviolables, las cuales en un determinado momento histórico y según la conciencia social del momento caracterizan al ser humano. Por tanto, la determinación de tales exigencias tiene un carácter histórico y relativo, en el sentido de que no se pueden formular apriorísticamente y con una validez para cualquier tipo de sociedad y en cualquier tiempo. El valor jurídico de la persona, como cualquier otro valor jurídico, no es otra cosa que la formalización del valor social y cultural que en la realidad de la vida de la sociedad humana tiene el ser humano[74].

Desde el punto de vista constitucional, afirma Perlingieri[75], es indudable que la norma que tutela los derechos inviolables del ser humano es una norma directamente aplicable y expresa un principio fundamental de tutela de la persona humana: su contenido no se limita a resumir los derechos típicamente previstos por otras disposiciones constitucionales, sino que permite extender la tutela a situaciones atípicas. La personalidad es un valor, que está en la base de una serie abierta de situaciones existenciales, de intereses pertenecientes a la categoría del ser, y no del tener, y que se realiza en una serie potencialmente ilimitada de situaciones subjetivas.

Cuestión más delicada es delimitar las formas de tutela de la persona humana y de sus valores existenciales. Hemos afirmado ya que las normas constitucionales que formalizan los referidos valores existenciales tienen un contenido normativo autosuficiente e inmediatamente operante. Repitiendo nuevamente lo dicho por Messinetti, la expresión esencial de la tutela de la persona asume la forma del deber de abstención (necesidad normativa), que impone la omisión de una acción que pueda lesionar el valor jurídico de la persona.

Un deber de abstención que integra los extremos de un efecto jurídico incondicionado, es decir, en permanente actuación. Si lo normal es que cualquier norma actúe cuando específicos eventos hacen evidente el interés tutelado y deje de actuar cuando se agota el interés en juego, la norma relativa

---

74 *Cfr.* sobre lo dicho SCALISI, *Il valore della persona nel sistema...*, cit., pp. 46 ss.; MESSINETTI, «Personalità...», cit., pp. 365-366 y 373.

75 PERLINGIERI, PIETRO, *Il diritto civile nella legalità costituzionale secondo il sistema italo-comunitario delle fonti*, tomo II, *Interpretazione sistematica e assiologica. Situazioni soggettive e rapporto giuridico*, terza edizione del tutto rinnovata e corredata di note, Napoli, Edizioni Scientifiche Italiane s.p.a., 2006, pp. 719-720 y 723.

al valor de la persona —y al deber de abstención— se aplica continuamente mientras aquel valor permanezca una vez se verifique el hecho constitutivo correspondiente a la identificación del ser humano y de sus exigencias existenciales[76].

Dicho lo cual, según Scalisi[77], para la plena realización del valor de la persona no basta con impedir comportamientos que obstaculicen la realización de los bienes relativos a la persona, sino que son necesarios también comportamientos en forma positiva, ya que el valor de la persona no se realiza automáticamente. Es obvio que el ser humano, realidad existencial finita y desamparada, al objeto de conservar y desarrollar los atributos (cualidades o modos de ser) en los que se articula su personalidad necesita ayuda externa, cooperación de los otros y del Estado (piénsese, por ejemplo, en la salud). Por eso, en algunos supuestos, el valor de la persona se manifiesta en forma de pretensión dirigida a los sujetos o al Estado, cuyo objeto es el comportamiento idóneo para la realización del valor mismo. La personalidad humana, como estructura de valores identificativos del ser y del modo de ser de la persona física, encuentra también su forma más apropiada de garantía en la figura del derecho subjetivo. Y la diversidad de los valores existenciales o de los intereses fundamentales del ser humano diversifica el contenido y la regulación de los derechos de la personalidad.

Un sector de la doctrina niega la posibilidad de aplicar en este ámbito la figura del derecho subjetivo, apelando a la imposibilidad de identificar el objeto de los derechos de la personalidad, ya que entiende que si los particulares atributos de la personalidad (y, por tanto, la misma persona) constituyen punto de referencia objetivo de otros tantos derechos subjetivos, llegaríamos al resultado de situar a la persona humana en la posición de sujeto y objeto al mismo tiempo de tales derechos.

Esa presunta identidad de sujeto y objeto en los derechos de la personalidad es más aparente que real, como señala De Cupis[78], ya que objeto de estos derechos no es la persona en sí misma, sino sus modos de ser físicos o morales en los que se manifiesta la personalidad. El objeto de los derechos de la personalidad no es exterior al sujeto; ahora bien, esta no exterioridad no significa identidad, dado que modo de ser de la persona no es la misma cosa que la persona. No se comprende por qué razón el bien, objeto de los derechos subjetivos, debe ser una cosa que tenga una existencia objetiva fuera del sujeto, lo que supone una injustificada restricción del concepto de bien, cuya concreción procede llevarla a cabo con arreglo a la determinación de la necesidad. La vida, la integridad física, la libertad,

76 *Cfr.* SCALISI, *Il valore della persona nel sistema...*, cit., p. 73.

77 *Il valore della persona nel sistema...*, cit., pp. 75-76 y 85-86.

78 *I diritti della personalità*, Tomo I, cit., pp. 29-30.

etc., constituyen eso que nosotros somos, y no se atisba la razón por la cual el legislador debería limitarse a proteger la categoría del tener, dejando fuera la categoría del ser.

También se invoca en contra de la posibilidad de reconocer como objeto de los derechos bienes intrínsecos de la persona el argumento de que el concepto de poder de la voluntad o el concepto de señorío del sujeto con respecto a las utilidades del mundo externo, elemento que se considera propio del derecho subjetivo, sería inescindible de la autonomía del ente que lo sufre (objeto) en relación con el sujeto que lo ejercita. Por tanto, se concluye, fuera del ámbito de los bienes económicos o patrimoniales no existiría la posibilidad de derechos subjetivos. Es inconcebible que el sujeto se defienda a sí mismo[79].

Según De Cupis[80], no puede negarse que existen objetos provistos de utilidad internos al mismo sujeto. La exigencia de un poder, de una defensa subjetiva con respecto a estos bienes deriva precisamente del hecho de que la interioridad no implica automáticamente su conservación: la vida, la integridad física o moral, etc., pueden sufrir daños por un hecho realizado por terceras personas, resultando necesario un poder jurídico dirigido a la plena conservación de tales bienes mediante la defensa externa.

Para Scalisi[81], la subsunción del valor de la persona en el esquema del derecho subjetivo se explica sobre todo por el poder jurídico que el ordenamiento confiere al sujeto para la realización de sus fundamentales intereses de vida. El derecho reconoce a la persona la «jurídica posibilidad» de asumir aquellos comportamientos ilustrativos y/o representativos de sus modos de ser útiles para satisfacer otras tantas necesidades de orden material y espiritual.

Además de todo ello, afirma Perlingieri[82] que la calificación de derecho subjetivo no significa que el sujeto tenga libertad de disposición. Según la Constitución, añade, el derecho subjetivo no es señorío tampoco en las situaciones patrimoniales; y la ausencia de tal atributo no puede determinar que se niegue a las situaciones personales (no patrimoniales) la calificación de derecho subjetivo. La personalidad es interés sustancial, el cual no puede ser tutelado solo negativamente y no es siempre disponible por parte del sujeto titular.

En conclusión, con respecto a los derechos de la personalidad cabe afirmar que nos hallamos ante situaciones jurídicas que se identifican en rela-

---

79 Puede verse esta doctrina en DE CUPIS, *I diritti della personalitá*, Tomo I, cit., p.33.

80 *I diritti della personalità*, Tomo I, cit., p. 34.

81 *Il valore della persona nel sistema...*, cit., pp. 86 ss.

82 PERLINGIERI, PIETRO, *La personalità umana nell'ordinamento giuridico*, Università degli Studi di Camerino, Scuola di perfezionamento in diritto civile, Lezioni raccolte da PIETRO PERLINGIERI, volume 3, Napoli, Jovene editore, 1972, pp. 177-178.

ción con su propio contenido, con el interés que las mismas se proponen tutelar y con las modalidades destinadas a la realización de tal interés perteneciente al sujeto titular[83].

Según una opinión doctrinal[84], la activación de específicos instrumentos de tutela se manifiesta en presencia de un ilícito, de un comportamiento que no es conforme al valor normativo representado por la persona.

Para la opinión anterior, solo en dicha fase se actúa la iniciativa individual del sujeto, bajo la forma de poderes de reacción, los cuales no se identifican con una finalidad adquisitiva del valor, sino que expresan la defensa del mismo contra la violación de la norma jurídica.

Como dice Perlingieri[85], el problema de la tutela de la personalidad no se puede agotar en el momento patológico, tomando en consideración solamente aquellos comportamientos subjetivos que impiden u obstaculizan la realización del bien. Esto significa, concluye, que no es posible limitar la tutela jurídica de la persona humana al resarcimiento del daño cuando se verifique su violación o lesión.

Si analizamos el problema de la tutela de la persona desde el punto de vista del derecho público, la garantía jurídica consistente en un deber jurídico de abstención, siguiendo a Ferrajoli[86], encaja en el Estado de derecho liberal, el cual fue concebido como limitado solamente por prohibiciones, en garantía de los derechos de los individuos a no ser privados de los bienes de la vida y de la libertad (junto con la propiedad). Las garantías liberales o negativas consisten de hecho únicamente en deberes públicos negativos o de no hacer —de dejar vivir y de dejar hacer—, que tienen por materia prestaciones negativas o no prestaciones. Por eso, el campo más importante de estas prohibiciones se da sobre todo en el ámbito del derecho penal y del derecho administrativo sancionador. Sin embargo, en el Estado social de derecho, que es el que siguen las constituciones modernas, junto con los tradicionales derechos de libertad se reconocen otros derechos vitales o fundamentales: los derechos a la alimentación, a la salud, a la educación, a la vivienda, al trabajo, etc. A diferencia de los derechos de libertad, que son *derechos de* (o posibilidades de actuación), a los que corresponden deberes públicos de no hacer, prestaciones negativas, los derechos llamados sociales *son derechos a* (o expectativas de comportamientos de los demás), a los que deberían corresponder deberes públicos de hacer, prestaciones positivas. La declaración constitucional de los derechos de los ciudadanos equivale a la

---

83 *Cfr.* SCALISI, *Il valore della persona nel sistema...*, cit., p. 84.

84 MESSINETTI, «Personalità...», cit., p. 363.

85 *La personalità umana nell'ordinamento giuridico*, cit., pp. 176-177.

86 FERRAJOLI, LUIGI, *Diritto e ragione. Teoria del garantismo penale*, prefazione di NORBERTO BOBBIO, settima edizione, Roma-Bari, Gius. Laterza & Figli Spa, 2002, pp. 901 a 903.

declaración constitucional de los deberes del Estado. Mientras el Estado liberal debe solamente no empeorar las condiciones de vida de los ciudadanos, el Estado social de derecho debe también mejorarlas.

En resumen, no es fácil conseguir una perfecta congruencia entre las exigencias vitales del ser humano y el instrumento técnico de protección, pero parece claro que los valores existenciales de la persona encuentran su forma apropiada de garantía en una pluralidad de situaciones subjetivas (deber de abstención, derecho subjetivo, etc.).

Hay que tener en cuenta también que el reconocimiento de la persona humana como valor fundamental determina que se consideren como merecedores de tutela intereses de la persona que no encajan en el modelo conceptual del derecho subjetivo[87]. Existen derechos de la persona que no son directamente accionables, sino que solo crean una expectativa cuya traducción en situaciones jurídicas subjetivas concretamente operativas depende de la realización de una actividad por parte de los poderes públicos de carácter legislativo o administrativo (así, por ejemplo, el derecho al trabajo, el derecho a la vivienda, etc.)[88].

Dentro del ámbito de las situaciones jurídicas consistentes en un poder de iniciativa o de impulso por parte del sujeto, no cabe situar en el mismo plano los derechos fundamentales y los derechos patrimoniales, particularmente el derecho de propiedad o el derecho de crédito. Y ello porque, como indica Ferrajoli[89], los derechos patrimoniales son causados por actos potestativos, formando la base de la desigualdad jurídica, mientras que los derechos fundamentales no son causados por ningún acto, correspondiendo a todos los sujetos y en igual medida, en cuanto personas y ciudadanos, formando la base de la igualdad jurídica. Y es que, en definitiva, los derechos fundamentales corresponden a necesidades vitales de la persona históricamente y culturalmente determinadas.

Para terminar este apartado, señala Viola[90] la profunda diferencia que existe entre los derechos subjetivos de la modernidad y los derechos del ser humano de la postmodernidad. Con respecto a los derechos del ser humano,

87 *Cfr.* BESSONE, MARIO e FERRANDO, GILDA, «Persona fisica (dir. priv.)», en *Enciclopedia del diritto*, XXXIII, Milano, Giuffrè Editore, 1983, p. 204.

88 *Cfr.* PIZZORUSSO, ALESSANDRO, en Pizzorusso *et al.*, *Delle persone fisiche*, Art. 1-10, *Commentario del codice civile Scialoja-Branca*, a cura di FRANCESCO GALGANO, Libro Primo-Delle persone e della famiglia, Bologna-Roma, Nicola Zanichelli Editore-Soc. Ed. del Foro Italiano, 1988, pp. 40-41.

89 *Diritto e ragione...*, cit., pp. 950 a 954 y 958.

90 VIOLA, FRANCESCO, «Lo statuto giuridico della persona in prospettiva storica», en *Studi in memoria di Italo Mancini*, a cura di GUSTAVO PANSINI, Università degli Studi di Urbino, Pubblicazioni della Facoltà di Giurisprudenza e della Facoltà di Scienze Politiche, 3, Napoli, Edizioni Scientifiche Italiane s.p.a., 1999, pp. 632 a 634.

no se habla ya en términos de poder, sino de bienes de la persona susceptibles de protección. Eso significa que los derechos del ser humano (vida, libertad, etc.) no son tratados como tener, sino como ser, no son tratados como poderes, sino como bienes. Por eso hay que defender al individuo contra las amenazas a sus derechos, aunque provengan de él mismo. Los derechos coesenciales a la condición humana son inviolables (término que mira a los otros) e inalienables (término que mira al propio sujeto titular de los derechos), y se ocupan de los fines de la vida humana. Lo que significa pasar de la consideración del sujeto como poder a la consideración del sujeto como fin. La expresión suprema de este proceso es el llamado «derecho a la felicidad», del que ya hablaban las declaraciones americanas de los derechos y que no debe entenderse en sentido meramente asistencial.

La Asamblea General de la ONU decretó en la resolución 66/281 de 2012 que el 20 de marzo se celebrase el Día Internacional de la Felicidad. En 2015, la Asamblea General de las Naciones Unidas aprobó la Agenda 2030 para el Desarrollo Sostenible, que incluye un conjunto de 17 Objetivos de Desarrollo Sostenible (ODS) para poner fin a la pobreza, reducir la desigualdad y proteger nuestro planeta, tres aspectos primordiales que contribuyen a garantizar el bienestar y la felicidad.

La felicidad, vinculada a la calidad de vida de las personas, hay que entenderla como pleno y armonioso desarrollo de la personalidad, como concreción de un proyecto de vida, lo que va más allá de una simple satisfacción de las necesidades básicas, porque, según Soren Kierkegaard, «la vida no es un problema que tiene que ser resuelto, sino una realidad que debe ser experimentada».

3. Punto de partida en el análisis de la categoría jurídica de la subjetividad: la persona humana como sujeto de derecho, y no como objeto, en las Constituciones española e italiana. El principio constitucional de igualdad formal o igualdad ante la ley

En relación con el artículo 2 de la Constitución italiana, afirma Barile[91] que dicha Constitución recoge y define la cualidad de sujeto, o sea, la personalidad desde el punto de vista constitucional. Y la cualidad de sujeto, añade, consiste en ser titular de un conjunto de situaciones jurídicas subjetivas,

91 BARILE, PAOLO, *Il soggetto privato nella costituzione italiana*, Padova, Cedam, 1953, pp. 6 a 13.

activas y pasivas (derechos inviolables y deberes inderogables), que la Constitución confiere directamente a la persona física, considerada no solo individualmente, sino también como miembro de grupos o formaciones sociales para el pleno desarrollo de la personalidad. Cualidad de sujeto privado reconocida constitucionalmente a todos los seres humanos en virtud del principio de igualdad ante la ley (artículo 3 de la Constitución italiana: «Todos los ciudadanos tienen la misma dignidad social y son iguales ante la Ley, sin distinción por razones de sexo, raza, lengua, religión, opiniones políticas ni circunstancias personales y sociales. Corresponde a la República suprimir los obstáculos de orden económico y social que, limitando de hecho la libertad y la igualdad de los ciudadanos, impiden el pleno desarrollo de la persona humana y la participación efectiva de todos los trabajadores en la organización política, económica y social del País». Artículo 9.2 de la Constitución española: «Corresponde a los poderes públicos promover las condiciones para que la libertad y la igualdad del individuo y de los grupos en que se integra sean reales y efectivas; remover los obstáculos que impidan o dificulten su plenitud y facilitar la participación de todos los ciudadanos en la vida política, económica, cultural y social». Artículo 14 de la Constitución española: «Los españoles son iguales ante la ley, sin que pueda prevalecer discriminación alguna por razón de nacimiento, raza, sexo, religión, opinión o cualquier otra condición o circunstancia personal o social»)[92].

---

92 Otro sector doctrinal, al comentar los artículos 2, 3 y 22 («Nadie puede ser privado, por motivos políticos, de su capacidad jurídica, de su nacionalidad ni de su nombre») de la Constitución italiana, afirma que el reconocimiento de los derechos inviolables del ser humano implica la capacidad de este último para ser titular de derechos, prohibiéndose no solo la privación, sino también la simple limitación de la capacidad jurídica. LAVAGNA, CARLO, *Basi per uno studio delle figure giuridiche soggettive contenute nella Costituzione italiana*, Estratto dagli «Studi Economico-Giuridici» pubblicati per cura della Facoltà di Giurisprudenza della Università di Cagliari, Vol. XXXVI, Padova, Cedam, 1953, pp. 16-17.
Según Messinetti («Personalità...», cit., pp. 374-375), el artículo 2 de la Constitución italiana funda un concepto de persona (o personalidad) que no puede ponerse en relación con la subjetividad jurídica que se expresa en la noción de capacidad jurídica. Esta representa la cualidad jurídica general del sujeto en virtud de la cual adquiere la aptitud para ser titular de situaciones jurídicas subjetivas y, en cuanto tal, deviene destinatario de los efectos jurídicos que derivan o pueden derivar de los supuestos de hecho puestos en práctica, es decir, de la participación del ser humano en la vida jurídica. La capacidad jurídica hace del sujeto el punto de conexión entre un hecho y un efecto en el mundo jurídico, y no incide en el reconocimiento del sujeto como persona, en cuanto valor en sí mismo normativamente relevante.
Sin embargo, para Tamburrino el artículo 2 de la Constitución italiana reconoce y tutela los derechos inviolables, es decir, precisamente aquellas posiciones de hecho de las cuales el ordenamiento obtiene un efecto jurídico, la tutela: tales derechos pertenecen a la persona física, o sea, a una entidad capaz de ser sujeto de aquellos derechos según el ordenamiento, a una entidad a la que el ordenamiento atribuye aquellos derechos. Lo que reafirma que el estudio de la persona en relación con su capacidad de ser sujeto de derechos y destinatario de normas jurídicas es esencial y preliminar al estudio de las consecuencias jurídicas que de aquella capacidad derivan, es decir, la atribución de derechos y deberes. Por otra parte, es evidente, en su opinión, que los términos capacidad jurídica, como calificación originaria y preliminar de la persona que se convierte en sujeto de dere-

Qué duda cabe que la atribución de los derechos inviolables (entre otros, derecho a la vida, derecho a la integridad física y moral, etc.) al ser humano supone su reconocimiento como sujeto de derecho: todo ser humano, por el hecho de serlo, es titular de los derechos inviolables, porque son el reflejo de su dignidad. Por tanto, todo ser humano tiene la capacidad para ser titular de los derechos inviolables que le son inherentes. Ahora bien, mientras la titularidad de los derechos inviolables hace referencia a la concreta atribución de unos determinados derechos a favor de un individuo con respecto al poder público y a los demás particulares, la capacidad jurídica hace referencia a la posición general del sujeto en cuanto destinatario de los efectos jurídicos de un ordenamiento. La dignidad humana es el elemento que permite la reconstrucción de la persona individual como centro de imputación jurídica.

El reconocimiento constitucional de los derechos inviolables del ser humano supone, además, el reconocimiento de un espacio de actuación individual o de una amplia autonomía o independencia (entendida como libertad de tomar sus propias decisiones) del sujeto. La autodeterminación como atributo de la personalidad más que como instrumento externo. Es la propia persona la que define, sin interferencias ajenas, el sentido de su propia existencia y el significado que atribuye a la vida y al universo, pues tales determinaciones constituyen la base misma de lo que significa ser una persona humana, como afirma la Corte Constitucional de Colombia[93]. La atribución de personalidad jurídica al individuo hace posible la realización de su identidad personal, es decir, de su individualidad[94].

El artículo 10 de la Constitución española establece un vínculo entre la subjetividad y la persona física: todo ser humano es persona y, por tanto, sujeto

---

cho, es decir, en destinatario de los efectos jurídicos de la norma, y subjetividad jurídica son análogos y designan el mismo fenómeno. TAMBURRINO, GIUSEPPE, *Le persone fisiche: vicende e posizioni giuriche, diritti della personalità, alimenti, tutela della persona fisica incapace o bisognosa,* en *Giurisprudenza sistematica di diritto civile e commerciale*, fondata da Walter Bigiavi, Torino, Utet, 1990, pp. 3-4.

93 Sentencia C-481 del 9 de septiembre de 1998. Afirma también que el derecho al libre desarrollo de la personalidad que consagra el artículo 16 de la Constitución colombiana («Todas las personas tienen derecho al libre desarrollo de su personalidad sin más limitaciones que las que imponen los derechos de los demás y el orden jurídico») consagra una protección general de la capacidad que la Constitución reconoce a las personas para autodeterminarse (darse sus propias normas y desarrollar planes propios de vida), siempre y cuando no afecten derechos de terceros. Disponible en: https://webcache.googleusercontent.com/search?q=cache:F80f3jVacLEJ:https://www.corteconstitucional.gov.co/relatoria/1998/c-481-98.htm+&cd=1&hl=es&ct=clnk&gl=it.

94 *Cfr.* RODOTÀ, STEFANO, *La vita e le regole. Tra diritto e non diritto*, Milano, Giangiacomo Feltrinelli Editore, prima edizione in «Campi del sapere», maggio 2006, seconda edizione settembre 2006, pp. 22 ss.
Por supuesto, concebir la autorrealización de la persona a través de su vida y de sus acciones exige una consideración previa del individuo como un ser capaz de proyectarse o, dicho de otro modo, del ser humano como un ser en proyecto, es decir,

de derecho. Por otra parte, ser persona, tener personalidad no se reduce al simple reconocimiento de una abstracta o potencial titularidad de prerrogativas por parte del ser humano, y ello por dos motivos: en primer lugar, porque el ser humano es titular desde el nacimiento de unas concretas prerrogativas, denominadas derechos inviolables; y en segundo lugar, porque se garantiza constitucionalmente el libre desarrollo de la personalidad, lo que supone contemplar el aspecto dinámico de la personalidad, que tiende a la efectiva actuación de los valores existenciales que se le atribuyen al ser humano.

En definitiva, *la personalidad supone acoger al ser humano como protagonista activo del mundo del derecho*.

Son las constituciones de la segunda mitad del siglo XX las que comienzan a hablar de un derecho a la libre construcción de la personalidad. Lo dice con claridad el artículo 2.1 de la Ley Fundamental alemana: «Toda persona tiene el derecho al libre desarrollo de su personalidad siempre que no viole los derechos de otros ni atente contra el orden constitucional o la ley moral»[95].

La afirmación de que la capacidad jurídica o la capacidad de derecho es un atributo del ser humano que procede del ordenamiento jurídico, que per-

como un ser constructor de su existencia. Véase PELE, ANTONIO, *Filosofía e historia en el fundamento de la dignidad humana*, tesis doctoral en la Universidad Carlos III de Madrid, Instituto de Derechos Humanos «Bartolomé de las Casas», Getafe (Madrid), julio de 2006, p. 180. URI: http://hdl.handle.net/10016/3052. Por otra parte, en relación con el concepto de identidad afirma la doctrina que la identidad de la persona no se reduce a saber atributos personales tales como origen biológico (conocer al padre) o identificación por el nombre y apellidos propios, es decir, a saber quién soy y cómo me distingo por fuera de otras personas, que se pueden llamar los condicionantes de identificación externa y objetiva. La personalidad única y la autonomía individual de cada sujeto incluye la percepción propia de ser un individuo particular y singular, el autorreconocimiento, la autoestima, la autocomprensión del sujeto, su singularidad moral, su capacidad de emitir juicios morales y elegir libremente, su aptitud para la búsqueda del bien, la virtud y la felicidad, su capacidad para construir conceptos generales y razonar, para reproducir, comunicar y provocar sentimientos. Todas estas características son imprescindibles para el libre desarrollo de los planes de vida y, a la vez, materializan la dignidad de la persona, no son alcanzables sin el libre desarrollo del sujeto. Todas las capacidades anteriores son propias y exclusivas de los seres humanos y confirman la dignidad de la persona. Por otra parte, son rasgos dinámicos y facultades que necesitan desarrollarse. Entonces, para la protección de la dignidad humana es vital garantizar el entorno apropiado para que estos atributos florezcan. Así, RYSZARD KOSMIDER, MARIUSZ, «El contenido jurídico del concepto del libre desarrollo de la personalidad con referencia especial a los sistemas constitucionales alemán y español», en *Revista de derecho UNED*, núm. 23, 2018, pp. 691-692. DOI: https://doi.org/10.5944/rduned.23.2018.24038.

95 Según Rodotà (*La vita e le regole*..., cit., p. 18), la no violación que menciona la Constitución alemana parece construir el derecho al libre desarrollo de la personalidad también como una distancia en relación con los demás. Sin embargo, el artículo 2 de la Constitución italiana habla de un diálogo entre asociados, de un individuo social en el que la alternativa y la separación entre derechos y deberes son superadas por el vínculo entre derechos inviolables y principio de solidaridad.

tenece al derecho positivo, y no al derecho natural, es compatible con la intrínseca validez del criterio según el cual la pretensión de negar a un ser humano la condición de sujeto de derecho es una pretensión que, aunque históricamente se ha llevado a cabo, es contraria al derecho, el cual tiene su raíz en la naturaleza del ser humano. Hoy el carácter intrínseco del nexo que liga la capacidad jurídica a la persona legitima la identificación entre capacidad y subjetividad jurídica: a semejanza de la subjetividad, la capacidad jurídica constituye una cualidad intrínseca de todo individuo, poniendo de relieve tal dato positivo la recepción del valor supremo del ser humano por parte del ordenamiento.

Aun cuando existen opiniones doctrinales que sostienen que hay una diferencia conceptual entre subjetividad y capacidad jurídica, no parece que dicha diferencia conceptual pueda llegar a modificar el valor de la capacidad jurídica como regla general[96].

El entendimiento de la capacidad jurídica (y, por tanto, de la subjetividad jurídica) como posición general y abstracta del sujeto con respecto al ordenamiento en su conjunto satisface las exigencias prácticas de garantía de la igualdad entre los seres humanos.

Es sumamente importante destacar la relevancia del ser humano desde el punto de vista constitucional, porque la concepción del ser humano como fin último del ordenamiento, y no como instrumento para la realización de fines superiores a él, afecta a cualquier sector del ordenamiento jurídico: derecho privado, derecho penal, derecho procesal, etc.

96 *Cfr.* LECCESE, EVA, *Incapacità naturale e teoria dell'affidamento*, Università degli Studi «G. D'Annunzio», Facoltà di Economia e Commercio, Pescara, Pubblicazioni dell'Istituto di Studi Giuridici, Napoli, Casa Editrice Jovene, 1999, p. 46.
Afirma Lipari, refiriéndose al derecho italiano, que la expresión sujeto de derecho no aparece nunca en el código civil italiano, al igual que tampoco en la carta constitucional italiana. El artículo 1 del proyecto preliminar del código civil utilizaba la fórmula «el hombre es sujeto de derecho desde el nacimiento hasta la muerte»; pero, al pasar al proyecto definitivo, fue eliminada, reconduciéndose al momento del nacimiento no la adquisición de la subjetividad, sino más bien la adquisición de la capacidad jurídica [el código civil español utiliza el término personalidad]. De aquí —desde el presupuesto de que el sujeto es el actual o potencial destinatario de los efectos jurídicos— la reafirmada convicción, recogiendo el pensamiento de Falzea, de que la subjetividad jurídica viene a coincidir con la capacidad jurídica, la cual, también ella, consiste en esta posición general del sujeto de ser destinatario de los efectos jurídicos. Añade que mediante la fórmula del artículo 22 de la Constitución italiana el texto constitucional ha querido expresar que, en el ejercicio de sus derechos de libertad, el sujeto no puede sufrir, por motivos políticos, limitaciones referidas a la posibilidad de ser titular de los mismos (y, por tanto, a ejercitarlos). Está fuera de duda, concluye, que la tutela constitucional se refiere a la categoría absorbente de la subjetividad. LIPARI, NICOLÒ, *Las categorías del derecho civil*, traducción y prólogo: AGUSTÍN LUNA SERRANO, Madrid, Editorial Dykinson, S.L., 2016, pp. 81-82.

Refiriéndonos en particular al derecho privado, la supremacía de la persona en las normas constitucionales supone la supremacía de los valores de la persona sobre los valores patrimoniales. Se trata de una concepción opuesta a la que responde, por ejemplo, el código civil español, el cual dedica especial atención a los intereses del patrimonio, constituyendo el derecho de propiedad la figura fundamental de este tipo de codificación, dedicando poca atención a los derechos de la persona privados de contenido patrimonial, es decir, a la protección y al desarrollo de los derechos fundamentales, los cuales abarcan la totalidad de las manifestaciones de la persona merecedoras de tutela. Todo ello propiciado por la concepción según la cual la tutela de los intereses no patrimoniales corresponde al legislador penal, y no al legislador civil[97].

Afirma Perlingieri[98] que la nueva perspectiva se observa en relación con la propiedad. La propiedad fue concebida como esencial para el desenvolvimiento de la persona misma, para la realización de la personalidad del individuo, reflejando la concepción individualista, que se centra en la voluntad del sujeto. Es el lógico y real proceso de la propiedad. Una cosa es útil en cuanto satisface una necesidad humana: el sujeto tiene el derecho de recabar todas las posibles utilidades de la cosa para sus fines. La justificación suprema del derecho de propiedad se encuentra, por tanto, en el derecho a la libertad: la propiedad se funda en una necesidad humana, y es por eso justa y racional. El concepto de propiedad sin límites se liga estrechamente al concepto de libertad. Sin embargo, tras la entrada en vigor de las constituciones modernas que afirman la supremacía de la persona humana, esta no debe ser protegida solamente en cuanto tiene, sino en cuanto es. Por tal motivo, tanto la iniciativa económica privada como la propiedad deben ser puestas en relación con la tutela de la persona. Se trata de situaciones subjetivas que no pueden ser incluidas entre los derechos esenciales de la persona, porque son instrumentales al pleno desarrollo de la persona. Hoy las relaciones económicas están condicionadas a la realización de las relaciones personales. La tutela de la persona tiene su autonomía con respecto a la tutela de la propiedad y de la iniciativa económica, y estas últimas son instrumentos para la realización de la persona humana, que constituye en la actualidad el valor primario.

En nuestros días el interés en la tutela de la personalidad constituye el interés preferente, caracteriza el Estado social de derecho, de modo que la técnica legislativa debe adecuarse al valor sobre el que pretende incidir: no poner límites a la realización de la personalidad humana, a la libertad del

97 *Cfr.* sobre lo dicho, pero referido al derecho italiano, PERLINGIERI, *La persona e i suoi diritti...*, cit., p. 10.

98 *La persona e i suoi diritti...*, cit., pp. 8-9.

sujeto, no tanto en sentido económico o productivista, sino como libertad de pensamiento, de realización de las propias ideas, del propio modo de vivir, de la propia visión del mundo[99].

El estudio del ser humano como sujeto de derecho debe ser abordado a través de la coordinación de las normas del código civil y de las leyes especiales con los principios constitucionales, los cuales imponen la tutela prioritaria de los valores del ser humano contemplado en su individualidad y en el ámbito de las formaciones sociales (familia, asociación, fundación, sociedad, partido político, sindicato, Estado, etc.).

4. La definición de la subjetividad en función de las condiciones personales y materiales del ser humano. El principio constitucional de igualdad material o igualdad real

Siguiendo la explicación de Alcaro[100], en el mundo antiguo, en la polis griega y en la *civitas* romana preclásica no se concebía una distinción entre individuo privado y ciudadano, dada la pertenencia inmediata del individuo a la comunidad o, mejor dicho, dada su necesaria integración-subordinación a la ciudad-Estado (o ciudad-comunidad). El posterior reconocimiento de una esfera privada del individuo como proyección de la persona, fundada sobre la separación entre individuo y Estado, que resume y sintetiza el carácter nuevo de la libertad del individuo moderno, abre paso a la enunciación de la igualdad de todos en cuanto individuos personalmente libres e igualmente independientes, sustraída a la consideración de la diversidad y de las particularidades de la vida concreta, lo que termina, consiguientemente, con hacer abstracción de las efectivas posiciones de los individuos en la esfera definida como civil, poniendo en marcha la construcción del sujeto de derecho como sujeto general y abstracto, desconectado de la realidad del ordenamiento jurídico, del que llega a ser presupuesto o elemento estático, en contraposición al carácter dinámico y a la lógica del propio ordenamiento, que es concreta lógica de acción. Se afirma, pues, un abstracto concepto de ser humano, separado de la realidad social, que se desenvuelve en una dimensión depurada y desprovista de cualquier condicionamiento social y económico. Si por un lado la especulación kantiana en torno a la igualdad jurídica de todos los individuos es una contribución fundamental a la liquidación de la discriminación natural de los seres humanos en libres y no libres por nacimiento (Aristóteles), por otro lado consolida objetivamente

99 *Cfr.* Perlingieri, *La persona e i suoi diritti...*, cit., pp. 11-12.

100 *Riflessioni...*, cit., pp. 67 a 76.

un proceso de separación entre la forma y el contenido, de distanciamiento de la consideración del ser humano en cuanto tal de su concreta historia. Por tanto, *en esta etapa previa a la nueva dimensión en la que se sitúa al ser humano en los textos constitucionales modernos, coexiste una igualdad jurídico-formal de los individuos con la más grande desigualdad de hecho, física o moral, económica o social*: en el Estado liberal, el principio de igualdad ante la ley de todos los individuos coexiste con la configuración de un Estado que no tiene competencia para impedir la desigualdad de hecho fundada sobre la libre realización de la individualidad. La idea nueva del sujeto jurídico abstracto, con la consiguiente parificación de todos los individuos bajo el perfil jurídico-formal, marca el final del mundo feudal, en el que regía el esquema jurídico fundamental de la relación feudal de vasallaje, que calificaba como prerrogativas o privilegios personales las situaciones subjetivas de ventaja. En esa época feudal, en la que la sociedad aparece organizada en clases bajo un principio jerárquico, el individuo adquiere la condición de sujeto jurídico en cuanto destinatario del privilegio, a diferencia del mundo moderno, que construye la sociedad sobre el principio teórico de una liberación y equiparación de los individuos como entes autónomos e iguales, desligados formalmente de cualquier vínculo de pertenencia a una clase determinada. Esto se consigue, afirma Alcaro[101], mediante la elaboración de un concepto prefijado y rígido de sujeto de derecho, destinado a asumir la función de presupuesto unitario del sistema jurídico.

Como afirma Silvestri[102], el principio de igualdad[103] tiene un contenido normativo solamente porque los seres humanos son diversos los unos de los

---

101 *Riflessioni*..., cit., p. 81.

102 *Dal potere*..., cit., pp. 57-58.

103 Cuando Ferrajoli (*Diritto e ragione*..., cit., pp. 947 a 950) aborda el principio de igualdad consagrado en el artículo 3 de la Constitución italiana, afirma que el valor primario de la persona y el consiguiente principio de tolerancia (que consiste en el respeto de todas las posibles identidades personales y de todos los correspondientes puntos de vista) constituyen la base del principio de igualdad jurídica: un principio que incluye las diferencias personales (de sexo, de raza, de lengua, de religión, de opiniones políticas, etc.) —igualdad formal— y excluye las diferencias sociales —igualdad sustancial—. En el primer sentido —igualdad formal—, la igualdad reside en el valor asociado de manera indiferenciada a todas las personas sin distinción. El valor de la igualdad consiste en el igual valor asignado a todas las diferentes identidades que hacen de cada persona un individuo diferente de los demás y de cada individuo una persona como todas las demás. En el segundo sentido —igualdad sustancial—, la igualdad radica en el desvalor asociado a aquellas diferencias que, en lugar de ser rasgos de las diversas identidades personales, son de orden económico y social, que obstaculizan la vida, las libertades, la supervivencia y el desarrollo de las demás personas, y que, en consecuencia, son intolerables. Las diferencias sociales, en lugar de ser rasgos de las diversas identidades de las personas, se convierten en privilegios o discriminaciones sociales que determinan la desigualdad. Si las diferencias personales deben ser reconocidas para ser respetadas y garantizadas, las desigualdades deben serlo igualmente, pero para ser removidas o compensadas. Los derechos fundamentales son las técnicas mediante las cuales la igualdad resulta asegurada o perseguida.

otros. El mismo elenco de los parámetros contenidos en el primer párrafo del artículo 3 de la Constitución italiana puede ser leído *a contrario sensu* como la recapitulación de las diferencias más comunes en la naturaleza y en la sociedad: el sexo, la raza, la lengua, la religión, las opiniones políticas, las condiciones personales y sociales. Es cierto que en la época actual el principio de igualdad ha prohibido el diverso tratamiento jurídico de las personas según el nacimiento. Sin embargo, la eliminación del privilegio del nacimiento no ha hecho desaparecer todavía las diferencias económicas y sociales ligadas al mismo nacimiento, ya que los seres humanos notoriamente se diferencian entre ellos por el diverso origen familiar y social, que incide inevitablemente en las oportunidades de cada uno.

El derecho, por su naturaleza, debe incidir en lo que existe, sea para prohibir tratamientos diferenciados no justificados, sea, al contrario, para prescribir tratamientos diferenciados, justificados por la especificidad de las situaciones[104].

Para Silvestri[105], es necesario ahondar en el valor/principio expresado por la igualdad, que, como cualquier valor, se sitúa en una esfera de realidad inmaterial objetiva y, en relación con la realidad social y material dada, se proyecta siempre en el futuro, es decir, en el campo de la realizabilidad (el ser es lo ocurrido, el deber ser es lo que está por venir). La solemne declaración constitucional de que todos los ciudadanos tienen igual dignidad social y son iguales ante la ley se lee en el sentido de que los ciudadanos deben tener igual dignidad social y deben ser iguales ante la ley. Y claramente lo señala el párrafo segundo del artículo 3 de la Constitución italiana cuando establece como fundamento del Estado el compromiso de remover los obstáculos de hecho que impiden al deber ser constitucional convertirse en deber ser jurídico-práctico.

A través de la referencia a la persona, afirma Rodotà[106], penetran en el orden jurídico, y asumen autónoma relevancia, figuras subjetivas diversas, expresivas de la condición humana, reflejando con ello los diversos modos en que concretamente la persona se manifiesta, lo que trae consigo pasar de

Así, las garantías de los derechos de libertad (o derechos de) aseguran la igualdad formal, tutelan las diferencias, postulando la tolerancia. Las garantías de los derechos sociales (o derechos a) permiten la igualdad sustancial o social, remueven o compensan las desigualdades que se consideran intolerables. A diferencia de los derechos patrimoniales —del derecho de propiedad a los derechos de crédito—, los derechos fundamentales no son negociables y corresponden a todos y en la misma medida, como condiciones de la identidad de cada uno como persona y/o como ciudadano.

104 *Cfr.* SILVESTRI, *Dal potere...*, cit., p. 79.

105 *Dal potere...*, cit., pp. 26-27.

106 RODOTÀ, STEFANO, *Dal soggetto alla persona*, Università degli Studi Suor Orsola Benincasa, Facoltà di Giurisprudenza, Lezioni Magistrali, collana diretta da FRANCESCO DE SANCTIS e FRANCO FICHERA, 15, Editoriale Scientifica srl, giugno 2007, pp. 24-25.

una noción kelseniana de sujeto que predicaba indiferencia y neutralidad a una noción que impone la entrada del derecho en la vida mediante un diverso conjunto de criterios de referencia.

La libre construcción de la personalidad como espacio reconocido a la subjetividad abre paso a un derecho cimentado en la realidad de la condición humana, como demuestra la Carta de Derechos Fundamentales de la Unión Europea cuando se refiere en diferentes artículos a los menores, a las personas mayores y a las personas con discapacidad (artículos 24, 25 y 26), figuras oscurecidas durante mucho tiempo por el predominio de una idea abstracta de sujeto jurídico, indiferente a las condiciones personales y materiales del ser humano.

Es verdad que la figura del sujeto abstracto comprende a todos los seres humanos, pero al mismo tiempo no define plenamente a ninguno. Debido a su elevada formalización no resulta un instrumento capaz de abarcar toda la realidad humana. Precisamente por ello, en las constituciones modernas no adquiere protagonismo el sujeto abstracto, sino el ser humano como tal, la persona de carne y hueso, que pasa a ocupar el centro de la escena jurídica.

Tomar en consideración las condiciones particulares del ser humano al objeto de hacer posible el libre desarrollo de la personalidad obliga, evidentemente, a plantearse si los instrumentos jurídicos existentes son eficaces para alcanzar el objetivo señalado; en particular, con relación a todas esas personas consideradas «vulnerables», como, por ejemplo, los menores de edad, tradicionalmente incluidos en la categoría excluyente de la incapacidad de obrar con base en el criterio de la edad.

La cuestión planteada con respecto a los menores de edad encuentra su justificación en el hecho de que la dimensión jurídica relevante del existir no abarca solamente la actividad humana patrimonial, sino también la actividad humana de carácter personal. Por tanto, una visión formalista y patrimonialista de la capacidad, basada exclusivamente en la edad entraña una expropiación de la subjetividad y una negación de la autonomía del existir. Por eso, como analizaremos posteriormente, la noción de madurez de juicio del menor constituye un mecanismo de protección acorde con el principio constitucional del libre desarrollo de la personalidad y con la contemplación del ser humano en la especificidad de sus condiciones, sobre todo en relación con el ejercicio de los derechos fundamentales. La consideración integral de la personalidad, la visión integral de la vida humana, que abarca necesidades e intereses diversos (biológicos, psicológicos, sociales, culturales, etc.), obliga a no reducir la actividad humana a la dimensión de la actividad económica y a no identificar la capacidad de tomar decisiones con la capacidad patrimonial[107].

En el campo de la subjetividad, la igualdad no consiste solamente en reconocer a todo ser humano la condición de sujeto de derecho (aspecto está-

107 *Cfr.* RODOTÀ, *La vita e le regole*, cit., pp. 26 ss.

tico), sino también en promover el libre desarrollo de la personalidad (aspecto dinámico), eliminando los obstáculos que impiden su realización efectiva, lo que exige: a) tomar en consideración la realidad de las condiciones existenciales de los individuos o, dicho de otra manera, recuperar al sujeto de carne y hueso con su carga de historicidad; b) elegir los instrumentos técnicos más eficaces para conseguir la adecuada tutela de los intereses de los individuos merecedores de particular protección.

En definitiva, y en esto consiste la esencia del fenómeno subjetivo, se trata de seleccionar los intereses del ser humano destinatario de la norma atendiendo a las necesidades, exigencias y aspiraciones que manifiesta en su existencia real (supuesto de hecho normativo), y de solucionar el problema social seleccionado mediante particulares remedios (efectos jurídicos).

Según Stanzione[108], la previsión legal contenida en el artículo 1 código civil italiano, conforme al cual la capacidad jurídica se adquiere desde el momento del nacimiento, señala el ingreso del individuo en el ordenamiento jurídico, pero se queda en un mero reconocimiento de la capacidad-subjetividad. Para que dicho reconocimiento asuma un significado concreto es indispensable pasar del momento estático de la simple atribución de facultades y derechos al momento dinámico del desenvolvimiento o desarrollo de su personalidad.

El ser humano vive en un determinado ambiente histórico-social en el que desempeña su actividad. De esta observación se deduce la inutilidad de fundar la noción de valor del ser humano en posiciones antihistóricas o ahistóricas. La naturaleza humana, de hecho, no es siempre idéntica[109].

5. Aproximación preliminar a la configuración de la subjetividad desde la perspectiva constitucional

Es indudable que los principios constitucionales analizados en las páginas anteriores exigen un nuevo diseño de la subjetividad. Corresponde en este momento indicar las líneas maestras de ese nuevo entendimiento de la subjetividad.

Sabemos ya que *la subjetividad designa primeramente la posición que tiene el individuo en relación con el ordenamiento jurídico*: el ser humano constituye el valor supremo del ordenamiento jurídico, siendo en todo caso su presupuesto esencial, destinado a mensurar la esencia misma de la juridi-

108 STANZIONE, PASQUALE, «Dal soggetto alle persone», en *Scienza e insegnamento del diritto civile in Italia*, Convegno di studio in onore del prof. Angelo Falzea, Messina 4-7 giugno 2002, a cura di VINCENZO SCALISI, Pubblicazioni della Facoltà di Giurisprudenza della Università di Messina, N. 212, Milano, Dott. A. Giuffrè Editore, S.p.A., 2004, p. 389.

109 Así, PERLINGIERI, *La personalità umana nell'ordinamento giuridico*, cit., p. 23.

cidad según el parámetro de la dignidad humana que señala la diferencia ontológica del ser humano con relación a las cosas y, al mismo tiempo, en el momento en que dicha diferencia fuera negada, el límite del derecho[110].

El principio de igualdad formal y la garantía constitucional de los derechos inviolables y de las libertades fundamentales encuentran su fundamento en el valor primario de la unidad (abstracta) del sujeto como portador potencial de todos los posibles intereses y, más en general, como centro de imputación del sistema normativo. Pero el sujeto no es solo una entidad abstracta, sino también un sujeto histórico real, que vive inmerso en una concreta realidad personal y social. Las condiciones personales y sociales inciden en los intereses del sujeto diversificando las posiciones individuales y orientando las decisiones existenciales, con respecto a las cuales surgen expectativas legítimas de diferentes tipos de protección al objeto de hacer posible el libre desarrollo de la personalidad y el principio de igualdad material[111].

Como señala la doctrina[112], la atribución de específicas situaciones jurídicas diferenciadas y el concepto unitario de subjetividad no entran en contradicción, sino que expresan *dos diversos modos de manifestarse la relación entre individuo y norma*: el uno fundado en el principio de igualdad formal que tutela al ser humano en cuanto tal; el otro fundado en el principio de igualdad material que tutela al ser humano frente a los hechos que condicionan el pleno desarrollo de la persona humana. La subjetividad designa el momento estático del sujeto en cuanto ser humano, que se alza como criterio ordenante del sistema normativo; la pluralidad de los intereses y exigencias que emergen en el fluir de la vida describe el paso a la dimensión dinámica del sujeto histórico, que encuentra diversificada tutela con la titularidad efectiva de específicas situaciones jurídicas. En esta amplia dimensión encuentran un momento de síntesis la esfera de las uniformidades formales, que implica la referencia a un sistema de normas unitario e impersonal, y la esfera de las diferencias, que impone la predisposición de específicos efectos y de estatutos diferenciados, como momentos diversos, pero imprescindibles, del proceso jurídico que realiza la efectividad de la tutela jurídica.

La tendencia actual orientada a valorar la personalidad humana en su completa realidad existencial dentro de la sociedad hace visible la necesidad de garantizar una renovada dignidad social a las personas que viven una experiencia de discriminación dentro de la organización social. A dicho fin responde la utilización del *status* como instrumento de tutela o reforzada protección de los sujetos vulnerables. El *status* es el punto de atracción de una

110 LIPARI, *Las categorías del derecho civil*, cit., p. 70.

111 *Cfr.* LA ROSA, ELENA, *Tutela dei minori e contesti familiari. Contributo allo studio per uno statuto dei diritti dei minori*, Pubblicazioni della Facoltà di Giurisprudenza della Università di Messina, Milano, Dott. A. Giuffrè Editore, S.p.A., 2005, pp. 15 ss.

112 LA ROSA, *Tutela dei minori e contesti familiari...*, cit., pp.19-20.

serie de derechos y deberes que se vinculan al sujeto en virtud de sus peculiares cualidades personales y sociales (el sujeto histórico no es un sujeto homogéneo, sino que está compuesto por la diversidad que genera la vida humana), destacando como un instrumento técnico jurídico dirigido a mostrar una particular disciplina aplicable al individuo en cuanto miembro de una determinada categoría social[113].

Por último, dedicaremos un apartado especial al tema de los menores de edad. En términos generales, explica La Rosa[114], tradicionalmente el legislador civil establece un sistema binario, según el cual la minoría de edad llega hasta los dieciocho años y la mayoría de edad desde los dieciocho años en adelante. El criterio de referencia es la edad cronológica, la cual es tomada en consideración por el derecho como causa modificativa de la capacidad de obrar. Salvo las hipótesis en las que se establece una edad diversa, la capacidad para realizar los actos jurídicos, especialmente en el ámbito patrimonial, se condiciona a la mayoría de edad. Por tanto, desde esta perspectiva la capacidad de obrar es la regla general para los mayores de edad y la incapacidad de obrar es la regla general para los menores de edad. El modelo descrito, que es el originario, no tiene en cuenta las reales dimensiones evolutivas de los menores de edad, ya que el presupuesto de la capacidad de obrar se sitúa por el legislador en la edad cronológica, con base en una presunción meramente formal de plena madurez ligada al cumplimiento de la edad prefijada. Sin embargo, es conocido que la capacidad encuentra su fundamento en la autonomía privada, ya que esta expresa la idoneidad del sujeto para gestionar sus propios intereses y, como tal, debe necesariamente vincularse a un dato de hecho que refleje la real evolución del menor. *La edad cronológica es un dato formal que no sirve para diferenciar al menor del adulto*, consagrando una desigualdad que debe corregirse porque no encuentra congruencia con la realidad de los hechos. *El hecho que, en el plano material, diferencia al menor del adulto es la edad biológica*, entendida como fenómeno evolutivo idóneo para expresar el efectivo grado de madurez fisiosíquica concretamente alcanzado por el sujeto en formación. Es este el parámetro de referencia factual que hace necesario recurrir a instrumentos dirigidos a destacar las aptitudes naturales y el progresivo desarrollo del sujeto que caracterizan su capacidad en concreto.

La capacidad natural de entender y querer permite un tratamiento jurídico del menor acorde con su real proceso evolutivo, equiparándolo al adulto cuando haya alcanzado madurez de juicio y sometiéndolo a la disciplina de la incapacidad si no está en posesión del discernimiento necesario para adop-

113 *Cfr.* LA ROSA, *Tutela dei minori e contesti familiari...*, cit., pp. 23 ss.

114 *Tutela dei minori e contesti familiari...*, cit., pp. 58 ss.

tar decisiones autónomas y conscientes. La capacidad natural entendida no como nueva categoría dogmática, sino como valoración casuística[115].

Con la superación del dogma minoría de edad-incapacidad de obrar, la identidad subjetiva entre el sujeto del interés y el sujeto del comportamiento puede ser reafirmada cada vez que el menor alcanza una madurez suficiente. El reconocimiento de la capacidad de discernimiento es el criterio adecuado para la recomposición de la fractura que se produce dentro de la subjetividad del menor, permitiéndole asumir el papel de protagonista de la realización de sus intereses[116].

115 *Cfr.* La Rosa, *Tutela dei minori e contesti familiari...*, cit., p. 70.

116 *Cfr.* La Rosa, *Tutela dei minori e contesti familiari...*, cit., pp. 72-73.

CAPÍTULO VI

ANÁLISIS ESPECÍFICO DE LA SUBJETIVIDAD JURÍDICA

1. El concepto de persona física y la especial trascendencia del cuerpo humano como materialización de la subjetividad

Siguiendo en este punto a Mazzoni[117], persona física es una locución que se utiliza en el lenguaje jurídico con el fin de representar al ser humano en su dimensión jurídica. La noción de persona no corresponde al ser humano en sentido biológico, sino al ser humano *sub specie iuris*. Por lo tanto, la palabra persona se refiere: por un lado, al ser humano en su existencia natural y biológica; por otro lado, al ser humano en su existencia jurídica. Para que exista una persona desde el punto de vista jurídico no basta con la simple existencia de un ser humano. El ser humano debe ser objeto de un tratamiento jurídico, y de un tratamiento jurídico de un cierto tipo: el esclavo, no tratado en aquel cierto tipo, no tiene personalidad. Y también parece obvio que la palabra persona, cuando se refiere al ser humano, debe definirse como persona física. La noción de persona jurídica es creada por analogía: el ente que asume en la escena jurídica cualidad y funciones propias de la persona-ser humano. Existen, por tanto, dos especies de persona, o bien dos especies de sujetos de derecho: la persona física, es decir, el ser humano, y las personas jurídicas, es decir, los entes colectivos formados por individuos o por bienes, que son asimilados a las personas físicas. El ser humano, que es por

117 MAZZONI, COSIMO MARCO, «Il corpo umano», en MAZZONI, COSIMO MARCO e PICCINNI, MARIASSUNTA, *La persona fisica*, collana *Trattato di diritto privato*, a cura di GIOVANNI IUDICA e PAOLO ZATTI, MILANO, Dott. A. Giuffrè Editore, S.p.A., 2016, pp. 3 a 8.

naturaleza un objeto natural, a diferencia de los otros animales sensibles es reconocible en la escena jurídica bajo el disfraz de persona (física) o de sujeto (de derecho). Locuciones que, como todos los juristas de cualquier lugar y tiempo saben, constituyen una abstracción, un artificio formal, una metáfora: o todavía mejor, una representación. Quieren representar al ser humano, el cual es por definición un objeto natural[118].

En efecto, la personalidad jurídica consiste en la representación que del ser humano y de sus exigencias, intereses y necesidades se forma la conciencia jurídica colectiva en un determinado ambiente y momento histórico. Como afirmamos anteriormente, el valor jurídico de la persona, como cualquier otro valor jurídico, no es más que la formalización del valor social y cultural que en la realidad de la vida de la sociedad humana tiene el ser humano.

Desde el punto de vista estrictamente jurídico, la persona física, o mejor la persona humana, es el ser humano considerado por el derecho en sí mismo y en las relaciones con los otros seres humanos y con las formaciones sociales[119].

La atribución legal de personalidad al nacido supone que todos los seres humanos son personas o sujetos. Es lo que sugiere, sobre la base de la contraposición axiológica entre persona humana y objetos, la segunda máxima kantiana de la moral: el ser humano debe ser tratado como fin en sí mismo, como persona, y nunca como simple medio de las intenciones de otros individuos, lo que le convertiría en una cosa. Es también lo que impone el derecho

118 Como dice Parente, desde el punto de vista fenoménico puede decirse que el individuo humano es una entidad biopsíquica, orgánica y funcional, o sea, un substrato material cualificado jurídicamente, convirtiéndose en sujeto de derecho. El ser humano, por tanto, existe no solo como organismo corpóreo, generado por la naturaleza, sino también como sujeto autónomo, creado por el derecho y partícipe del orden jurídico. PARENTE, FERDINANDO, «La persona e l'assetto delle tutele costituzionali», en LISELLA, GASPARE e PARENTE, FERDINANDO, *Persona fisica*, en *Trattato di diritto civile del Consiglio Nazionale del Notariato*, diretto da PIETRO PERLINGIERI, Sezione II: I soggetti, Napoli. Edizioni Scientifiche Italiane s.p.a., 2012, p. 53.
En el derecho romano, afirma Parente («La persona...», cit., pp. 1-2 y nota 3), el sintagma persona no designaba a todo ser humano. De hecho, en el orden jurídico romano no todas las personas físicas eran dotadas de subjetividad: eran ciertamente sujetos de derecho las personas libres; no lo eran, por el contrario, los esclavos. En el ordenamiento jurídico romano, los individuos humanos se dividían en libres y esclavos (GAYO *I.*, 1, 9: *«Et quidam summa divisio de iure personarum haec est, quod omnes homines aut liberi sunt aut servi»*). A su vez, los libres se subdividían en *ingenui* y *liberti*: los primeros, considerados libres desde el nacimiento; lo segundos, nacidos en condiciones de esclavitud, pero a continuación alcanzaban la libertad por medio de la manumisión (GAYO, *I.*, 1, 10, 11: *«liberorum hominum alii ingenui sunt, alii libertini. Ingenui sunt qui liberi nati sunt; libertini qui ex iusta servitute manumissi sunt»*). El esclavo, en cambio, era comparado con la cosa y podía ser objeto de relaciones patrimoniales (dominio, usufructo, etc.): el esclavo, por tanto, era siempre objeto de relaciones jurídicas, pero nunca sujeto de derecho.

119 Así, STANZIONE, PASQUALE, «Persona fisica. Diritto civile», en AUTORINO, GABRIELLA e STANZIONE, PASQUALE, *Diritto civile e situazioni esistenziali*, Torino, G. Giappichelli Editore, 1997, p. 11.

positivo de los ordenamientos avanzados: afirma el artículo 6 de la Declaración Universal de los Derechos Humanos de 1948 que «Todo ser humano tiene derecho, en todas partes, al reconocimiento de su personalidad jurídica»; y el artículo 29 del código civil español establece que «El nacimiento determina la personalidad».

Refiriéndonos en concreto al artículo 29 del código civil español, se trata de un precepto (constitutivo) que produce un efecto o cambio jurídico que se realiza inmediatamente sin la mediación de comportamientos que pueden o no producirse. El efecto conseguido por el precepto, la atribución de la personalidad al nacido vivo, es su mismo contenido prescriptivo, realizado mediante la constitución del estado prescrito. A partir del momento del nacimiento con vida (artículo 30 del código civil español) todo ser humano es calificado como persona. Pero es la norma, y no el nacimiento, que no es más que la condición prevista por la norma, la que atribuye el estado de persona al ser humano nacido vivo, que es un efecto o consecuencia natural del hecho también natural del nacimiento. Por tanto, personalidad es un término jurídico, formal, un juicio de valor producto de una calificación, y no un vocablo del lenguaje biológico[120].

Cuando el gran civilista italiano De Cupis[121] aborda el concepto de personalidad afirma que la personalidad, esto es, la capacidad jurídica es una cualidad jurídica producida por el mismo ordenamiento jurídico. Eso es exacto referido a la personalidad jurídica. Pero además de la personalidad jurídica, y antes que ella, existe la personalidad pura y simple, sin añadir el adjetivo jurídica; y esta es una sustancia, mejor dicho, un valor prejurídico ínsito en el individuo humano. La personalidad jurídica, como cualidad jurídica, es atribuida por el ordenamiento jurídico; la personalidad, como simple e indiscriminado valor humano, no presupone ningún ordenamiento jurídico.

---

120 *Cfr.* FERRAJOLI, *Principia iuris. Teoria del diritto e della democrazia*, 1..., cit., pp. 182, 224 a 229, 277-278 y 346 a 350. Como afirma Spiegelberg, no necesariamente las leyes tienen por objeto un comportamiento (comisivo u omisivo); no necesariamente las leyes establecen un deber jurídico que cumplir en el futuro; no necesariamente las leyes atribuyen un derecho que ejercer en el futuro. Indudablemente, que una norma tenga por objeto un comportamiento es el caso más frecuente. Pero no necesariamente una norma se dirige a la regulación de un comportamiento. Mediante disposiciones se constituyen inmediatamente estados de cosas que ni consienten ni admiten actuaciones. Tales leyes se pueden denominar leyes constitutivas *(Gestaltungsgesetze)* en analogía con las denominadas sentencias constitutivas *(Gestaltungsurteile)*, mediante las cuales se constituyen, modifican o extinguen relaciones jurídicas, como, por ejemplo, la propiedad. Y cita el autor las disposiciones que establecen, por ejemplo, que la capacidad jurídica se adquiere con el nacimiento o que todos tienen capacidad jurídica. SPIEGELBERG, HERBERT, «Leggi costitutive», en *Il linguaggio del diritto*, a cura di UBERTO SCARPELLI e PAOLO DI LUCIA, prefazione di MARIO JORI, collana *Esedra. Collana di letture*, Milano, LED-Edizioni Universitarie di Lettere Economia Diritto, 1994, p. 115.

121 *I diritti della personalità*, Tomo I, cit., pp. 23-24.

Para De Cupis[122], es persona el ser orientado hacia un fin propio y autónomo, fin relativo a su misma individualidad; y, además, capaz de alcanzar libremente tal fin. Que la individualidad del ser se concrete en el fin, y que exista una relación entre libertad y fin, confiere al ser una dignidad, un valor, en que consiste propiamente su personalidad. La personalidad jurídica es la traducción en términos jurídicos de tal valor, mediante la atribución al ser humano de una posición jurídica, que refleja su natural dignidad, frente al resto de los seres humanos. Pero este traslado de la personalidad a la esfera jurídica no sería suficiente para llevar a cabo un adecuado y concreto reconocimiento jurídico del valor de la propia personalidad si a la atribución de una simple aptitud jurídica no se uniese la atribución de algunos derechos, desenvolvimiento concreto de aquella aptitud: los derechos esenciales de la persona.

Referencia necesaria de las normas jurídicas es el modelo que se llama persona, o también sujeto del derecho. Se trata de un modelo abstracto[123] y simbólico debajo del cual se encuentra el *substrato*[124], como se denomina por los juristas, aquello hecho finalmente de carne y hueso, o sea, el cuerpo humano. La persona constituye la representación, la figura, la imagen filosófica y jurídica del ser humano[125].

---

122 *I diritti della personalità*, Tomo I, cit., pp. 24-25.

123 Se dice que la abstracción es una exigencia de la cultura jurídica. El derecho opera mediante tipificaciones y categorías, porque de otro modo traicionaría uno de los aspectos fundamentales de la justicia que es aquel de la imparcialidad y de la igualdad. El privilegio consiste en establecer diferencias entre personas iguales. Cosa totalmente contraria a la razón de ser del derecho. *Cfr.* VIOLA, «Lo statuto giuridico della persona in prospettiva storica», cit., p. 624.

124 Según Ferrater Mora, literalmente «substrato» significa «lo que está debajo de *(sub)* un estrato» (una capa, una masa, etc.). El substrato es, pues, un soporte, algo que consiste en soportar *(sub-portare)* otra cosa. Hay varios «soportes» que pueden considerarse como formas o variedades de «substrato»: la substancia *(sub-stantia)*, el sujeto *(sub-iectum)*, el supuesto *(sub-positum)*. A cada uno de ellos puede darse el nombre de «substrato», de suerte que este nombre puede usarse para designar cualquiera de ellos. «Substrato» puede ser usado, pues, como nombre común de todo lo que está «debajo de». FERRATER MORA, JOSÉ, «Substrato», en *Diccionario de filosofía*, Tomo IV (Q-Z), nueva edición revisada, aumentada y actualizada por el profesor JOSEP-MARÍA TERRICABRAS, supervisión de la profesora PRISCILLA COHN FERRATER MORA, Editorial Ariel, S.A., Barcelona, 1.ª edición, revisada, aumentada y actualizada en Ariel Referencia: noviembre 1994, 1.ª reimpresión: octubre 1998, Barcelona, Editorial Ariel, S.A., p. 3408.

125 *Cfr.* MAZZONI, «Il corpo umano», cit., p. 11. Como señala este último autor («Il corpo umano», cit., p. 9), a partir del siglo XVI los juristas comenzaron a considerar los seres humanos en relación con una entidad jurídica distinta de lo que eran en la realidad y en la naturaleza. Se descompone lo que pertenece a la naturaleza y lo que se refiere al derecho: la realidad y el artificio, lo real y lo virtual. Según la fórmula que la tradición atribuye a Donello la palabra humano se refiere a la naturaleza, la palabra persona al derecho civil *(homo naturae, persona iuris civilis vacabulum)*. La distinción, que de Domat pasa al *code civil*, servía para ocultar la individualidad concreta detrás de una entidad abstracta: donde la primera es biográfica y la segunda es estatutaria.

Siguiendo a Zatti[126], la locución persona tiene un significado técnico, fruto de una larga historia de abstracción, mediante la que se indica una cualidad jurídica, o más propiamente un papel que originariamente corresponde al ser humano, pero que se extiende después a grupos e instituciones: es la cualidad de *centro de intereses* que reciben por parte del derecho una protección unitaria y orgánica, es decir, la cualidad de portador de derechos y deberes; ella se expresa también en las nociones de capacidad jurídica y subjetividad. Y el ser humano es persona para el derecho a partir del nacimiento. De modo que *se establece una separación entre los conceptos de ser humano y persona, que nace por la exigencia de distinguir la escena de la realidad de la escena del derecho*. En la escena de la realidad se mueve el ser humano; en la escena jurídica el ser humano aparece en tanto en cuanto el derecho lo considera y lo reviste de *status*: *homo consideratus cum statu suo*. Por otra parte, el positivismo jurídico, más interesado en la escena jurídica que en la natural, no prestó especial atención a definir los conceptos de ser humano y persona. *El lenguaje jurídico contempla al ser humano a través de un criterio pragmático y empírico: el ser humano que vive entre el nacimiento y la muerte*, separando el orden jurídico de la cuestión relativa a eso que el ser humano sea. Por tanto, la premisa de hecho de la calificación subjetiva es formulada en términos empíricos: el cuerpo humano nacido constituye un evento biológico. Y esta fórmula, que pone el acento en el momento del nacimiento, supone dos cosas: por un lado, impide que se pueda hablar de cuerpo naciente en la fase prenatal; por otro lado, es una regla de reconocimiento recíproco entre sujetos del ordenamiento: mirarás a todo nacido como a un sujeto igual a ti.

Precisamente porque una cosa es el ser humano concreto, el individuo, y otra su persona, su esencia abstracta de sujeto de derecho, la vida natural del ser humano tiende a diferir de la vida jurídica. Aunque el inicio de la vida humana es anterior al hecho del nacimiento, sin embargo, el derecho actúa según su propio arbitrio, el cual es por naturaleza refutable. Mientras algunos derechos prevén la adquisición de la capacidad jurídica con el nacimiento del feto vivo, otros la subordinan al requisito de la vitalidad, es decir, a la continuación de las condiciones físicas vitales. En esto consiste el arbitrio jurídico: crear una vida jurídica junto a una vida natural del ser humano y establecer el momento de atribuirle relevancia jurídica. Ser humano y persona se desdoblan y se unifican en la corporeidad[127].

El sujeto de derecho es el titular de las situaciones jurídicas activas y pasivas previstas en las normas jurídicas y el autor de los actos que, según los

126 *Maschere del diritto volti della vita*, cit., pp. 16, 17, 19, 20 y 169 a 171.

127 *Cfr.* MAZZONI, «Il corpo umano», cit., p. 9.

casos, son fuente de derechos y deberes o constituyen, respectivamente, ejercicio y cumplimiento de estos. Por tanto, el sujeto de derecho es considerado como portador de intereses[128].

Al igual que otros códigos extranjeros, el código civil español no utiliza el término sujeto de derecho, sino el término persona (el libro primero lleva por título «De las personas»), y dentro de tal ámbito distingue entre personas físicas (los seres humanos que adquieren la capacidad jurídica en el momento del nacimiento) y personas jurídicas. Las normas de los sucesivos libros del código, que hacen referencia al propietario, al acreedor, al deudor, etc., son atribuibles tanto a las personas físicas como a las jurídicas (también existen normas que, atendiendo a las relaciones que regulan, solo pueden aplicarse a las personas físicas: por ejemplo, las relaciones de familia)[129].

En los actuales contextos normativos, la persona es contemplada bajo una doble perspectiva: a) como síntesis de los derechos preordenados a la tutela de los intereses patrimoniales y no patrimoniales del individuo; b) como referente de las normas encaminadas al desarrollo del ser humano y a la conservación de la especie humana. Se ha acentuado la visión antropocéntrica de la producción legislativa[130].

Como destaca Rodotà[131], la persona (en el sentido de ser humano) aparece inmediatamente en la Constitución italiana cuando en su artículo 2 se refiere al libre desarrollo de la personalidad. Asimismo se aprecia la relevancia de la persona, y el deber de respetarla, en el segundo párrafo del artículo 32 de la Constitución italiana dedicado al derecho a la salud, que da relieve a la relación entre persona y cuerpo. La inviolabilidad de la dignidad de la persona se concreta en la inviolabilidad del cuerpo. De tal manera que, hablando de persona, la Constitución no entiende el abstracto individuo, sino la «persona social», produciéndose una transición desde el sujeto de derecho abstracto al sujeto de carne y hueso.

La observación anterior, relativa al cuerpo humano, tiene una especial trascendencia. Aunque el tema del cuerpo humano puede analizarse desde diversos puntos de vista, a nosotros nos interesa destacar aquí que *en el cuerpo físico se materializa la subjetividad*: el sujeto encarnado se identifica

---

128 Así, ALBANESE, ANTONIO, «La persona fisica e i diritti della personalità», en Albanese *et al.*, *Manuale del diritto privato*, terza edizione, a cura di SALVATORE MAZZAMUTO, Torino, G. Giappichelli Editore srl, 2019, p. 119.

129 Con respecto al derecho italiano, véase DOGLIOTTI, M. e FIGONE, A., «Soggetti di diritto. Nozioni generali», en *Le persone*, I, *Persone fisiche*, collana *Il diritto privato nella giurisprudenza*, a cura di PAOLO CENDON, Torino, Utet, 2000, pp. 3-4.

130 *Cfr.* PARENTE, «La persona...», cit., p. 9. El *status personae*, afirma Parente («La persona...», cit., p. 47), sintetiza el conjunto de los derechos inviolables y de los deberes fundamentales de los que es destinatario el individuo integrado en una comunidad, en relación con la promoción de la persona y la satisfacción de sus necesidades existenciales.

131 *Dal soggetto alla persona*, cit., pp. 20-21.

socialmente a través de su cuerpo, adquiriendo una dimensión histórica. El cuerpo es el medio que nos permite estar en el mundo, comunicarnos con los demás e instaurar relaciones sociales. El cuerpo nos permite vivir plenamente e intensamente los acontecimientos de la vida. Tener un cuerpo significa poder vivir y actuar en el mundo. El cuerpo es la expresión de la existencia humana en la realidad concreta de la vida, y cada uno de nosotros existe como cuerpo vivo. La consciencia necesita un cuerpo para poder proyectarse en el mundo. La consciencia no existe sin un cuerpo; el cuerpo representa la inserción de la consciencia en el mundo[132].

Partiendo de esa realidad física trascendental, ya que el cuerpo humano, y no la voluntad, como pretendía la pandectística alemana del siglo XIX[133], constituye el soporte de la consideración jurídica de la persona[134] (la primacía de la persona consiste en el respeto del cuerpo, lo que se traduce en el derecho constitucional a la integridad personal[135]), *la subjetividad jurídica, tal*

---

132 Seguimos, fundamentalmente, la aportación del filósofo francés, fuertemente influido por Edmund Husserl, Merleau-Ponty, recogida por MARZANO PARISOLI, MARIA MICHELA, «La vitalità della dicotomia corporea fenomenologica: sviluppi antropologici e psicologici», en *Psychofenia*, vol. I, núm. 2, 1998, pp. 45 a 67. DOI: 10.1285/i17201632vIn2p45.

133 Como explica Zatti (*Maschere del diritto volti della vita*, cit., pp. 17-18 y nota 28), la escuela histórica del derecho, que elabora durante los inicios del siglo XIX la teoría del sujeto de derecho, sufre la influencia kantiana y refiere la cualidad de persona, o sujeto de derecho, a la cualidad de agente moral («Todo derecho existe a causa de la libertad moral ínsita en cada hombre», afirma Savigny): el ser humano es persona en cuanto ser moral dotado de razón y voluntad *(sittliches Vernunftwesen)*. El riesgo de este vínculo consiste en separar ser humano y persona: ello se pone de manifiesto en la primera edición del *Pandektenrecht* de Thibaut, que excluye de las personas a los *monstra*, ya que carecen de cuerpo humano, a los dementes, ya que carecen de capacidad de decisión moral, a los menores, ya que dicha capacidad no la tienen todavía desarrollada, etc., anticipando posiciones que se encuentran, hoy, en la bioética (que se profesa kantiana) de Hugo Tristram Engelhardt. Para Tristram Engelhardt, persona es el agente moral, que es tal por ser autoconsciente, según Kant. Por tanto, no todos los seres humanos son personas: los fetos, los recién nacidos, los niños, los retrasados mentales profundos o quienes se hallan en estado vegetativo permanente son ejemplos de humanos que no son personas, que no son agentes morales; carecen de los tres tipos de capacidades que el autor atribuye a las personas: autorreflexión, racionalidad y sentido moral. Véase acerca del pensamiento de este autor, ROYES I QUI, ALBERT, «Comentarios al libro Los fundamentos de la bioética, de Hugo Tristam Engelhardt», en *Revista de Calidad Asistencial*, vol. 18, núm. 7, enero 2003, pág. 615. DOI: 10.1016/S1134-282X (03)77648-9.

134 La personalidad, la subjetividad, la capacidad jurídica no exige otro requisito que un cuerpo humano vivo, con independencia de su apariencia externa y de su capacidad de conocer y querer, criterios que introducirían una selección entre cuerpos. Por tanto, en la actualidad la subjetividad no va ligada a requisitos ulteriores con relación a ser un cuerpo humano vivo, de tal manera que el legislador, al elegir ese dato de hecho, pretende separar el orden jurídico, que asume como valor al ser humano, de cualquier concepción filosófica sobre lo que sea la persona. *Cfr.* ZATTI, *Maschere del diritto volti della vita*, cit., pp. 169-170.

135 *Cfr.* MAZZONI, «Il corpo umano», cit., p. 13.

como se entiende en el presente estudio, contempla al ser humano primordialmente como actividad, movimiento, praxis. Por tanto, *la subjetividad* no es una categoría jurídica determinada antes e independientemente de la experiencia, sino que *es entendida como un posterius respecto de la comprobación de situaciones de carácter fáctico*.

En la actualidad, la subjetividad como calificación jurídica se configura al margen del paradigma del sujeto predeterminado, abstracto, idéntico, universal e inmutable[136], para encontrarla ligada a la experiencia personal y social de cada uno, encarnado y vital, lo que supone abandonar toda abstracción categorial al objeto de recuperar la variedad de las diversas posiciones subjetivas o de redescubrir la autenticidad del ser en sus articulaciones de vida y de experiencias sociales[137].

Con las constituciones modernas se produce el tránsito de la noción de individuo entendido como abstracto sujeto de derecho a la noción de individuo como persona. La referencia a los derechos fundamentales demuestra que la persona se entiende de un modo concreto, con respecto a las exigencias de la vida biológica y de la vida asociativa[138].

Por el contrario, en la época de la codificación napoleónica domina una concepción formal de la subjetividad: el individuo es un sujeto abstracto porque el legislador civil prescinde totalmente de la dimensión física o corpórea del individuo, mostrando un modelo de ser humano desencarnado, tomado en consideración jurídicamente solo como ente racional, dotado de intelecto y voluntad. Esa indiferencia del código civil por la dimensión biológica del

136 Dicha caracterización supone una idealización del sujeto al estilo cartesiano. Según Descartes, a través de la duda él llegó a la certeza de que «piensa, luego existe». Una vez que llegó a tener esa certeza, se dio cuenta de que necesitaba restituir la realidad al mundo, porque si no caería en el solipsismo. Entonces, había que devolverle alguna clase de entidad al mundo. Pero, ¿cuál? ¿Qué cosas existen?, pensó Descartes. Aquellas que se pueden ver claras y distintas, se contestó. ¿Y cuáles son las cosas que se pueden ver claras y distintas? Los objetos matemáticos. Entonces lo que tiene entidad en el mundo son los objetos o las idealizaciones matemáticas. Seguimos en este punto la exposición de NAJMANOVICH, DENISE, *El juego de los vínculos. Subjetividad y redes: figuras en mutación*, colección *Sin fronteras*, Buenos Aires, Editorial Biblos, 2005, pp. 59-60.

137 *Cfr.* LIPARI, *Las categorías del derecho civil*, cit., p. 76. A juicio de Najmanovich, desde una mirada que parte de la vincularidad y la interacción como formas básicas de la experiencia humana, la subjetividad no puede ser una estructura fija, un núcleo estable e independiente. Estamos dejando de pensar en términos de sustancias, esencias o estructuras para acceder a la fluidez y variabilidad de la experiencia contemporánea que exige considerar la productividad, actividad, circulación, creatividad. NAJMANOVICH, DENISE, «Pensar la subjetividad: complejidad, vínculos y emergencias», en *Utopía y praxis latinoamericana. Revista internacional de filosofía iberoamericana y teoría social*, año 6, n.º 14, septiembre, 2001, p. 107. Disponible en: http://www.redalyc.org/articulo.oa?id=27901409.

138 *Cfr.* ALPA, GUIDO, «La persona física», en ALPA, GUIDO e RESTA, GIORGIO, *Le persone e la famiglia*, 1, *Le persone fisiche e i diritti della personalità*, en *Trattato di diritto civile*, diretto da RODOLFO SACCO, Torino, Utet Giuridica, 2006, p. 130.

individuo representa el resultado de un peculiar reparto de competencias trazado en el curso de la evolución histórica. En coherencia con el significado originario del término πρόσωπον *(prósōpon)*, la persona terminó imponiéndose como instrumento privilegiado para «hacer hablar» al ser humano en el teatro del derecho, atribuyéndole uno o más papeles, no diversamente de la *persona* usada por el actor *per sonare* (sonar a través de), para hacerse entender por todo el auditorio. El planteamiento anterior supuso un doble proceso de abstracción: a) de las vicisitudes de la vida material del individuo; b) de la dimensión de la corporeidad[139].

Examinando el texto del código civil francés se aprecia que la preocupación principal del legislador es constantemente la de decir lo que puede ser hecho y la de establecer las condiciones de eficacia de las acciones (actos de voluntad), concibiéndose el ser humano esencialmente como una voluntad, que da o niega su consentimiento[140].

Ahora bien, el hecho de que en algunos contextos normativos se apele directamente al ser humano o al individuo que se esconde tras el concepto jurídico de persona no significa que tengamos que rechazar el concepto referido, el cual ha servido históricamente como un instrumento eficaz para conseguir la igualdad fundamental de los personajes en el escenario jurídico: al sujeto-persona se debe la separación entre capacidad jurídica y capacidad de obrar y la configuración de una capacidad jurídica general incondicionada[141].

Además, el concepto jurídico de persona sirve para elaborar la unidad personificada de las normas que atribuyen derechos y deberes, ya que ninguna calificación jurídica puede prescindir de una imputación de tipo subjetivo de los efectos[142], lo que resulta compatible con la necesidad de configurar una pluralidad de posiciones o situaciones subjetivas, es decir, una pluralidad de tutelas diferenciadas en función de la cualidad del destinatario (trabajador, consumidor, persona con discapacidad, menor, etc.), como exige el principio constitucional de igualdad.

---

139 *Cfr.* RESTA, GIORGIO, «I diritti della personalità», en ALPA, GUIDO e RESTA, GIORGIO, *Le persone e la famiglia*, 1, *Le persone fisiche e i diritti della personalità*, en *Trattato di diritto civile*, diretto da RODOLFO SACCO, Torino, Utet Giuridica, 2006, pp. 387-388 y nota 34.

140 *Cfr.* RAY, JEAN, *Essai sur la strutture logique du code civil français*, Bibliothèque de philosophie contemporaine, Paris, Librairie Félix Alcan, 1926, pp. 51 y 121.

141 *Cfr.* ZATTI, *Maschere del diritto volti della vita*, cit., p. 107.

142 La imputación de las posiciones jurídicas a un titular no deriva de una necesidad lógica, sino de la función práctica del ordenamiento jurídico, entendido como sistema de reglas sociales relativas a los conflictos de intereses propios de la vida de relación. Por eso es necesario establecer quién tiene el derecho a gozar del bien, quién está obligado a cumplir la prestación, quién es miembro de la sociedad, etc. Así lo señala BIANCA, C. MASSIMO, *Diritto civile*, I, *La norma giuridica-I soggetti*, seconda edizione, Milano, Dott. A. Giuffrè Editore, S.p.A., 2002, p. 138.

2. La regulación legal de los sujetos del derecho en función de la actividad desarrollada o del papel concretamente desenvuelto en las relaciones intersubjetivas. El instrumento cualificante del *status*

Si analizamos el fenómeno de la subjetividad desde la perspectiva de la igualdad material o real (entendida en el sentido de adopción de medidas dirigidas a la consecución de la igualdad efectiva de todos los ciudadanos, lo que puede conducir a dictar normas aparentemente desigualitarias para favorecer a ciertos sectores de población en situación de inferioridad económica o social), que es la seguida en el presente estudio, hay que decir que el ser humano ya no se presenta como un mero hecho (existe un ser humano) sometido a la calificación formal de la norma, sino como una realidad que proyecta inmediatamente sobre el plano legislativo la exigencia de dictar una legislación ligada a las condiciones subjetivas de los destinatarios de la misma o, en otras palabras, la exigencia de diferenciar situaciones distintas y de darles un tratamiento diverso al objeto de conseguir la efectividad de los valores que la Constitución consagra con el carácter de superiores del ordenamiento, como son la justicia, la libertad y la igualdad.

Precisamente porque existen categorías de personas que encuentran obstáculos de orden económico y social o de orden cultural y personal que, limitando de hecho la libertad y la igualdad, impiden el pleno desarrollo de la persona humana y su efectiva participación en la organización política, económica y social del país, es por eso por lo que hoy la *noción de incapacidad* (y la misma categoría de los incapaces) parece expresar nuevos matices, nuevos contenidos, concretamente la *incapacidad (de hecho)* para gozar de los derechos y de las posiciones correspondientes a todo ciudadano (y, más en general, a todo individuo). Por tal motivo, se multiplican las categorías de sujetos merecedores de ayuda y protección[143].

El hecho de que el concepto sujeto-persona abarque a todo ser humano desde el momento del nacimiento no significa que la subjetividad deba entenderse como un supuesto de hecho jurídicamente configurado de carácter abstracto y uniformemente reconducible a una pluralidad de previsiones normativas, prescindiendo de la diversidad de las condiciones personales y sociales de los destinatarios de las normas[144].

---

143 Seguimos en este punto la exposición de DOGLIOTTI, MASSIMO, *Persone fisiche. Capacità, status, diritti,* en *Trattato di diritto privato*, diretto da MARIO BESSONE, Volume II, Torino, G. Giappichelli Editore, 2014, pp. 19-20.

144 *Cfr.* LIPARI, *Las categorías del derecho civil*, cit., p. 77.

El *principio de libre desarrollo de la personalidad*, reconocido constitucionalmente, *significa* que el ser humano es persona y procede como tal cuando puede realizar plenamente la propia voluntad, construir el futuro que prefiere, elegir la vida que desea; por tanto, cuando puede adoptar su proyecto de vida y realizarse en el mundo y en la dimensión social, sin injerencias externas.

Si, como ya se ha escrito antes, en la persona confluyen el aspecto estático de la dignidad y el dinámico del fomento de su desarrollo, el derecho no tiene más remedio que acoger al individuo concretamente definido en la peculiaridad de sus condiciones personales, económicas y sociales.

Hoy en día a la luz del artículo 3 de la Constitución italiana y del artículo 9 de la Constitución española, el Estado de derecho es también Estado social, es decir, un Estado que no se preocupa simplemente de mantener la convivencia pacífica, sino además actuar la justicia social, ya que tiene el deber de remover las desigualdades de hecho.

Por tanto, sin abandonar los textos constitucionales citados la referencia a la igualdad formal, se permite que pueda irrumpir la realidad, representada por las circunstancias materiales que ponen a prueba la adecuación del esquema formal o abstracto del sujeto con respecto al resultado que se quiere realizar. La subjetividad abstracta se compara con la concreción de lo real. De ahí la necesidad de una legislación desigual en nombre de la realización efectiva de la igualdad[145].

La construcción de un modelo de Estado social, preocupado por tutelar los llamados «valores sociales» (atenuación de los egoísmos individuales y superación de los privilegios económicos y sociales), supone pasar de un sistema de los derechos neutral, que reproduce la estructura formal-liberal del Estado (de derecho) burgués, pero que esconde en realidad un derecho de clase, a un sistema que señala la *politización del derecho civil*, queriendo significar el predicado «político» previsión del objetivo de un *orden justo y social*. Es esta la respuesta más válida que el derecho puede ofrecer a las necesidades de la actual sociedad pluralista, caracterizada por una situación de conflicto permanente, en la que conceptos como los de autonomía y dignidad del ser humano no son presupuestos de un orden justo, sino el resultado de un orden que es necesario instaurar, conceptos, por tanto, creados, realizados, si y donde ellos faltan[146].

Aunque el arquetipo o modelo de sujeto de derecho abstracto no tiene en cuenta las peculiaridades del individuo, mostrándose por ello insuficiente, ya que, recurriendo a la metáfora de la máscara, aparece como un modo de esconder al individuo detrás de una convención formal, sin embargo, dicha

---

145 *Cfr.* RODOTÁ, *Dal soggetto alla persona*, cit., pp. 17-18.

146 *Cfr.* DI MAJO, ADOLFO, «Il diritto soggettivo nell'ideologia dello stato sociale», en *Annuario bibliografico di filosofia del diritto*, III, Centro di Documentazione per la Filosofia del Diritto diretto da SERGIO COTTA, Milano, Dott. A. Giuffrè Editore, 1971, pp. 276 a 278.

construcción tiene al menos el mérito de atribuir a todo individuo la abstracta potencialidad de actuar cualesquiera que sean sus condiciones materiales de existencia, las cuales fundaban la sociedad de la jerarquía, de la desigualdad[147].

Según Lipari[148], a superar en el ordenamiento italiano el viejo paradigma abstracto de la subjetividad ha contribuido ciertamente el principio enunciado en el artículo 3 de la Constitución italiana, que, abandonando el antiguo esquema de una igualdad meramente formal y afirmando el criterio de una igualdad sustancial, ha abierto la vía a la declaración de ilegitimidad constitucional de leyes referidas en forma paritaria a toda clase de sujetos, prescindiendo de la diversidad de sus condiciones personales, y ha reconducido la concreta afirmación del principio de igualdad a disciplinas normativas diferenciadas en función de la diversidad de las condiciones subjetivas de sus destinatarios. Mientras la referencia a un paradigma abstracto de la subjetividad venía a ser criterio justificativo de una legislación uniforme que prescindía del destinatario de la regla, el principio constitucional de una igualdad apreciada en los resultados finales impone la vía de una legislación concretamente conmisurada a las condiciones subjetivas de los destinatarios; por tanto, no uniforme, sino diferenciada. El itinerario del sujeto, que, en la lúcida reconstrucción de Falzea, había partido de una cualificación como unificante supuesto de hecho jurídicamente configurado[149], se está ramificando en una pluralidad de situaciones, en cada una de las cuales la individualización del sujeto como centro o punto de referencia de efectos jurídicamente relevantes deriva de la previa individualización de situaciones peculiares y específicamente ligadas al sexo, a las condiciones sociales y a una serie de otros factores.

---

147 No debe olvidarse tampoco que la tríada persona-capacidad de derecho-derecho subjetivo muestra una gradual especificación y concreción, sobre el plano jurídico, de los valores individuales del ser humano, el cual es considerado, en abstracto, punto de conexión de todas las normas del sistema. Precisamente porque esas categorías expresan el reconocimiento de una esfera de autonomía o de libertad del individuo frente al poder político, las ideologías marxista y nacional-socialista sintieron una absoluta aversión hacia la configuración del estatuto de una persona abstracta, punto de referencia global de todas las normas del sistema, sustituyéndolo por una reinserción efectiva del individuo en el complejo de los nexos sociales y políticos (pensamiento marxista) o por una total abdicación del individuo en favor de la organización del poder político (pensamiento nacional-socialista). *Cfr.* Di Majo, «Il diritto soggettivo...», cit., pp. 266 ss.

148 *Las categorías...*, cit., pp. 76-77.

149 Desde el punto de vista de Falzea, el sujeto jurídico viene definido como *fattispecie*, resultante de la composición de un elemento de hecho existente en la realidad extrajurídica y de la calificación normativa. Según esta opinión, el ser humano es sujeto de derecho no por sus caracteres ético-sicológicos, sino solo en virtud del reconocimiento formal por parte del ordenamiento jurídico. Así lo resume Barcellona, Pietro, *I soggetti e le norme*, collana *Per la storia del pensiero giuridico moderno*, 16, Milano, Giuffrè Editore, 1984, p. 82.

Parafraseando a Scalisi[150] cuando se refiere a la Carta de los Derechos Fundamentales de la Unión Europea (que menciona expresamente los derechos del menor, de las personas mayores y de las personas con discapacidad), el punto de vista expuesto en líneas anteriores rompe el esquema neutro e indiferenciado del tradicional sujeto de derecho, proponiendo una visión nueva, diversa, pluralista e histórica de la persona humana en cuanto tal, como centro de intereses y necesidades diversas, con el derecho en posición de servicio para garantizar su actuación y realización.

En la actualidad, la determinación del sujeto como unitario centro de atribución de posiciones jurídicas subjetivas deriva de situaciones fácticas ya existentes o de criterios fácticos ligados a intereses que se reputan merecedores de tutela, y no de una calificación formal previa.

Tomemos como ejemplo la disciplina legal relativa a la categoría de los consumidores. La tutela ligada a dicha categoría tiene como presupuesto la realización de alguna de las actividades que determinan la producción de efectos reconducibles a un determinado sujeto titular de los derechos atribuidos. Como se afirma en el Preámbulo Real Decreto Legislativo 1/2007, de 16 de noviembre, por el que se aprueba el texto refundido de la Ley General para la Defensa de los Consumidores y Usuarios y otras leyes complementarias, «El consumidor y usuario, definido en la ley, es la persona física o jurídica que actúa en un ámbito ajeno a una actividad empresarial o profesional. Esto es, que interviene en las relaciones de consumo con fines privados, contratando bienes y servicios como destinatario final, sin incorporarlos, ni directa, ni indirectamente, en procesos de producción, comercialización o prestación a terceros», debiendo añadirse que también es consumidor todo perjudicado por un producto defectuoso, siendo indiferente que sea o no el contratante.

Por tanto, la cualidad de consumidor va unida a unos hechos determinados (realización de un acto de consumo: adquisición de bienes o servicios para satisfacer necesidades privadas; o sufrir un daño por un producto defectuoso), siendo dichos presupuestos (situaciones fácticas) los que convierten a la persona humana en consumidor y titular de las situaciones jurídicas subjetivas atribuidas a dicha categoría de personas.

Como afirma Lipari[151], lo que importa acentuar es que la categoría de la subjetividad no deriva de por sí de una cualificación formal, actuante antes

150 SCALISI, VINCENZO, «Ermeneutica dei diritti fondamentali e principio "personalista" in Italia e nell'Unione europea», en *Il controllo di legitimità costituzionale e comunitaria come tecnica di difesa: Corte costituzionale italiana e spagnola a confronto*, a cura di MEZZASOMA, LORENZO; RIZZO, VITO e RUGGERI, LUCIA, collana *Lezioni della Scuola di specializzazione in diritto civile dell'Università di Camerino*, 29, Lezioni raccolte da PIETRO PERLINGIERI, Napoli, Edizioni Scientifiche Italiane s.p.a., 2010, p. 321.

151 *Las categorías...*, cit., p. 94.

y de manera independiente de la acción concretamente llevada a cabo, sino que es, por decirlo así, deducida del modo concreto con el que su acción se va desarrollando y realizando en cuanto a determinar efectos no reversibles.

En el ámbito de los consumidores, será la realización de un acto de consumo o el padecimiento de un daño producido por un producto defectuoso, que constituyen los presupuestos de hecho previstos normativamente a los que se conectan los efectos de la disciplina legal correspondiente, lo que permitirá reconocer y calificar como sujeto de derecho o como centro o punto de referencia de los efectos de la disciplina legal a un determinado individuo (calificado como consumidor). Con la realización de algunos de los hechos inherentes al estado de consumidor, el individuo entra a formar parte de la disciplina del derecho de consumo, convirtiéndose de esa manera en destinatario de una pluralidad de normas establecidas para quienes se encuentren en un determinado momento de sus vidas en la misma situación de estado. Esa pertenencia del individuo a una determinada categoría de personas, fuente de un conjunto homogéneo de derechos y deberes, se puede denominar, en nuestra opinión, con la palabra *status*.

La tendencia hacia una subjetividad deducida del modo concreto de desarrollo de una actividad lo confirma la normativa de derivación europea, la cual disciplina a los sujetos en función de su actividad, excluyendo cualquier caracterización en abstracto[152].

En efecto, afirma la doctrina[153], refiriéndose a la legislación de la Unión Europea, que una perspectiva fundada sobre los conceptos de subjetividad y personalidad no aparece inmediatamente conciliable con la producción normativa comunitaria, la cual sigue una lógica económica concreta, no reconducible a esquemas abstractos. Se descubre pronto que la disciplina de los sujetos es esencialmente disciplina de su actividad, a través de la cual indirectamente se tiende a una refundación de los mismos. Así, al establecer una disciplina del mercado, las normas comunitarias identifican como destinatarios a las personas físicas calificadas según su relevancia económica (al ser referidas al trabajador autónomo, al trabajador subordinado, al consumidor, etc.)[154].

152 *Cfr.* LIPARI, *Las categorías...*, cit., pp. 94 a 96.

153 LIVI, M. ALESSANDRA e MACARIO, FRANCESCO, «I soggetti: profili generali», en *Diritto privato europeo*, a cura di NICOLÒ LIPARI, Volume I, Padova, Cedam, 1997, p. 112.

154 Dicho lo cual, hay que añadir que también se abre paso la idea del reconocimiento y de la tutela de los sujetos de la actividad jurídica prescindiendo de cualificaciones subjetivas de naturaleza económica. Así lo confirma la normativa comunitaria relativa a la ciudadanía de la Unión Europea. Se instituye un nuevo *status*, el de ciudadano de la Unión, en virtud

En resumidas cuentas, el sujeto tiene una dimensión dinámica conformada en función de la actividad, existencial y patrimonial, que asume y desempeña. El sujeto como entidad jurídica *se hace* según las actividades y funciones que asume en la vida.

De una subjetividad abstracta, estática y sustraída de cualquier relación social, entendida como potencialidad, aptitud o idoneidad para la titularidad de derechos y deberes, se pasa a una subjetividad concreta, dinámica e inmersa en el ámbito de las relaciones intersubjetivas, entendida y calificada como aptitud o idoneidad funcional, cuyo contenido se deduce de las concretas y reales actuaciones del sujeto[155].

Siguiendo la exposición de Alcaro[156], la historia del sujeto se resuelve esencialmente en la historia de su modo de ser en la dimensión concreta de la acción. La configuración del sujeto con respecto a la actividad quiere decir que la estructuración y organización de la esfera subjetiva está ligada a la naturaleza de la actividad o función desempeñada o por desempeñar. Contemplar la subjetividad desde la perspectiva de la actividad, como categoría autónoma de la acción caracterizada por su actualidad y efectividad, implica referirse en forma distinta a los sujetos agentes, a su cualidad específica concretamente asumida.

La relación entre sujeto y actividad desarrollada (productor, consumidor, comerciante, etc.) tiene una importancia decisiva por lo siguiente: si algunos derechos se vinculan al sujeto en cuanto tal, otros, en cambio, se vinculan al sujeto en cuanto titular de una actividad o, mejor dicho, en cuanto persona que actúa en un determinado contexto económico[157].

---

del cual es tal quienquiera que tenga la ciudadanía de la Unión Europea, y la atribución del *status* referido comporta el reconocimiento de la capacidad jurídica en relación con los derechos y deberes asociados a la ciudadanía europea. *Cfr.* Livi-Macario, «I soggetti: profili generali», cit. pp. 113 y 129.

155 Véase ALCARO, FRANCESCO, «Attività e soggettività: circolarità funzionale», en *Scritti in onore di Marco Comporti*, a cura di STEFANO PAGLIANTINI, ENRICO QUADRI e DOMENICO SINESIO, I, Università di Siena-Facoltà di Giurisprudenza e di Scienze Politiche, collana di studi «Pietro Rossi», nuova serie, volume XXIX, Milano, Dott. A. Giuffrè Editore, S.p.A., 2008, pp. 33 ss.

156 ALCARO, FRANCESCO, «Statica e dinamica nel rapporto tra soggetto e attività: processo di circolarità. Nuove prospettive funzionalistiche», en *Il diritto civile oggi. Compiti scientifici e didattici del civilista*, Società Italiana degli Studiosi del Diritto Civile, Atti del 1.° Convegno Nazionale, 7-8-9 aprile 2005, Grand Hotel Quisisana-Capri, Napoli, Edizioni Scientifiche Italiane, 2006, pp. 254-255.

157 Así, ALCARO, FRANCESCO, «L'azione giuridica e la categoria dell'attivitá», en *Salvatore Romano*, a cura di GIOVANNI FURGIUELE, collana *I maestri italiani del diritto civile*, Napoli, Edizioni Scientifiche Italiane s.p.a., 2015, p.80

3. El *status* como instrumento técnico que define a la persona en su dimensión social con la finalidad de aplicar una determinada disciplina legal

Hemos señalado anteriormente que la tutela diferenciada denominada *status* encuentra su justificación en el artículo 9.2 de la Constitución española, que establece la obligación de los poderes públicos de promover las condiciones para que la libertad y la igualdad del individuo y de los grupos en que se integra sean reales y efectivas, y remover los obstáculos que impidan o dificulten su plenitud.

La anterior proclamación constitucional se ha traducido en la práctica en la adopción de medidas destinadas a remover o compensar las desigualdades de hecho en favor de los intereses de los más débiles. Así, por ejemplo, los derechos atribuidos a los trabajadores, a los consumidores, a los arrendatarios, a los menores y, en general, a todos los destinatarios de la normativa integrante del orden público de protección.

Abordar el problema del sujeto y de la subjetividad desde el plano de la igualdad material implica necesariamente tener en cuenta al ser humano de carne y hueso, verdadero protagonista histórico, al ser humano que no es una ficción, sino que vive inmerso en la especificidad de sus condiciones personales y sociales.

Desde esta perspectiva, que toma en consideración la dimensión histórica del ser humano, el cual aparece siempre instalado en alguna situación de hecho y en convivencia con otros, la subjetividad no puede ni debe ser entendida como un mero supuesto de hecho jurídicamente configurado de carácter abstracto, en cuya estructura la exigencia lógico-jurídica del componente subjetivo queda satisfecha con la genérica imputación de un hecho a un sujeto hipotético, reducido a presupuesto lógico más que a protagonista de la historia, sumergido en el anonimato de una categoría dogmática.

Quedarse en el nivel de generalidad descrito supondría que el «se debe» o el «se puede», términos en los que se concretan, respectivamente, las categorías modales del deber y del poder, fueran simplemente proposiciones inertes, carentes de vida.

Por el contrario, el sujeto entra en el supuesto de hecho como protagonista del hecho, y en tal dimensión debe ser contemplado. La identificación del sujeto en la definición del supuesto de hecho debe producirse teniendo en cuenta sus condiciones subjetivas, o sea, todas las dimensiones de la vida humana al objeto de permitir una discriminación cualitativa de los intereses y, por tanto, de los efectos. Eso supone llevar a cabo una valoración por parte del legislador ajustada o adaptada a la realidad, asociando a la solución técnica una elección ideológica acorde con los valores constitucionales, fundamentalmente con el principio de igualdad[158].

Desde este enfoque, el sujeto no cabe entenderlo como un sujeto desencarnado, metahistórico, sino como un sujeto sumergido en la historia y concretado a través de sus especificidades individuales. Por tanto, un sujeto compuesto de carne y de historia, y no un modelo perfecto. De ahí la reivindicación de un código de derecho privado que provea a los intereses de los diferentes protagonistas de la vida comunitaria, puesto que el análisis del fenómeno social pone de relieve que el cuerpo social se diversifica en múltiples unidades sociales. Esa diversidad no puede servir únicamente para colorear el escenario, sino que tiene que traducirse a nivel del ordenamiento jurídico. El ejemplo más claro es aquel del excluido, del pobre, del enfermo, del trabajador, pero la serie de sujetos se amplía para sacar a la luz cualquier tipo de diferenciación concreta —económica, social, profesional, cultural— y valorarla en su concreción sobre el plano del derecho, el cual no tiene que ser un platónico depósito de moldes prefabricados[159].

---

158 *Cfr.* MAZZÙ, CARLO, «*Status* del soggetto, ordinamento democratico e fruizione dei beni», en *Il diritto di famiglia e delle persone*, Anno IX, luglio-settembre 1980, 3, Parte II, Studi, pp. 971 a 974.

159 *Cfr.* GROSSI, PAOLO, *«La scienza del diritto privato». Una rivista-progetto nella Firenze di fine secolo, 1893-1896*, collana *Per la storia del pensiero giuridico moderno*, 27, Milano, Giuffrè Editore, 1988, pp. 123 ss.
Según Rodotà (*Dal soggetto alla persona*, cit., p. 18), lo dicho es el signo de la necesidad de un esquema y de su insuficiencia. El sujeto abstracto mantiene su función, pero ya no es capaz de comprender en su totalidad las realidades a las cuales hace referencia.
En el ámbito de la subjetividad la generalidad y la abstracción ya no son aceptables, puesto que existe una pluralización de la subjetividad jurídica, la cual postula normas con un contenido coherente con las peculiaridades del sujeto. En tal sentido, CANTELMO, VINCENZO ERNESTO, «Il valore umano della soggettività», en Argiroffi *et al.*, *Soggetti e norma individuo e società*, a cura di PIETRO PERLINGIERI, Napoli, Edizioni Scientifiche Italiane s.p.a, 1987, p. 155.
Siguiendo a Stanzione, la capacidad jurídica-subjetividad no se puede reducir a un mero reconocimiento abstracto de atributos, a la mera igualdad formal, dada las disparidades económicas y sociales que existen en la realidad. El individuo es acogido en el mundo del derecho no como «ser humano-norma», sino como persona históricamente determinada, con sus propias necesidades, ya que, desde el punto de vista constitucional, en la persona confluyen el perfil estático de la dignidad y el perfil dinámico de la promoción de su desarrollo personal y social. STANZIONE, PASQUALE, «Persona umana e sistema normativo», en Argiroffi *et al.*, *Soggetti e norma individuo e società*, a cura di PIETRO PERLINGIERI, Napoli, Edizioni Scientifiche Italiane s.p.a, 1987, pp. 158-159.

Para Viola[160], el significado originario de persona como máscara teatral lleva en sí misma una ambigüedad de fondo, que también encontramos en el concepto jurídico. La máscara teatral sirve para ocultar las diferencias, pero al mismo tiempo caracteriza al personaje, es decir, los diversos papeles o funciones sociales. Por tanto, en la metáfora de la máscara están presentes dos orientaciones diversas: una tiende hacia la universalización total de la persona y otra tiende hacia la contextualización de la persona en papeles o funciones específicas. La persona separada de papeles y situaciones y la persona como personaje. Las dos orientaciones la encontramos en el derecho romano, pero la primera orientación, que hace referencia a la igualdad de todos los seres humanos por el hecho de ser tales, se debe a la influencia del estoicismo, mientras la segunda es la más antigua y típica del derecho romano. Los estudiosos afirman que es ajeno al derecho romano el ideal de la igualdad jurídica de todos los seres humanos. Las personas son calificadas con arreglo a su *status*, es decir, con arreglo a los tres valores fundamentales de la *libertas*, de la *civitas* y de la *familia*. Por tanto, si queremos comprender la estructura jurídica de la persona debemos tener presente el vínculo entre las orientaciones antes señaladas: por un lado, aquella filosófica de la abstracción de la calificación, por otro lado, aquella jurídica del *status*, es decir, de encontrarse en determinadas situaciones existenciales que son indicadores de la posesión de determinados derechos y deberes, de particulares formas de tutela jurídica y de específicas prerrogativas. Se puede decir que las dos tendencias han evolucionado conjuntamente en el sentido de que el concepto jurídico romano de persona se ha desarrollado en la dirección de una siempre mayor abstracción, pero dentro de la lógica del *status*. Así, por ejemplo, la *libertas*, que originariamente era atribuida solamente a los hijos nacidos de una mujer libre, en la edad clásica fue extendida también a los hijos de una mujer esclava en el momento del parto, pero que durante la gestación, incluso por brevísimo tiempo, había sido libre. La lógica de la universalidad de la persona operaba, pues, dentro del *status*, empujando hacia la eliminación de las divisiones.

Con el reconocimiento actual de la igualdad formal entre los seres humanos se llega al modelo abstracto del sujeto de derecho igual y universal: unicidad del sujeto y unicidad de la tutela. Una igualdad que conduce a considerar irrelevantes o no significativas las diversidades. A pesar de eso, hay que reconocer que la igualdad formal ha cumplido una función que no se puede eliminar, consistente en ampliar la base de la subjetividad[161].

---

160 «Lo statuto giuridico della persona in prospettiva storica», cit., pp. 625-626.

161 Pone de relieve Viola («Lo statuto giuridico della persona in prospettiva storica», cit., pp. 630-631) que cuando los colonos americanos proclamaron el derecho universal a la libertad no pensaban ciertamente que eso debía ser reconocido también a los negros, sus esclavos. Por tanto, con dicha declaración llevaron a cabo un acto que tuvo una significación superior a las intenciones de sus autores.

Actualmente, con el término *status* se pretende poner de relieve que, además de los seres humanos individualmente considerados, también existen y se contemplan en las constituciones modernas particulares clases o categorías de individuos. Los estados de hoy son los del sexo, de la edad, de la salud, de la ciudadanía, del trabajo, del consumidor de productos, del usuario de servicios, del embrión, etc. Y estas diversas formas de vida van asumiendo el papel de *status*, siguiendo la explicación de Viola[162], en la medida en que están vinculadas a la tutela jurídica de situaciones particulares en las que los individuos se encuentran por razones existenciales. Esta rica tipología de lo humano penetra en la regulación jurídica, la cual abandona la universalidad abstracta y va al encuentro de una universalidad concreta. Aquí radica la diferencia más relevante con el concepto de *status* del derecho romano. Este era propio de determinadas personas con exclusión de las demás: el *status libertatis*, por ejemplo, correspondía solo a algunos sujetos, los *cives romani*. *Los estados actuales son situaciones existenciales de vida en las que todos nos podemos encontrar en algún momento de nuestra existencia*. Dichas situaciones existenciales no dependen de un orden específico de la sociedad, sino que son proprias de toda la humanidad. Son estados internos del ser humano. Es como si la misma persona (y su orden interno) se hubiera convertido en la misma *res iusta* que los romanos buscaban en el orden exterior de las cosas y de los bienes. Se puede afirmar que el estatuto jurídico de la persona ha atravesado un triple movimiento: se pasa de la fusión inicial entre la abstracción estoica y los *status* del derecho romano a la igualdad formal del sujeto de derecho, y de esta igualdad formal a un nuevo proceso de contextualización, que busca conjugar la universalidad de la persona y sus múltiples manifestaciones en las condiciones actuales de la cultura y de la sociedad.

En definitiva, se trata de adecuar la tutela de la persona a los acontecimientos, hechos o sucesos que conforman la existencia del ser humano en su travesía histórica desde el nacimiento hasta la muerte.

El concepto de estado jurídico constituye un instrumento jurídico que puede servir actualmente para otorgar relevancia a una situación que, en el ambiente social y según la apreciación común, distingue un sujeto de los otros sujetos.

Según Parente[163], en la actualidad, la inclusión del principio de igualdad dentro de los postulados constitucionales ha contribuido a asignar un contenido peculiar a la noción de *status* como instrumento de legitimación de situaciones subjetivas diferenciadas. En los ordenamientos jurídicos modernos el *status* de la persona modifica su originaria configuración funcional: de instrumento de desigualdad social asume el papel de aparato conceptual

162 «Lo statuto giuridico della persona in prospettiva storica», cit., pp. 635-636.

163 PARENTE, FERDINANDO, «La staticità normativa e la soggettività della persona física», en LISELLA, GASPARE e PARENTE, FERDINANDO, *Persona fisica*, en *Trattato di diritto civile del Consiglio Nazionale del Notariato*, diretto da PIETRO PERLINGIERI, Sezione II: I soggetti, Napoli, Edizioni Scientifiche Italiane s.p.a., 2012, pp. 46 a 49 y nota 141.

idóneo para legitimar, desde el punto de vista normativo, diferentes categorías de subjetividad presentes en el tejido social. *El status designa el dinamismo de la condición jurídica de la persona en el ámbito de una comunidad.*

En el *status* moderno el único sujeto de derecho es el individuo, no el grupo, clase o categoría, pero el individuo es contemplado como sujeto de derecho perteneciente a un determinado grupo de personas que comparten ciertas características necesarias para devenir elemento subjetivo de un determinado supuesto de hecho abstracto al que la norma impone una particular tutela[164].

En el derecho romano, el estado o la posición jurídica que el individuo ocupa en la sociedad constituye el *prius* o el antecedente lógico de la subjetividad jurídica, ya que es el criterio que permite calificar al individuo como persona en sentido jurídico. En consecuencia, el reconocimiento de la subjetividad depende del *status* recibido por el individuo; la subjetividad contempla al ser humano en su estado, abstracción hecha de su naturaleza humana. Se instaura una disociación entre el concepto jurídico de persona (centro de imputación de los efectos jurídicos correspondientes a los diversos papeles o funciones que el individuo concreto asume en la escena jurídica) y el ser humano biológicamente entendido[165].

---

164 *Cfr.* LAVAGNA, *Basi per uno studio delle figure giuridiche soggettive contenute nella Costituzione italiana*, cit., pp. 24-25.

165 En la antigua Roma, la palabra *status* (de *stare*) hace referencia a una condición estable en la cual se encuentra una persona tomada en consideración no como individuo, sino como miembro perteneciente a un grupo. Y esa visión comunitaria de los antiguos romanos aparece con claridad no en relación con el momento en que se adquiere un *status*, normalmente con el nacimiento (por ejemplo, *status* de libre, de ciudadano, etc.), sino en relación con el momento en que se pierde y se adquiere otro. La pérdida de la libertad sufrida por una persona es vista como una disminución numérica del grupo de los libres (y de los ciudadanos), la pérdida de la ciudadanía se considera como una reducción del cuerpo de los ciudadanos romanos, la emancipación de un hijo o la dación en adopción del mismo es entendida como una reducción del cuerpo familiar agnaticio de orígen. Es significativo que el término *civitas* indique al mismo tiempo la condición jurídica (el *status*) del ciudadano y también el conjunto de los ciudadanos (el grupo). Un sentido similar al expuesto tiene el *status* en la Edad Media. En dichos períodos históricos la persona no es considerada como un específico actor en el teatro del derecho, sino como miembro de una clase de personas. Seguimos en este punto la exposición de TRISCIUOGLIO, ANDREA, «Concetto di *status* nel pensiero giuridico», en *Diritto e processo*, 2017, pp. 13 a 20.
En las épocas históricas señaladas, persona es tener, no ser. La persona se inviste y se desviste, justo como la máscara. Cada cual podía tenerla o no tenerla, no tenerla incluso en absoluto por razón de esclavitud. Esclavo o esclava es quien no tiene persona alguna. Quienes la tienen son libres, pero conforme a una diversidad de capacidades, esto es, de pluralidad de personas, que concurren y se jerarquizan, muchas en términos de libertad, pero libertad extremadamente condicionada en todo caso por la posición y condición social. Así, CLAVERO, BARTOLOMÉ, «La máscara de Boecio: antropologías del sujeto entre persona e individuo, teología y derecho», en *Quaderni fiorentini per la storia del pensiero giuridico moderno*, 39 (1), 2010, p. 15. Disponible en: http://www.centropgm.unifi.it/quaderni/39/index.htm.

A diferencia del derecho romano, modernamente, con base en el principio de igualdad, la subjetividad jurídica se reconoce inmediatamente a todos los seres humanos desde el momento mismo del nacimiento con vida (fenómeno este que se toma en consideración por el derecho para producir el efecto jurídico consistente en el surgimiento de una nueva subjetividad jurídica y, por consiguiente, de una entidad provista de capacidad jurídica). La subjetividad tiene como único presupuesto la realidad natural del individuo humano. Cosa distinta es que, reconociendo a todo ser humano la cualidad de sujeto de derecho desde el momento del nacimiento, hecho que atribuye al nacido la abstracta posibilidad de ser destinatario de las normas jurídicas (capacidad jurídica), se diversifique la subjetividad desde el punto de vista del contenido, traduciendo en términos jurídicos el carácter pluridimensional del ser humano contemporáneo, de tal manera que la atribución de concretas posiciones jurídicas subjetivas dependa en algunos casos de la pertenencia del individuo a una específica comunidad de intereses que se consideran merecedores de una especial protección[166].

Se trata en último término de compatibilizar la abstracción del sujeto, que es la traducción de un determinado diseño cultural y político de superación de las diferencias y de las discriminaciones entre los seres humanos, con las peculiaridades del individuo.

Con este enfoque se supera la visión inicial de la subjetividad vinculada a la capacidad jurídica —basada en el dato objetivo del nacimiento con vida—, entendida como centro de imputación de derechos y deberes y estático y permanente punto de referencia de efectos jurídicamente relevantes, para terminar adquiriendo un *significado funcional, dinámico*, conforme al cual la subjetividad aparece vinculada a los comportamientos o a las actividades, existenciales y patrimoniales, concretamente realizadas por el sujeto a lo largo de su trayectoria vital, designando, en consecuencia, un modo determinado y específico de existir o de relacionarse.

Así pues, el «supuesto de hecho sujeto» no puede ser determinado exclusivamente en relación con su referente material-natural de persona física, sino también en relación con sus concretas y reales proyecciones sociales o intersubjetivas.

El individuo quiere que la sociedad en la que vive reconozca su personal proyecto de vida o su particular situación existencial. El individuo y los grupos de individuos demandan el reconocimiento de su propia identidad, es decir, el derecho a la identidad que es derecho a la autorrealización. Y esta autorrealización muestra que necesita a los demás y, por lo tanto,

166 Afirma Alpa («La persona física», cit., p. 15) que los *status* de nuevo cuño son *status* de protección, mientras que en el pasado eran *status* de privilegio. Por tanto, la multiplicación de los derechos —de los consumidores, de los trabajadores, etc.— es una señal de la progresiva expansión de las formas de tutela de la persona.

está bien lejos de pretender el aislamiento. Ninguna identidad, ningún proyecto de vida se ve bien si no es, en alguna medida, comunicable, esto es, aceptado por la comunidad, aunque no sea por todos compartido[167].

Desde un punto de vista estrictamente formal, la unidad del derecho civil es, ante todo, la unidad del sujeto de derecho, que el derecho civil moderno descompone solamente en sus predicados accidentales: como propietario, como contratante, como acreedor o como deudor, y también, en época reciente, como empresario o como trabajador, como productor o como consumidor, etc.

La unidad del sujeto es la consecuencia, en el escenario del derecho, del principio de la Ilustración de la igualdad entre los seres humanos, es el fundamento de las codificaciones modernas, que acabó con el antiguo particularismo que establecía diferencias entre los individuos en función de la condición de clase (noble o burgués) y del *status* profesional o confesional, dando lugar a una pluralidad de sistemas de derecho civil[168].

El principio constitucional de igualdad material justifica estados diversificados, regímenes jurídicos diferenciados: del *status* como categoría abstracta y neutral se pasa a una noción instrumental de *status* como técnica idónea para crear tratamientos desiguales, estatutos singulares[169].

La figura del sujeto de derecho debe contemplarse desde una dimensión pluralista, capaz de captar la variedad de fenómenos que coexisten en la realidad o capaz de comprender la dinámica social. A esa finalidad responde la incesante legislación especial en todos los campos, convirtiéndose en el principal método de intervención[170].

---

167 *Cfr.* VIOLA, «Lo statuto giuridico della persona in prospettiva storica», cit., pp. 636-637.

168 *Cfr.* GALGANO, FRANCESCO, «Fonti e sistema», en *Scienza e insegnamento del diritto civile in Italia*, Convegno di studio in onore del prof. Angelo Falzea, Messina 4-7 giugno 2002, a cura di VINCENZO SCALISI, Pubblicazioni della Facoltà di Giurisprudenza della Università di Messina, N. 212, Milano, Dott. A. Giuffrè Editore, S.p.A., 2004, p. 61.

169 Véase PERLINGIERI, *Il diritto civile nella legalità costituzionale secondo il sistema italo-comunitario delle fonti*, tomo II, cit., p. 665.

170 La proliferación de la legislación especial ha producido la llamada descodificación del derecho civil común. El fenómeno de la descodificación se debe a diversas causas, siguiendo la exposición de Vela. En primer término, es fruto del desajuste producido por la inevitable obsolescencia del derecho civil codificado del siglo XIX y, por ende, del declive de la convicción decimonónica de que la sociedad podía ser representada de forma ideal, unitaria y uniforme en cuerpos legales con pretensión de totalidad. El código civil garante en la esfera civil de las libertades políticas se convertía en el núcleo de todo un sistema, con la obsesión de establecer unas reglas de juego seguras y asentadas en tres principios inmutables: igualdad formal ante la ley, derecho a la propiedad –y unida a ella la sucesión mortis causa– y libertad contractual. También influyó en la descodificación el cambio de modelo social y político y la concepción actual del Estado que ya no se configura como un Estado liberal basado en el principio de mínima intervención y de autonomía de los particulares, sino, muy al contrario, como un Estado social intervencionista en la vida económica, política y social, de modo que existen asuntos –como, por ejemplo, el consumo privado– que están presidi-

Por supuesto, no se trata con ello de teorizar un relativismo jurídico de circunstancia para fundar en él un concepto errático de sujeto jurídico, privado de un centro de gravedad axiológico y expuesto a la indiferencia valorativa, sino de abrir esto último a la dimensión de la historia. Imaginar una categoría (de sujeto jurídico, de propiedad, etc.) estática, siempre igual a sí misma, geométricamente perfecta, abstracta y, por tanto, capaz de absorber en su esquema las tensiones y las variaciones de la realidad resulta ciertamente imposible[171].

Como afirma la doctrina[172], aparecen nuevas figuras de derechos que corresponden al individuo en cuanto perteneciente a determinados contextos sociales. Y a la hora de describir este fenómeno —que presenta señales relevantes en la reivindicación de los derechos de las mujeres, de los enfermos, de las personas con discapacidad, de los menores, de las personas mayores, de los trabajadores, etc.— se ha hablado de un retorno en el derecho contemporáneo a la sistemática del *status*. Tales derechos, ligados a situaciones de pertenencia de un sujeto a un determinado grupo social, expresan el conocimiento de que las condiciones de hecho en las que la persona actúa no son iguales para todos, de modo que los intereses, las necesidades y, por tanto, los derechos de las personas varían en la realidad económica y social[173].

---

dos por la intervención normativa del Estado y que, sin embargo, en la época codificadora no tenían otra ley que la libertad. Por otra parte, y aunque la proliferación de leyes especiales no está cronológicamente vinculada a la Constitución, no puede desconocerse que a partir de ésta el fenómeno se generaliza y que la necesidad de ajustar el antiguo derecho civil al texto constitucional es una de las razones principales de esta línea evolutiva de aquél, en cuanto que la Constitución asume la determinación de los valores y los principios básicos del ordenamiento jurídico, a los que el código civil se encuentra subordinado al igual que el resto de las leyes. El texto codificado quedaría privado de ese carácter cuasi constitucional que tenía desde su nacimiento –desempeñando el papel «constitucional» de estatuto jurídico del individuo– puesto que ahora existe una Constitución que reconoce derechos y libertades fundamentales, asigna fines legislativos primordiales y que, en consecuencia, como norma suprema, se coloca en la cima del sistema jurídico. Una Constitución que, por otro lado, necesita realizarse a través de leyes especiales, que se someten a sus directrices programáticas, no a las del código civil, y que tienden a articular la intervención de los poderes públicos en aras de la consecución de una igualdad material (*ex* art. 9.2 Constitución española) y no puramente formal (*ex* art. 14 Constitución española) y la promoción de determinados sectores o clases de personas. VELA SÁNCHEZ, ANTONIO, «La sede normativa del Derecho Civil común: Los estragos de la descodificación», en *Anuario de Derecho Civil*, tomo LX, fasc. III, Madrid, Ministerio de Justicia (Centro de Publicaciones) y Agencia Estatal Boletín Oficial del Estado, julio-septiembre 2007, pp. 1258 a 1260.

171 *Cfr.* MAZZÙ, CARLO, «La soggettività contrattata. *Ex delicto oritur jus?* Dall'illecito penale un nuovo modo di acquisto della soggettività?», en *Scienza e insegnamento del diritto civile in Italia*, Convegno di studio in onore del prof. Angelo Falzea, Messina 4-7 giugno 2002, a cura di VINCENZO SCALISI, Pubblicazioni della Facoltà di Giurisprudenza della Università di Messina, N. 212, Milano, Dott. A. Giuffrè Editore, S.p.A., 2004, p. 419.

172 BESSONE-FERRANDO, «Persona fisica (dir. priv.)», cit., pp. 214-215.

173 La igualdad, afirma Perlingieri (*La persona e i suoi diritti...*, cit., pp. 34-35) refiriéndose a la Constitución italiana, no significa que todos deban ser tratados de la misma manera; igualdad significa desigualdad. Existen los propietarios y existen los no propietarios; exis-

Hay que partir de una realidad incuestionable: existe una igualdad formal, es decir, una igualdad ante la ley y existe una situación real de desigualdad entre los miembros de la comunidad social con relación a la propiedad de los medios de producción[174].

Cuando se contempla el mundo del derecho desde la vertiente de la experiencia empírica y de la praxis social, resulta evidente que las normas concretas establecidas por el Estado garantizan las relaciones entre los seres humanos, pero no las generan de hecho: así, por ejemplo, la relación económica de cambio debe concurrir para que surja la relación jurídica de compraventa. El presupuesto fundamental en virtud del cual las normas sobre la compraventa adquieren sentido es la presencia de una economía mercantil monetaria. Solamente con este presupuesto el sujeto jurídico tiene su sustrato material en el sujeto económico egoísta, que la ley no crea, sino encuentra[175].

El ejemplo anterior de la compraventa pone de relieve la conexión que existe entre el momento jurídico y el momento económico. Capacidad jurídica y capacidad económica se presentan como traducciones del dualismo existente entre las categorías del ser y del tener e implican una técnica normativa que en todos los momentos opera sobre el presupuesto de la coexistencia, en el hecho considerado individualmente, de ambas cualidades del sujeto agente. Si así no fuese, se tendría un sujeto económico privado de tutela jurídica, o bien un sujeto jurídico sin posibilidad de intervención en el campo económico. No obstante la declaración de principios anterior, el sujeto de derecho, en una sociedad de tipo capitalista-burgués, está ligado, en esencia, al modelo de *homo oeconomicus* conforme al cual la dimensión esencial es aquella del tener; y por eso, para los sujetos privados de posibilidades (*chances*), la capacidad se reduce a una afirmación de igualdad y libertad, o bien a una síntesis limitadamente significativa de situaciones subjetivas, que se resumen en los derechos de la personalidad[176].

La pieza clave sobre la que toda la construcción gira es el contrato, configurado como instrumento técnico-jurídico para el desarrollo de una econo-

---

ten aquellos que tienen y existen aquellos que no tienen. Para la Constitución referida, la igualdad es una noción relativa, en el sentido que justifica una disparidad de tratamiento en favor de quien se encuentra en una situación de inferioridad (económica, política, social) con respecto a quien tiene una condición más ventajosa. La necesidad de una desigualdad de tratamiento de las diversas situaciones tiene significado en la medida en que tienda a la realización del principio de igualdad y a la eliminación de los límites que de hecho impiden el libre desarrollo de la persona. También en esto, naturalmente, existe una cierta discrecionalidad en la valoración, la cual deberá estar inspirada en los valores constitucionales.

174 *Cfr.* BARCELLONA, PIETRO «Il problema del rapporto fra soggetto e ordinamento», en *Scritti in onore di Salvatore Pugliatti*, vol.I, t. 1, *Diritto civile*, Pubblicazioni dell'Istituto di scienze giuridiche, economiche, politiche e sociali della Università di Messina, Milano, Dott. A. Giuffrè Editore, 1978, pp. 65-66.

175 *Cfr.* BARCELLONA, «Il problema...», cit., pp. 53-54.

176 Seguimos en este punto la exposición de MAZZÙ, «*Status* del soggetto...», cit., p. 990.

mía fundada en el cambio, en la circulación de los bienes. De ello deriva la sublimación del concepto de autonomía, expresión absoluta de la creatividad individual, que soporta mal los límites. La paridad presunta de las partes del contrato resulta desmentida constantemente por la disparidad real de los sujetos económicos: el surgimiento en el tejido económico de formas monopolistas altera el modelo de la concurrencia perfecta[177].

Para Lipari[178], el paradigma de la subjetividad jurídica se ha venido históricamente soldando con el postulado de la paridad de las partes, que, en cuanto sujetos dotados de capacidad de obrar y, por tanto, capaces de valorar y gestionar sus propios intereses, son absolutamente iguales frente a la previsión normativa, con la consiguiente exclusión de relevancia jurídica de la condición personal de cada contratante. En la experiencia contemporánea, añade, un paradigma semejante se ha desintegrado progresivamente, por cuanto que la disciplina del contrato se ha venido especificando en función de los intereses implicados, con la consiguiente erosión de la categoría unificadora del sujeto. El postulado técnico de un sujeto de derecho considerado apto para el cuidado de sus propios intereses ha quebrado, por ejemplo, en el derecho privado del mercado financiero, en el que se acuerdan tutelas diferenciadas a los que operan en el mismo, en función de su debilidad o del grado de conocimiento de las implicaciones ligadas a la operación económica. El esquema del sujeto igual, que constituía el presupuesto de cualquier cualificación que tuviera por base la idea de relación, aparece hoy como una meta potencial, que es oportuno perseguir, pero de la cual no es posible partir. También desde este punto de vista la consolidada categoría de la subjetividad jurídica se caracteriza en clave de efectos.

En la versión individualista-voluntarista tanto del contrato (manifestación de la voluntad) como del derecho subjetivo (señorío de la voluntad), cuya expresión clásica la encontramos en Savigny, el individuo aparece como un sujeto aislado y con una vocación al disfrute exclusivo y solitario de los bienes. Falta en dicha concepción una proyección social de las posiciones subjetivas. De modo que la supuesta función emancipatoria del contrato es una falsa promesa: de instrumento esencial para el desarrollo de la personalidad pasa a ser un medio de opresión a disposición del sujeto (económico) más fuerte. La autonomía privada, que nace como la expresión de una tendencia igualitaria, se convierte en fuente de nuevas desigualdades. El reconocimiento de la disparidad de condiciones entre las partes se verifica en el plano económico, no en el plano jurídico. La decadencia de las principales concepciones del liberalismo clásico —igualdad y concurrencia perfecta—, las crisis económicas, las discriminaciones sociales y la acentuación de las formas monopolistas determinan profundas fisuras en el sistema conceptual recibido, contribuyendo también a ello el papel intervencionista del Estado en el desarrollo económico[179].

177 *Cfr.* Mazzù, «*Status* del soggetto...», cit., pp. 992 y 994.

178 *Las categorías del derecho civil*, cit., pág. 73.

179 *Cfr.* sobre lo dicho Mazzù, «*Status* del soggetto...», cit., pp. 995 a 1000.

Es función del Estado social remover las desigualdades de hecho, económicas y sociales, que condicionan la autodeterminación del sujeto. El *status* puede ser un instrumento eficaz de participación del sujeto en la actividad jurídica. En efecto, si bien es cierto que el contrato constituye el instrumento fundamental para la adquisición de los derechos, puesto que, al estar a disposición de cualquier sujeto, parece que hace accesible para todos los bienes y los derechos, sin embargo, no cabe olvidar la situación real de desigualdad entre las partes, existiendo una contraposición entre contratante fuerte y contratante débil. Si la autonomía privada se manifiesta como un instrumento insuficiente para remover los obstáculos fácticos existentes que impiden la consecución de la igualdad real, no resulta inútil preguntarse si cabe recurrir a instrumentos de tipo no contractual, como el concepto de *status*, para alcanzar la transformación de la sociedad en un sentido igualitario y democrático. Con este fin, mientras las cualidades de sujeto y objeto estructuran el supuesto de hecho y concurren a definir globalmente el interés merecedor de tutela, el *status* se sitúa en la fase del efecto, al objeto de hacer efectivo el momento del ser, es decir, de la subjetividad sin condicionamientos[180].

El problema de la subjetividad jurídica debe analizarse en clave dinámica, de conformidad con las constituciones modernas citadas en este trabajo que atribuyen relevancia jurídica a la persona humana como tal, evidenciando que ella se está considerando no como entidad abstracta, concebida en términos de absoluta igualdad con respecto a cualquier otro sujeto jurídico, sino como persona humana concretamente definida por los valores de los que es históricamente portadora y, por tanto, desde una perspectiva dinámica y participativa que modifica el perfil de la investigación, ya que obliga a *pasar de la artificiosa inmovilidad del ser al existir en la concreta realidad de la situación jurídica*[181].

Si la subjetividad la entendemos como un modo de ser del individuo en la peculiaridad de sus condiciones personales o como un reflejo de su existencia como viviente, cabe afirmar que de la multiplicidad de la experiencia humana brota la verdadera identidad del sujeto de derecho.

Una identidad personal del sujeto que entendemos aquí en un sentido amplio, comprensiva de su aspecto o apariencia física y del conjunto de sus actividades y posiciones profesionales, culturales, ideológicas, religiosas, sociales, constituyendo, según Zeno-Zencovich[182], la síntesis de la historia

180 *Cfr.* Mazzù, «*Status* del soggetto...», cit., pp. 1000 a 1002 y 1006.

181 *Cfr.* Prosperi, Francesco, «Rilevanza della persona e nozione di *status*», en *civilistica.com*, Rio de Janeiro, a. 2, n. 4, out.-dez./2013, p. 20. Recuperado de: http://civilistica.com/rilevanza-della-persona-e-nozione-di-*status*/.
Artículo originariamente publicado en *Rassegna di diritto civile*, 4/1997, p. 838.

182 Zeno-Zencovich, Vincenzo, «Identità personale», en *Digesto delle discipline privatistiche*, Sezione civile, quarta edizione, volume IX, Torino, Utet, 1993, p. 294.

de cada sujeto que permite a los demás identificarlo con una persona bien precisa cuya vida pasada y presente está caracterizada por determinados acontecimientos.

Un sector de la doctrina[183] plantea la necesidad de abordar el tema de la subjetividad no solo en términos de igualdad, sino también en términos de diversidad, de tal modo que en la formulación (o en la interpretación) de las normas jurídicas adquiera visibilidad la diversidad de los individuos, abandonando la referencia abstracta y general del ser humano como sujeto de derecho, es decir, como punto de referencia del actuar humano, porque tal entidad, que universalmente engloba a todos los individuos concretos que se mueven en el mundo del derecho, no refleja las diferencias entre los seres humanos, sino que las esconde, no contempla al ser humano en sus peculiaridades, sino que las elimina. Entiende que no existe una sola categoría de sujeto de derecho, configurado abstractamente como sujeto capaz de elegir de forma autónoma y racional, sino diferentes categorías de sujetos de derecho, acorde con las diversas formas en las que el ser humano existe en el mundo, es decir, acorde con la multiplicidad de los actos de experiencia. Además, añade que la construcción del sujeto de derecho desde la diversidad es el criterio que siguen las constituciones modernas cuando se refieren a diferentes categorías o clases de personas (mujer, niño, enfermo, desempleado, pensionista, etc.), pero dichas normas toman en consideración las diferencias solamente como obstáculos que hay que superar. Así, por ejemplo, el sexo aparece como una eventual causa de discriminación que impide un tratamiento uniforme entre los sujetos, pero no como elemento constitutivo de una diversa identidad a valorar: el sistema no contempla la presencia de la subjetividad masculina y de la subjetividad femenina. A través del instrumento de la igualdad se afirma la igualdad entre hombres y mujeres, primero con respecto a los derechos civiles y políticos, y después con respecto al régimen jurídico de la familia, lo que también sucede en relación con los homosexuales, como acredita, por ejemplo, la ley que reconoce el matrimonio entre personas del mismo sexo, es decir, se amplía la base social reflejada en la noción de sujeto de derecho, pero no se modifica la estructura morfológica de la subjetividad. La diversidad no emerge como valor porque en la base del modelo de igualdad se encuentra una noción de subjetividad en la que el sujeto aparece como un sujeto aislado que libremente se autodetermina. Por tal motivo, considera esta corriente doctrinal que la igualdad material no conduce a la valorización de las diferencias, porque siempre comporta la referencia a un parámetro que necesariamente se identifica con el grupo dominante. Raramente, concluye, los cambios suponen una revolución en los principios y en las categorías conceptuales, puesto que normalmente los cambios en

183 Así, MARELLA, MARIA ROSARIA, «Note critiche in tema di soggettività giuridica e diversità», en *Politica del diritto*, annata XXIX, volume 29, numero 4, dicembre 1998, pp. 581 a 599.

la jerarquía social se sustancian en la inclusión en el grupo mayoritario de nuevos grupos, considerados como grupos minoritarios.

Basten las consideraciones realizadas hasta el momento para poner de manifiesto que determinadas categorías o construcciones jurídicas, como la de la subjetividad, deben ser analizadas hoy a la luz de las constituciones modernas, las cuales se presentan como un proyecto global, como un programa histórico de fuerzas sociales antagonistas que han legalizado un acuerdo de larga duración. Ello obliga a plantearse si no se debe considerar legítima una verificación de los instrumentos jurídicos ordinarios en términos de funcionalidad o de utilidad práctica para la realización de los programas constitucionales, como señala una opinión doctrinal[184].

184 COTTURRI, GIUSEPPE, *Diritto eguale e società di classi. Per una critica dei manuali tradizionali*, Bari, De Donato editore, 1972, pp. 47-48. Indica este autor (*Diritto eguale*..., cit., pp. 51 a 53) que en los manuales de derecho privado el estudio de la subjetividad se enfoca a la adquisición por parte de los alumnos de esquemas formales alejados de la realidad. Así, se destaca que el sujeto es un centro de imputación, al cual se pueden atribuir las diversas situaciones jurídicas subjetivas, previstas en abstracto por la ley en relación con los diversos tipos de intereses que se consideran merecedores de tutela por parte del ordenamiento. A continuación se estudian las figuras de derechos subjetivos (derechos reales, derechos de crédito, etc.). Una vez analizadas las distintas situaciones subjetivas desde el punto de vista estático, se estudia la dinámica del derecho a través de la noción de hecho jurídico, entendiendo por tal cualquier evento (hecho natural o un comportamiento del ser humano) al cual, por ley, siguen modificaciones en las esferas jurídicas de los sujetos. Por supuesto, también se destaca que sujeto no es solo la persona física, es decir, los individuos humanos, ya que existe otro tipo sujeto, las llamadas personas jurídicas, constituidas por grupos de personas organizadas para la consecución de un fin (común a los asociados o establecido por el fundador), a los que la ley le reconoce la posibilidad de obtener una personalidad autónoma y, por tanto, la posibilidad de ser considerados también centro unitario de imputación, del mismo modo y para los mismos fines que las personas físicas: desenvolver una actividad económica, mantener relaciones con otros sujetos, concluir negocios jurídicos, etc. De esta manera, añade (*Diritto eguale*..., cit., p. 60), se proyecta la imagen, transmitida desde los tiempos de las codificaciones, de una sociedad constituida por sujetos iguales, autónomos, libres en los intercambios, etc. Una imagen que contrasta con el hecho de que las diferencias económicas se tradujeron en posiciones socialmente dominantes para grupos restringidos de personas. Resumiendo, afirma (*Diritto eguale*..., cit., pp. 79-80), la imagen del sujeto que se extrae de la enseñanza tradicional es la de un individuo aislado, que desde su nacimiento hasta su muerte se mueve en su particular esfera, denominada precisamente privada, compuesta por situaciones jurídicas subjetivas, activas y pasivas, que el ordenamiento le reconoce para proteger sus intereses. Para la satisfacción de estos intereses el sujeto entra en contacto con otros, concluye negocios, se vincula: pero tan pronto se satisface, regresa a su estado de soledad, la obligación se extingue. Cuando no puede alcanzar satisfacción con las propias fuerzas, el individuo se asocia: entra en el grupo y desaparece en dicho grupo, no como sujeto, sino como socio (fracción) ligado al juego del predominio de la mayoría, concurriendo a la formación de la voluntad del ente. Y este, la persona jurídica, constituye el punto de referencia unitario de todas las actividades del grupo. Se refiere (*Diritto eguale*..., cit., pp. 61 a 67) en particular a la idea de autonomía. La autonomía en los asuntos, dice Cotturri, puede implicar tres significados: que el sujeto es libre para contratar; que el sujeto puede escoger la contraparte con quien hacer los cambios; que el sujeto determina por sí mismo el contenido del negocio (si se trata de un acto unilateral) o concurre,

4. La relevancia del comportamiento del sujeto empírico en la experiencia jurídica

Hemos dicho anteriormente que el ser humano es conocido *sub specie iuris* a través de los conceptos de persona y sujeto.

Según Rescigno[185], el discurso acerca de los términos personalidad, capacidad jurídica, subjetividad y de la oportunidad de considerarlos equivalentes, es un discurso puramente teórico. Al objeto de evitar sutiles disquisiciones que se convierten en gran medida en una disputa sobre las palabras, dicho autor prefiere la expresión sujetos de la actividad jurídica, expresión que comprende: personas físicas, personas jurídicas y entes no reconocidos o entes de hecho.

Para comprender con exactitud la importancia del sujeto en la experiencia jurídica tenemos que partir de la base, siguiendo a Lipari[186], de que si *el derecho es, esencialmente, experiencia de relación*, la idea misma de juridicidad exige que la conexión, en la que toda relación se expresa, se establezca entre los sujetos portadores de los intereses que en dicha conexión se enfrentan, se confrontan y encuentran composición. No obstante la aparente obviedad de una tal constatación, el problema de la subjetividad jurídica ha constituido siempre un delicado pasaje de las reflexiones teóricas sobre el derecho, al converger en el mismo una pluralidad de puntos de vista con frecuencia contradictorios entre sí.

En efecto, como dice Orestano[187], se trata de una cuestión que es al mismo tiempo «ideológica» y «lógica». Ideológica por cuanto concierne a la elección que se realiza asumiendo un punto de partida en lugar del otro; lógica por cuanto concierne al esquema constructivo que se emplea.

Cuando se sitúa en el centro del sistema la norma, concebida y aplicada en las formas de un juicio lógico, el ser humano se reduce al rango de un supuesto de hecho entre los otros, un objeto entre objetos, de tal manera que el ser humano acaba por aparecer como un dato metajurídico, con la pérdida irreparable de cualquier relevancia jurídica de su humanidad. Desde

---

en igualdad de condiciones con otras partes, en la determinación de dicho contenido (si se trata de acuerdos bilaterales o plurilaterales). Quien se preocupa del desarrollo de la personalidad individual es inducido a asignar a la autonomía el alcance máximo. Sin embargo, cuando uno desciende al plano de la realidad concreta observa que dicha autonomía sufre limitaciones o pierde algunos de los significados anteriormente descritos: el fenómeno de la aparición en el mercado de situaciones de monopolio o el problema de la estandarización de los contratos, que significa que el empresario predispone o establece unilateralmente el contenido del contrato.

185 Rescigno, Pietro, *Manuale del diritto privato italiano*, nona edizione, Napoli, Casa Editrice Dott. Eugenio Jovene, 1990, p. 120.

186 *Las categorías...*, cit., pp. 69-70.

187 Orestano, Riccardo, «Diritti soggettivi e diritti senza soggetto», en *Azione. Diritti soggettivi. Persone giuridiche. Scienza del diritto e storia*, Bologna, Il Mulino, 1978, p. 185.

la perspectiva señalada, es imposible mantener al ser humano en una posición lógica diferenciada respecto a la categoría puramente formal de todos los posibles objetos de calificación jurídica[188].

Para una corriente doctrinal[189], el derecho se identifica con las normas y la ciencia jurídica con el análisis del lenguaje del legislador.

La doctrina indicada identifica el ordenamiento solo con las normas y considera las normas como criterios de calificación de la conducta humana. Criterios de calificación de la conducta estructurados según el siguiente modelo: la descripción de una hipótesis de hecho con relación a la cual se produce una calificación jurídica de una conducta futura en términos de obligatoriedad, licitud, etc. La norma se convertiría en el nexo de dos elementos: en la descripción de un hecho asumido como hipótesis (si A) y en la descripción del contenido humano que, verificado el hecho (A), recibe la calificación de debido.

En este sentido, se afirma que toda norma pretende establecer el significado objetivo que un contenido humano tiene en el mundo del derecho. En toda norma, por tanto, tenemos un elemento descriptivo, que se traduce en la configuración típica de un hecho asumido como presupuesto, y un elemento prescriptivo, que se traduce en la afirmación de la operatividad de un criterio de calificación de una conducta futura. Se podría distinguir abstractamente el autor del comportamiento, el comportamiento y el objeto de la conducta, pero solo en una perspectiva analítica.

Del modo descrito anteriormente ha procedido la doctrina tradicional: ha aislado el comportamiento calificado jurídicamente y lo ha llamado derecho y deber, según que exprese una posición de ventaja o una posición de desventaja. Así, si se toma como ejemplo la disciplina del ilícito, la regulación legal se puede traducir del siguiente modo: si se verifica un hecho dañoso con determinados caracteres (conducta dolosa o culposa, daño, etc.), deviene obligatoria la conducta que consiste en el resarcimiento del daño. La norma puede ser, por tanto, representada como la descripción de una hipótesis de hecho que hace operativo un criterio de calificación, en términos de deber, de una conducta futura.

Según la teoría expuesta, llevada hasta sus últimas consecuencias, todo el derecho se podría resumir en una serie de normas que prevén las conductas humanas, atomísticamente consideradas. La secuencia podría describirse como una sucesión de hechos previstos por las normas y de consecuencias que las normas vinculan a los hechos previstos. Todo el derecho se reduciría a conductas calificadas. De modo que la idea de sujeto, de titular de derechos y deberes, sería algo extraño a lo que constituye la pura realidad normativa.

---

188 *Cfr.* ORESTANO, *op. cit.*, pp. 186-187.

189 Seguimos en la exposición de esta doctrina el estudio de BARCELLONA, «Il problema...», cit., pp. 47 a 52.

En definitiva, se separa al agente de la acción y se considera al agente como algo que puede existir antes y al margen de la acción.

Siguiendo íntegramente la exposición de Cotta[190], las construcciones teóricas contemporáneas sobre el sujeto de derecho pueden reconducirse, a grandes rasgos, a dos modelos fundamentales.

El primer modelo, que surgió en el siglo XIX (desde Savigny a Gierke), encontró su más completa formulación en Kelsen, en el marco de su doctrina pura, formal, del derecho. En términos generales, se puede afirmar que en este modelo el individuo recibe su juridicidad —o sea, es sujeto jurídico— del conjunto de los derechos y de los deberes que le son atribuidos o imputados por el ordenamiento jurídico al que pertenece. Kelsen lo pone de manifiesto con su habitual precisión: el sujeto o la persona —términos equivalentes para él— no es una realidad natural, sino una construcción jurídica creada por la ciencia jurídica. De aquí se sigue que, no siendo una realidad natural, sino una construcción, el sujeto jurídico es un concepto abstracto, cuyo contenido es diferente según el ordenamiento jurídico que lo reconoce, con independencia de la consistencia antropológica común. El único referente antropológico asumido por el derecho en este modelo está constituido por el hecho (ciertamente innegable) de que el sujeto natural está, por decirlo con palabras de Kelsen, en el origen de los comportamientos. Desde esta perspectiva, el sujeto viene entendido y presentado por la ciencia jurídica como sujeto o sometido al derecho (positivo).

Gran parte de la doctrina jurídica actual, si bien atenuando la drástica separación kelseniana entre realidad natural y construcción teórica, sigue esta dirección: la denominada persona (jurídica) física es y continúa siendo determinada por las disposiciones del ordenamiento.

El segundo modelo se centra en la primacía del individuo. Tiene también su origen en el siglo XIX y ha sido formulado en nuestros días por F. H. Hayek y Robert Nozick. En este modelo el individuo —ente libre y activo por sí mismo— constituye el presupuesto del ordenamiento jurídico, y por eso es sujeto de derechos o sujeto portador de derechos *per se*. Por consiguiente, el derecho objetivo, o el ordenamiento, es construido por el legislador (e interpretado por la ciencia jurídica) en función de la tutela de tales derechos, garantizados en su ejercicio. Esta corriente de pensamiento afirma el primado absoluto de la libertad individual, el libre arbitrio del sujeto soberano, considerado como sujeto autárquico, desarraigado, preexistente a la relación con el otro y originariamente desligado de toda responsabilidad hacia el otro.

Los dos modelos teóricos se oponen el uno al otro por la diversa relación que establecen entre derecho y sujeto. En verdad, el punto crucial en que se oponen ambos modelos es la concepción del individuo: ¿tiene este una propia realidad natural, o sea, antropológica, que el derecho deba tomar en consideración?

---

190 COTTA, SERGIO, «Soggetto di diritto», en *Enciclopedia del diritto*, XLII, Milano, Giuffrè Editore, 1990, p. 1216; *Soggetto Umano. Soggetto Giuridico*, cit., pp. 13 ss.

Añade Cotta[191] que a la señalada contraposición entre los dos modelos de sujeto elaborados en clave exclusivamente jurídica corresponde una paralela y análoga contraposición en el campo filosófico: una primera corriente filosófica se caracteriza por el hecho de no reconocer al individuo una realidad humana auténtica y autónoma. La humanidad, según esta corriente, le es atribuida en cuanto miembro, o parte, de la sociedad (Rousseau); otra segunda corriente filosófica se caracteriza por el hecho de entender que el derecho en su objetividad, el sistema normativo, es la proyección o el producto del individuo, considerado en su voluntad y actividad más estrictamente personales (Nietzsche). Para esta última corriente doctrinal, el individuo no es sujeto de derecho por constitución del ordenamiento, sujeto pasivo; es sujeto jurídico de por sí, sujeto activo, autor del derecho con la propia voluntad y actividad.

Según el parecer de Cotta[192], ninguna de las interpretaciones expuestas pone de relieve el núcleo esencial de la subjetividad. Por un lado, la doctrina que hace depender la subjetividad jurídica del individuo de la reglamentación voluntaria del legislador o de su absorción en la comunidad social, no da cuenta del núcleo esencial de la subjetividad, que está constituida por la estructura antropológica personal. Esta estructura está presente en los ordenamientos positivos: es la de un sujeto psíquico-corpóreo. Tal referente antropológico explica por qué razón no se pueden atribuir (ni se atribuyen) al individuo deberes imposibles, ni se le puede negar imputabilidad y responsabilidad por sus comportamientos, más allá de deficiencias naturales o de circunstancias independientes de su voluntad. Por otro lado, la doctrina que considera como piedra angular del derecho al individuo en cuanto puro y simple ser libre, fuente de actividad, portador únicamente de derechos, sujeto absoluto, no tiene en cuenta que la experiencia jurídica y los ordenamientos positivos no dejan de tomar en consideración las relaciones intersubjetivas y los diversos *status* y relaciones sociales que caracterizan la existencia real del individuo y repercuten en la determinación del sujeto jurídico.

En opinión de Barcellona[193], la relación entre sujeto y derecho puede contemplarse desde dos planos:

a) Si nos situamos en el plano del derecho (el conjunto de las normas que constituyen los códigos y las leyes vigentes), encontramos un conjunto de reglas potencialmente capaces de regular todas las acciones de los sujetos que forman parte de la comunidad estatal y de resolver los conflictos que puedan surgir entre estos sujetos. Así, en el código civil se encuentran reguladas todas las posibles hipótesis de comportamiento hacia los bienes y hacia los sujetos. Desde este punto de vista, parece que el ordenamiento consiste solo en normas que determinan el modo en que el sujeto debe comportarse.

191 *Soggetto Umano. Soggetto Giuridico*, cit., pp. 20 ss.

192 *Soggetto Umano. Soggetto Giuridico*, cit., pp. 27-28.

193 «Il problema...», cit., pp. 52-53.

b) Si, en cambio, nos situamos en el plano de la experiencia empírica y de la praxis social, todo parece proceder de los sujetos empíricos que actúan, quieren, expresan intereses y necesidades, y que, a través de la realización de actos, organizan la propia esfera jurídico-social y crean las relaciones correspondientes. O sea, situándonos en el punto de vista de cualquier sujeto empírico, parece que todo cuanto le pertenece o debe hacer en relación con los demás deriva de actos de voluntad, de comportamientos reales, de manifestaciones de necesidades e intereses. Parece, por tanto, que las normas jurídicas garantizan las relaciones entre los seres humanos, pero no generan o crean dichas relaciones.

En otros términos, dice Barcellona[194], si se asume como punto de partida el código civil, se encuentran toda una serie de comportamientos abstractamente tipificados que asumen significado exclusivo con respecto a las normas que los prevén, regulan y configuran en función de la producción de determinados efectos jurídicos. Si, en cambio, se asume el punto de vista del sujeto empírico, parece que las normas adquieren significado solamente por efecto de la intervención del sujeto: parece que es la voluntad de este sujeto la que condiciona la operatividad de las normas.

Estas primeras observaciones, continua diciendo el mismo autor[195], sugieren conclusiones aparentemente contradictorias. De una parte, el mundo del derecho parece estar constituido solo por reglas objetivas, con respecto a las cuales exclusivamente asumen significado las conductas de los seres humanos. De otra parte, parece que el protagonista de la experiencia jurídica, el creador de las propias relaciones con los otros sujetos, es el sujeto empírico.

Dicho lo cual, el sentido común nos advierte que a la hora de reconstruir el hecho constitutivo de la vida social hay que tener en cuenta la intervención del sujeto empírico (persona física concreta y real), ya que tanto el sujeto como las normas concurren en la producción de efectos jurídicos[196].

El problema fundamental consiste, al decir de Barcellona[197], en preguntarse por la posición que el sujeto tiene en un concreto sistema jurídico-social. Si reducimos el derecho a un conjunto de reglas relativas a los comportamientos sociales, es evidente entonces que dicha concepción no suministra una real y completa visión de la experiencia jurídica. La experiencia jurídica nos dice que el comportamiento del sujeto empírico contribuye a producir la ordenación real de las relaciones sociales; que de la iniciativa individual depende la concretización de los mandatos jurídicos, los cuales atribuyen derechos y deberes.

194 «Il problema...», cit., p. 54.

195 *Idem*.

196 *Cfr.* BARCELLONA, «Il problema...», cit., p. 55.

197 «Il problema...», cit., pp. 57-58.

Podemos concluir diciendo que *las normas jurídicas adquieren significado por efecto o consecuencia de la intervención de un sujeto; es la actividad de este sujeto —su capacidad de manifestar y realizar necesidades e intereses— la que condiciona la operatividad de las normas*.

Afirma Cotta[198] que existe una estructura antropológica personal en los ordenamientos positivos: es la estructura de un sujeto psíquico-corpóreo, dotado de (potenciales) raciocinio y voluntad, es decir, con capacidad de entender y querer, y por lo tanto de actuar. La reconducción del específico sentido vinculante de la norma a un acto de voluntad implica la referencia a un sujeto real en su intencionalidad psicológica y volitiva del todo individual. En consecuencia, elemento esencial del derecho es la actividad personal del ser humano[199].

Ahora bien, como afirma nuevamente Barcellona[200], el reconocimiento de la importancia del individuo humano, con existencia real y concreta, como creador de las relaciones con los otros sujetos, no debe conducirnos al punto de vista del antiguo iusnaturalismo y del iluminismo que afirman la prioridad absoluta del sujeto y del derecho subjetivo sobre el derecho objetivo, y ello por lo siguiente:

a) Porque dicho punto de vista no explica adecuadamente por qué razón el Estado solo presta su fuerza bajo ciertas condiciones, en concreto, que los comportamientos del sujeto sean subsumibles dentro de los modelos legales que el legislador ha previsto como presupuestos para la producción de determinadas consecuencias. Así, por ejemplo, si se celebra un contrato de compraventa de un bien inmueble sin la forma prescrita bajo pena de nulidad, el legislador no reconoce ningún valor a este acto de voluntad. Por tanto, el cumplimiento de las condiciones impuestas por el Estado determina las reales posibilidades del sujeto. Lo que cada uno puede hacer no depende solamente de la propia iniciativa, sino también del cumplimiento de las condiciones en virtud de las cuales el Estado está dispuesto a prestar los propios medios para realizar los intereses de un sujeto empírico[201].

b) Porque, como ya se afirmó antes, la experiencia jurídica y los ordenamientos positivos no dejan de tomar en consideración las relaciones intersubjetivas y los diversos *status* y relaciones sociales que caracterizan la existencia real del individuo y afectan a la determinación del sujeto jurídico. El derecho se preocupa de determinar las condiciones de efectiva y recíproca libertad y de responsabilidad de los sujetos en sus múltiples relaciones. Reconoce y sanciona la estructura relacional del sujeto.

---

198 *Soggetto Umano. Soggetto Giuridico*, cit., p. 27.

199 *Cfr.* ROSMINI, ANTONIO, *Filosofia del diritto*, a cura di RINALDO ORECCHIA, I, Edizione nazionale delle opere edite e inedite di A. Rosmini-Serbati, vol. XXXV, Padova, Cedam, 1967, pp. 109 a 111.

200 «Il problema...», cit., p. 58.

201 *Idem.*

Aborda ampliamente Barcellona la cuestión relativa a la génesis de la idea de sujeto, al problema de la posición del sujeto con respecto al ordenamiento.

Para el insigne filósofo político y del derecho[202], a quien seguimos íntegramente en este punto, el problema planteado surge cuando el orden legal, establecido por la autoridad, es decir, por la organización política de la sociedad, se separa del orden real, establecido por la actividad autónoma del sujeto empírico. Cosa que no ocurría en la época de la polis griega y de la *civitas* romana preclásica, ya que los conceptos de sujeto y derecho subjetivo son completamente extraños a la consciencia y a la cultura del tiempo, pues el sujeto se compenetra completamente con la comunidad, no asumiéndose como punto de referencia de intereses diversos de los expresados por la comunidad social. En tal contexto, las posibilidades de actuación del sujeto con respecto a las cosas y con respecto a los otros no le son atribuidas por su condición de tal, es decir, por su condición de ser humano dotado de un poder de la voluntad, sino que representan simplemente la posición que a cada uno le corresponde en la comunidad.

Como es sabido, afirma Barcellona[203], el tipo de comunidad descrito se disuelve bajo el empuje de las transformaciones económicas, provocando los egoísmos y el individualismo. En esta nueva fase, que podemos denominar impropiamente mercantil, los sujetos aparecen como partes de una relación de cambio y, por tanto, como portadores de intereses contrapuestos. La separación de los sujetos con respecto a la comunidad comienza a delinear la exigencia de distinguir entre la esfera en la que cada uno es libre de perseguir los propios intereses y la esfera de la cosa pública, reservada a los intereses comunes y generales. Sin embargo, ni en la época del Estado romano ni posteriormente en el Medioevo se produce una equiparación del sujeto de derecho con el ser humano: la pertenencia a determinadas clases o familias constituye el presupuesto o fundamento para la adquisición y el ejercicio de los derechos. Por tanto, el derecho no era igual para todos: se identifica con el privilegio que corresponde a determinados sujetos. Presupuesto para la adquisición, la transmisión y el ejercicio del derecho es normalmente el *status*, entendido como pertenencia a una determinada clase social, que constituye el mecanismo que establece la relación entre el sujeto y el derecho, entendido como la esfera de poder, al mismo tiempo pública y privada, concedida al sujeto por las instituciones o por las personas (soberano, príncipe, etc.).

Explica el singular filósofo[204] que con el modo de producción capitalista, que sustituye a la economía feudal, nacen nuevas fuerzas sociales (en particular la burguesía) que se contraponen a las clases privilegiadas. Este cambio económico-social obligó a una diversa estructuración de la relación entre individuos

202 BARCELLONA, «Il problema...», cit., pp. 59, 60 y 61.

203 «Il problema...», cit., pp. 61-62.

204 BARCELLONA, «Il problema...», cit., pp. 63-64.

y clases y entre libertad y autoridad, es decir, a un nuevo derecho: un derecho que no fuese expresión de una rígida organización por *status* y que pudiese aplicarse a todos los comportamientos con base en el solo presupuesto de la cualidad de ser humano, capaz de entender y querer. A esta exigencia respondía específicamente la concepción, elaborada por el iluminismo y por el iusnaturalismo, según la cual el ser humano en abstracto, considerado fuera de cualquier relación (o, dicho de otra manera, de cualquier actividad práctica), era portador de prerrogativas, de derechos innatos: la idea de que ningún vínculo, ningún límite podía ser impuesto al sujeto fuera de aquellos límites que se derivan de la exigencia de convivencia. De tal manera que el sujeto empírico se situaba, por primera vez, en el centro del universo, en el centro de la experiencia, en el centro de la organización social y era asumido como abstracto punto de referencia de intereses distintos de aquellos expresados por la organización política de la sociedad, de la que formaba parte como ciudadano. El derecho objetivo se configura como una creación del sujeto, como el sistema de los derechos subjetivos que constituían las diversas manifestaciones de la personalidad humana. El sujeto mediante el poder de su voluntad creaba una regla de conducta que era derecho objetivo (por ejemplo, el negocio jurídico).

Estas ideas, continúa diciendo Barcellona[205], encontraron consagración en las diversas declaraciones de derechos, las cuales respondían a la exigencia de establecer reglas capaces de garantizar a cada uno una plena libertad frente al Estado y frente a los otros. Pero era evidente que en el reconocimiento de los derechos innatos subyacía la referencia a un sistema de derecho objetivo, el cual delimitaba el ámbito y aseguraba la tutela en caso de violaciones externas. Ese entendimiento de los derechos como esfera de libertad individual y como esfera de libertad reconocida por las normas de derecho objetivo expresa una nueva dialéctica, entre momento subjetivo y momento objetivo. Se trata de conciliar la existencia y primacía del derecho objetivo como instrumento de organización de la sociedad con la exigencia de reconocer al sujeto la función de motor de la experiencia o la función de creador del orden social. El esfuerzo consiste en encontrar un equilibrio entre el momento subjetivo y el momento objetivo, evitando reducir todo el derecho a criterios de calificación de acciones y evitando también subordinar el derecho objetivo al sujeto y a su voluntad. Recordemos a tal efecto la definición del derecho subjetivo como reconocimiento por parte del derecho de un poder de actuar *(agere licere)* para la realización o satisfacción de los intereses considerados por el ordenamiento como merecedores de protección. ¿Cuál es el sentido de dicha definición? Se trata de una fórmula de conexión entre la realidad empírica del sujeto, que expresa voluntad y necesidades, y el mundo de las normas, que se convierten en las calificaciones de las acciones consideradas. Con respecto a la norma no existe la voluntad, existe la acción voluntaria. La voluntariedad es una modalidad de la acción.

205 «Il problema...», cit., pp. 64 a 67.

Afirma también Barcellona[206] que la función del derecho se agota en la previsión de un orden abstracto, de un sistema de reglas objetivas, de esquemas de acción, con respecto a los cuales el sujeto se presenta como destinatario potencial. El derecho no modifica la realidad. El sujeto empírico se sitúa, sobre el plano concreto, como el autor efectivo del orden real, como el organizador de la propia esfera real. Sin embargo, la esfera del sujeto que actúa en la realidad concreta y la esfera abstracta de las reglas de conducta no están separadas, ya que el papel que desempeña el sujeto en la realidad no se sitúa fuera del derecho. La actividad y la iniciativa del sujeto se reconducen dentro del ordenamiento jurídico, porque el sujeto es punto de referencia de los preceptos jurídicos reguladores de la conducta y porque se le atribuye la competencia (capacidad de obrar) para poner en práctica, mediante actos voluntarios, los presupuestos de aplicación de la norma. Por tanto, la ley precede a la constitución de la relación entre los sujetos, puesto que la ley establece las condiciones abstractas para ello. Consiguientemente, no es la voluntad subjetiva, sino la voluntad de la ley la que prevé los esquemas de acción (deber del deudor de efectuar la prestación al acreedor; deber de respetar el bien que pertenece a otro sujeto; etc.) cuya realización depende de la voluntad del sujeto acogida como presupuesto de hecho para la constitución de relaciones concretas. Por otra parte, el poder para realizar tal manifestación de voluntad no es externo al ordenamiento, ya que representa una posición, un momento de la subjetividad jurídicamente reconocida: la capacidad de actuar. El derecho objetivo establece las reglas del juego para realizar los intereses del sujeto.

Como tuvimos ocasión de escribir en otro lugar[207], el problema de lo lícito jurídico se enmarca dentro del problema más amplio de la relación entre la libertad individual y el ordenamiento jurídico. La idea de una libertad normativamente fundada, porque desciende del ordenamiento, trae a primer plano el elemento del interés. El ordenamiento atribuye al sujeto espacios de libertad para la realización de intereses merecedores de tutela. El derecho subjetivo supone el reconocimiento de la licitud de un determinado comportamiento y la consiguiente atribución al sujeto de libertad para realizarlo, pero dentro de los límites del interés subyacente. El derecho subjetivo expresa una relación entre el sujeto y la norma y culmina en un juicio de posibilidad de un comportamiento dentro de unos determinados límites. El interés se resuelve en el conjunto de las circunstancias de hecho previstas por la norma para que el derecho subjetivo exista; al mismo tiempo, la satisfacción del interés representa el fin de la atribución a un sujeto por el ordenamiento jurídico de facul-

---

206 «Il problema...», cit., pp. 68-69.

207 Pinaglia-Villalón y Gavira, Juan Ignacio, «Aproximación al concepto de abuso del derecho del artículo 7.2 del Código civil español», en *Anuario de Derecho Civil*, tomo LXIX, fasc. III, Madrid, Ministerio de Justicia (Centro de Publicaciones) y Agencia Estatal Boletín Oficial del Estado, julio-septiembre 2016, pp. 933-934.

tades y poderes que constituyen el contenido del derecho subjetivo. Puede decirse, sintéticamente, que el derecho subjetivo es *agere licere* para la satisfacción de un interés considerado por el ordenamiento como merecedor de protección; es un espacio de libertad: el interés, que constituye la *ratio* de su reconocimiento, conforma tal libertad, señala sus confines, traspasados los cuales la acción del sujeto deja de ser ejercicio del derecho.

Por tanto, carácter derivado del derecho subjetivo y de los poderes del sujeto. El derecho subjetivo no es un derecho originario, una prerrogativa del individuo que limita también el poder de intervención del Estado, sino un poder reconocido, una facultad atribuida, un ámbito de acción delimitado y configurado por la ley, una técnica para la protección de determinados intereses[208].

5. La configuración constitucional y civil del comportamiento del sujeto privado en las relaciones intersubjetivas: el principio de solidaridad

Sabemos ya que las Constituciones española e italiana elevan la persona humana a la categoría de valor fundamental del ordenamiento jurídico: la persona humana se asume como fin en sí mismo que vincula tanto al poder estatal como al derecho.

Las constituciones modernas identifican un nuevo modelo de sociedad (una sociedad pluralista) y un nuevo modelo de Estado (un Estado social e intervencionista), reconduciendo al pleno desarrollo de la persona la identidad jurídica del sistema normativo[209].

En lo que concierne a la acción o al comportamiento del ser humano, el nuevo modelo de ser humano jurídico, siguiendo a Falzea[210], hay que deducirlo de los componentes universales de cualquier norma jurídica: el interés y la acción. Por tanto, hay que deducirlo teniendo en cuenta los siguientes factores: las modalidades de comportamiento que el derecho exige a los destinatarios de sus normas y las exigencias vitales que la sociedad jurídicamente organizada estima como socialmente y jurídicamente relevantes.

208 *Cfr.* BARCELLONA, «Il problema...», cit., p. 73.

209 Así lo afirma en relación con la Constitución italiana, lo que es aplicable también a la española, SCALISI, *Il valore della persona nel sistema e i nuovi diritti della personalità*, cit., p. 39.

210 FALZEA, ANGELO, «Fatto vitale», en *Ricerche di teoria generale del diritto e di dogmatica giuridica*, II, *Dogmatica giuridica*, Milano, Dott. A. Giuffrè Editore, S.p.A., 1997, pp. 414-415.

A juicio de Barcellona[211], tras la tragedia que supuso para la humanidad la segunda guerra mundial, los legisladores sintieron la necesidad de reafirmar al ser humano como sujeto portador de valores autónomos, reconociéndole el ordenamiento derechos fundamentales. Pero, además, el Estado de derecho es también Estado social, un Estado que no se limita a prescribir las formas de acción dentro de las cuales los sujetos pueden insertar los contenidos y realizar los intereses: un Estado que se preocupa de actuar la justicia social, y no solo la convivencia pacífica. Un Estado que asume el objetivo de remover las desigualdades de hecho, lo que comporta la formación de un derecho desigual, es decir, la atribución de derechos en atención a la posición de subordinación económica y social en la que se encuentran de hecho enteros estratos de la sociedad. Como se atisba fácilmente, el problema consiste en ver cómo se realiza, en este nuevo contexto jurídico-social, la coexistencia del viejo derecho abstracto con las nuevas formas de derecho y con los nuevos principios constitucionales.

Señala el citado autor[212] que se pueden seguir diferentes caminos a la hora de abordar el problema mencionado:

- Según una primera tendencia, el elemento social operaría dentro de las estructuras jurídicas tradicionales (propiedad, contrato, etc.), modificando sustancialmente los criterios de conexión entre (formas de) tutela jurídica e interés individual. Tanto la categoría de los derechos subjetivos como la categoría del contrato y de la autonomía privada serían reconsiderados en función de los nuevos principios constitucionales de la solidaridad o de la utilidad social. Tales principios suministrarían los criterios generales (serían verdaderas y propias cláusulas generales) para una diversa valoración del interés del sujeto digno de protección en el sentido de condicionar la tutela de dicho interés a la compatibilidad de los fines individualmente perseguidos con los fines sociales. El establecimiento de una relación entre los esquemas de acción que caracterizan el derecho abstracto y los valores sociales expresados en los principios de solidaridad e igualdad supondría que el elemento social constituiría el criterio fundamental para valorar la legítima utilización de tales esquemas por parte del sujeto (o el carácter abusivo): la legitimidad no dependería solamente de la adecuación de la acción a los esquemas legales, sino de la compatibilidad del fin perseguido con el fin social. El presupuesto para dispensar la tutela legal a la acción individual no vendría constituido solo por la mera cualidad de ser humano, sino también por el carácter social del comportamiento. De esta manera se produciría una preeminencia del momento social (objetivo) sobre el momento individual (subjetivo).

211 «Il problema...», cit., pp. 75-76.

212 BARCELLONA, «Il problema...», cit., pp. 76, 77 y 78.

- Diversamente configuran la relación entre derecho abstracto e instancia social los que entienden que la exigencia de igualdad sustancial y el deber de solidaridad social se realizan en el sistema mediante la creación de nuevos derechos, que son atribuidos por la ley al sujeto no individualmente considerado (como ser humano o como ciudadano), sino con arreglo a la pertenencia a determinadas categorías y clases sociales. Junto al derecho abstracto, igual para todos (aplicable a cualquier actividad humana), se establecería toda una serie de derechos especiales atribuidos de manera desigual sobre la base de particulares criterios de conexión, fundamentalmente atendiendo a la posición que asumen los sujetos en el contexto social (así, por ejemplo, trabajador, consumidor, etc.). De esta manera se reequilibraría la posición de inferioridad que impide a algunas categorías de sujetos un efectivo ejercicio de la libertad garantizada, mediante el derecho abstracto, a todos los ciudadanos. El *status* social, entendido en sentido no rígido (la misma persona puede pertenecer a clases o categorías diversas según el tipo de relación), sería el punto de atracción de las nuevas formas de «derecho desigual» que caracteriza la sociedad contemporánea; el derecho desigual reflejaría en el plano del ordenamiento las tensiones que nacen de las relaciones sociales y confirmaría la rotura definitiva de la categoría unificadora del derecho subjetivo y del sujeto jurídico. A la abstracta unificación de la subjetividad se opondría una pluralidad de regímenes y estatutos correspondientes a la estratificación social.

En la lógica de las constituciones actuales citadas aquí, ningún espacio viene reconocido a la concepción del siglo XIX del individualismo y del liberalismo económico, puesto que el ser humano ya no es, de hecho, identificable únicamente por su individualidad, sino también por su sociabilidad, por la capacidad de ir más allá de sí mismo, en clave relacional. En definitiva, la persona aparece unida de forma inseparable a la solidaridad en la medida en que el cuidado del otro forma parte del mismo concepto de persona[213].

En el Estado liberal la construcción jurídica e ideológica del concepto de persona se fundaba en el postulado del individuo como «sujeto voluntad», que crea relaciones jurídicas a través de sus propias voliciones, en cuanto *dominus* del ámbito de actuación que le reconoce el ordenamiento jurídico. La ley era considerada como norma objetiva neutral que hacía posible la acción de los individuos. El liberalismo, invirtiendo el paradigma aristotélico del ser humano como *zoon politikón*, tomó en consideración al individuo como agente ideal, separado de las relaciones sociales.

---

213 En estos términos, recogiendo el parecer de la moderna doctrina italiana en relación con la Constitución italiana, se expresa URCIUOLI, MARIA ANTONIETTA, *Situazioni esistenziali ed autodeterminazione della persona*, collana *Quaderni della Rassegna di diritto civile*, diretta da PIETRO PERLINGIERI, Napoli, Edizioni Scientifiche Italiane s.p.a., 2018, pp. 20 a 22.

Por el contrario, las constituciones reseñadas en el presente estudio contemplan al ser humano como individuo y como miembro de la comunidad, según una inspiración que, como es conocido, se puede remontar a Aristóteles y a su consideración del ser humano como animal social. El ser humano se concibe inmerso en los momentos esenciales de su experiencia, en la concreción de su existencia, que vive, que actúa y que se realiza a sí mismo en la sociedad. En definitiva, una persona social, en lugar de un individuo aislado. A la percepción aislada de sí mismo (*cogito*) sustituye la comunicación de las conciencias, de las existencias: la *coexistencia*. Esa dualidad de la experiencia humana que asumen las constituciones modernas se traduce en el *principio personalista* y en el *principio de solidaridad*, dado que la formación de la identidad del individuo y el desarrollo de la propia personalidad solo son posibles en el ámbito de las relaciones sociales y de los vínculos entre los seres humanos. *La conexión entre los principios señalados se expresa en la relevancia jurídica de la proyección social de la acción individual, entendida como exigencia de colaboración y cooperación entre componentes del mismo grupo social*[214].

Para Lucarelli[215], la perspectiva de la solidaridad debería asumir la función fundamental de postulado social, destinado a llevar a cabo la reducción del egoísmo a través de la reconocida paridad entre los sujetos frente al sistema y de la advertida exigencia de la colaboración entre ellos a efectos de lograr la regeneración material y espiritual del agregado comunitario. En su opinión[216], por solidaridad interindividual debe entenderse la regla de conducta inspirada en la finalidad de una convivencia común, expresada en la colaboración y en la necesidad de equilibrar la utilidad propia con el interés de los demás[217].

El principio o el deber de solidaridad constituye el parámetro de compatibilidad de la acción individual con el ordenamiento constitucional de los valores superiores que prescribe la asunción de comportamientos coheren-

214 Seguimos en este punto la exposición de POLACCHINI, FRANCESCA, «Il principio di solidarietà», en *Diritti e doveri*, a cura di LUCA MEZZETTI, Torino, G. Giappichelli Editore, 2013, pp. 234 a 237.

215 LUCARELLI, FRANCESCO, *Solidarietà e autonomia privata*, Università di Napoli, Pubblicazioni dell`Istituto di Diritto Privato della Facoltà di Economia e Commercio, 3, Napoli, Casa Editrice Dott. Eugenio Jovene, 1970, p. 7.

216 *Ibidem*, p. 63.

217 Afirma Falzea («Fatto vitale», cit., p. 432) que el ser humano, como muchas especies animales, no nace autosuficiente, en el sentido de que, hasta que su estructura fisiopsíquica no haya alcanzado un cierto grado de maduración y sus funciones biológicas no se hayan desarrollado adecuadamente, tiene necesidad de los demás para alimentarse, vestirse, educarse, etc. En los seres humanos la solidaridad biológica, ligada a la necesidad biológica, se convierte en solidaridad ética, la cual constituye el fundamento de la realidad social de los seres humanos: ella es eso que hace de un conjunto de individuos una comunidad de personas, convirtiendo en comunes dentro del grupo los problemas de vida que cada miembro tiene que afrontar y para cuya resolución es necesario el esfuerzo combinado del grupo.

tes con los valores compartidos por todos. Ese deber ser social surge todas las veces en las que el legislador recurre a las llamadas cláusulas generales de la buena fe y del comportamiento correcto[218].

Si el fundamento de los derechos constitucionales reside en la dignidad objetiva de ser persona, la libertad y el bienestar del prójimo se convierten para cada uno constitutivos también de la propia libertad y del propio bienestar[219].

No obstante lo dicho, aunque apliquemos en la esfera de las relaciones privadas el principio de solidaridad contenido en la Constitución española, estableciendo a tal efecto una relación entre dicho principio y las normas civiles relativas a la buena fe, al abuso del derecho, etc., conviene poner de relieve que el principio constitucional de solidaridad no se configura precisamente con respecto al tema de las relaciones intersubjetivas.

Como dice Fernández Segado[220], la Constitución española de 1978 recepciona el principio de solidaridad en su artículo 2, pero también alude a él de modo específico en otros preceptos constitucionales relacionados con el Estado autonómico. Se separa así de la Constitución italiana, no tanto porque nuestro constituyente haya sido más tímido que el transalpino a la hora de consagrar este principio, como podría quizá pensarse de una comparación entre el artículo 2 de una y otra norma fundamental, sino porque en Italia la solidaridad aparece íntimamente imbricada con los derechos y deberes de los ciudadanos, mientras que en nuestro país se presenta estrechamente conectada con el diseño del Estado autonómico.

En la Constitución italiana, el principio de solidaridad se centra en el tema de las relaciones sociedad-individuo en una triple vertiente: la solidaridad política (artículos 48-54 de la Constitución italiana); la solidaridad económica (artículos 35-47 de la Constitución italiana); y, por último, la solidaridad social (artículos 29-34 de la Constitución italiana)[221].

Más concretamente, afirma Lucarelli[222] que el legislador del código civil italiano de 1942 concibió el principio de solidaridad en las relaciones jurídicas privadas como tributo de cada individuo al interés colectivo, calificándolo como «dovere di non ledere l'interesse altrui al di fuori della giustificata tutela dell'interesse proprio» (*Relazione del ministro guardasigilli al codice civile*, n. 558). Se vincula con la eficiencia económica del resultado perseguido, convirtiéndose la solidaridad en sinónimo de productividad, lo cual sitúa al sujeto, en

---

218 *Cfr.* sobre lo dicho, citando doctrina, GIUFFRÈ, FELICE, *La solidarietà nell'ordinamento costituzionale*, Università di Catania, Pubblicazioni della Facoltà di Giurisprudenza, Nuova Serie, 179, Milano, Dott. A. Giuffrè Editore, S.p.A., 2002, pp. 220 a 223.

219 *Cfr.* GIUFFRÈ, *La solidarietà*..., cit., pp. 228-229.

220 «La solidaridad como principio constitucional», cit., p. 154.

221 *Cfr.* LUCARELLI, *Solidarietà*..., cit., p. 94.

222 *Solidarietà*..., cit., pp. 36, 37 y 46.

cuanto operador económico, en una posición de responsabilidad con respecto a las finalidades tecnológicas del sistema. Por lo que se refiere a las relaciones intersubjetivas, el principio expresado en la *Relazione* señalada tendería principalmente a evitar improductivas interferencias recíprocas, en lugar de exigir comunes soluciones. Además de todo ello, la adopción por parte del legislador italiano del criterio del «interés», el cual se superpone a la volición individual, representa el símbolo de nuestra época cultural, que pretende valorar las situaciones subjetivas en los términos del derecho de la economía, es decir, en la secuencia económico-productiva: eficiencia de la acción individual en la sociedad. La vinculación del concepto de solidaridad al criterio de productividad trae consigo que se valore al individuo esencialmente según las capacidades de crear, incrementar y mejorar objetos socialmente útiles.

En cualquier caso, la calificación de la solidaridad como social[223] evidencia que dicho principio encuentra el ámbito de su aplicación en el terreno de las relaciones sociales.

Y también encuentra aplicación el principio de solidaridad fuera del ámbito de una relación jurídica intersubjetiva o de una situación de contacto jurídicamente relevante, pues abarca completamente la posición de los sujetos en cuanto miembros de la misma comunidad[224], que se traduce en la existencia de un límite que protege la esfera jurídica de cada uno del daño producido por los demás[225]. Para Rodotà[226], son muy significativas las palabras contenidas en la *Relazione al codice civile*, n. 558 (artículo 1175), que entiende el deber de solidaridad como el deber de no dañar el interés ajeno.

Podemos afirmar que las dos tendencias expuestas por Barcellona acerca de la relación entre derecho abstracto e instancia social encuentran su concreción en el Estado social de derecho consagrado en las constituciones italiana y española, en las que el principio de solidaridad conforma la actividad de los individuos desde diversas vertientes:

A) Por un lado, condicionando la tutela legal de la acción individual a la compatibilidad de los fines individualmente perseguidos con los fines sociales, lo que supone orientar la acción individual hacia el otro, ya sea el individuo o la propia sociedad.

Como desarrollaremos a continuación, el principio de solidaridad obliga a una lectura en clave social de los dos pilares fundamentales de la cultura privada constituidos por la propiedad y por el contrato en cuanto manifestacio-

223 Ver RODOTÀ, STEFANO, *Solidarietà. Un'utopia necessaria*, Roma-Bari, Gius. Laterza & Figli Spa, 2014, pp. 32 y 44-45.

224 *Cfr.* RODOTÀ, STEFANO, *Il problema della responsabilità civile*, Università di Roma-Facoltà di Giurisprudenza, *Studi di diritto civile*, diretti da ROSARIO NICOLÒ e FRANCESCO SANTORO-PASSARELLI, Milano, Dott. A. Giuffrè-Editore, 1964, p. 89.

225 *Cfr.* RODOTÀ, *Il problema della responsabilità civile*, cit., p. 95.

226 *Il problema della responsabilità civile*, cit., p. 90.

nes del señorío del individuo (en realidad del propietario burgués), a través, respectivamente, de la categoría del derecho subjetivo y de la autonomía de la voluntad[227].

El modelo europeo se asienta en la idea social de los derechos. Los derechos no se configuran como poderes arbitrarios que rompen los vínculos entre las personas, sino como instrumentos que deben reconducirse a una función social. Y esta es, precisamente, la expresión que se utiliza para calificar de una nueva forma la propiedad, lo que se traduce en la proclamación que contiene el artículo 14.2 de la Ley Fundamental de Alemania: «La propiedad obliga. Su uso debe servir al mismo tiempo al bien común», que hace inmediatamente visible, frente a la figura del propietario, la existencia de los otros. El principio constitucional de solidaridad supone englobar en el derecho de propiedad el deber, concurriendo al mismo tiempo en la delimitación de su contenido tanto la dimensión individual como la dimensión social[228].

227 Así lo señala IANNARELLI, ANTONIO, «Funzione sociale della proprietà e disciplina dei beni», en *La funzione sociale nel diritto privato tra XX e XXI secolo*, a cura di FRANCESCO MACARIO e MARCO NICOLA MILETTI, collana *La cultura giuridica. Testi di scienza, teoria e storia del diritto*, 3, Atti dell'incontro di studio Roma, 9 ottobre 2015, Roma, edizioni Roma TrE-Press, gennaio 2017, p. 53. Disponible en: http://romatrepress.uniroma3.it/libro/la-funzione-sociale-nel-diritto-privato-tra-xx-e-xi-secolo/.

228 *Cfr.* RODOTÀ, *La vita e le regole*, cit., pp. 38-39. En el Estado social de derecho (artículo 1 de la Constitución española) el contenido del derecho subjetivo no está determinado solo por el interés concreto del titular, sino por el principio de solidaridad. Así, por ejemplo, la lectura constitucional del derecho de propiedad (el art. 33.2 de la Constitución española dice que la función social de la propiedad delimitará su contenido, de acuerdo con las leyes. En igual sentido, el art. 128.1 de la Constitución española establece que toda la riqueza del país en sus distintas formas y sea cual fuere su titularidad está subordinada al interés general. Y asimismo habrá que tener en cuenta los principios rectores de la política social y económica, que imponen también límites al derecho de propiedad. Así, entre otros, el art. 45.2 alude a la utilización racional de los recursos naturales; el art. 46, al patrimonio histórico, cultural y artístico; el art. 47, a la utilización del suelo de acuerdo con el interés general) da por resultado que el significado de la función social depende de la valoración, por parte del legislador, de la noción de la finalidad o utilidad social que cada categoría de bienes objeto de dominio esté llamada a cumplir. La función no es un mero límite externo a su definición o a su ejercicio, sino una parte integrante del derecho mismo. Nuestro Tribunal Constitucional, en su sentencia 37/1987, de 26 de marzo afirma lo siguiente en su fundamento jurídico 2: «... la referencia a la "función social" como elemento estructural de la definición misma del derecho a la propiedad privada o como factor determinante de la delimitación legal de su contenido pone de manifiesto que la Constitución no ha recogido una concepción abstracta de este derecho como mero ámbito subjetivo de libre disposición o señorío sobre el bien objeto del dominio reservado a su titular, sometido únicamente en su ejercicio a las limitaciones generales que las Leyes impongan para salvaguardar los legítimos derechos o intereses de terceros o del interés general. Por el contrario, la Constitución reconoce un derecho a la propiedad privada que se configura y protege, ciertamente, como un haz de facultades individuales sobre las cosas, pero también, y al mismo tiempo, como un conjunto de deberes y obligaciones establecidos, de acuerdo con las Leyes, en atención a valores o intereses de la colectividad, es decir, a la finalidad o utilidad social que cada categoría de bienes objeto de dominio esté llamada

La nueva orientación social descrita se manifiesta también en la introducción de limitaciones a la autonomía privada. Del contrato entendido por la teoría individualista y voluntarista como instrumento técnico de actuación de la voluntad individual, como expresión de la creatividad individual, que exalta el culto al ego, que soporta mal los límites y que confía a la libertad del sujeto la realización del propio interés, fundamentado todo ello en la ilusión igualitaria de las partes como sujetos dotados de capacidad de obrar y, por tanto, capaces de valorar y gestionar sus propios intereses, se pasa al nuevo modelo de Estado social, el cual asume como objetivo la justicia social mediante la eliminación de las desigualdades de hecho. En este nuevo contexto, en el que el contrato sigue siendo instrumento fundamental a disposición de los sujetos para acceder a los bienes económicos, se parte de la evidencia de que el contrato, entendido originariamente como una forma de emancipación de la persona, constituye un medio de opresión por parte del sujeto (económico) más fuerte. Frente a la ilusión idealista de la igualdad de las partes sobre el plano jurídico, se impone la visión realista según la cual los presupuestos de hecho, económicos y sociales, condicionan la libertad de autodeterminación de los individuos. Por tanto, se introducen limitaciones a la autonomía privada al objeto de reequilibrar las posiciones de poder contractual y controlar la compatibilidad de los intereses individuales con los intereses generales tutelados por el ordenamiento jurídico: principio constitucional de igualdad sustancial a cuya luz no puede consentirse el ejercicio de la libertad contractual dirigido a realizar abusos con respecto a la parte económicamente más débil[229].

Siguiendo a Bianca[230], el derecho de libertad contractual no puede entenderse como arbitrio absoluto del individuo para constituir y determinar sus relaciones, puesto que la libertad contractual, que es un derecho fundamental

---

a cumplir. Por ello, la fijación del "contenido esencial" de la propiedad privada no puede hacerse desde la exclusiva consideración subjetiva del derecho o de los intereses individuales que a éste subyacen, sino que debe incluir igualmente la necesaria referencia a la función social, entendida no como mero límite externo a su definición o a su ejercicio, sino como parte integrante del derecho mismo. Utilidad individual y función social definen, por tanto, inescindiblemente el contenido del derecho de propiedad sobre cada categoría o tipo de bienes».

229 *Cfr.* sobre el nuevo modelo de Estado social de derecho con relación a la libertad negocial, PROSPERI, FRANCESCO, «Rilevanza della persona e nozione di *status*», en *civilistica.com*, cit., pp. 27-28; y en *Rassegna di diritto civile*, cit., pp. 848 a 850.
También puede verse CHIODI, GIOVANNI, «La funzione sociale del contratto: riflessioni di uno storico del diritto», en *La funzione sociale nel diritto privato tra XX e XXI secolo*, a cura di FRANCESCO MACARIO e MARCO NICOLA MILETTI, collana *La cultura giuridica. Testi di scienza, teoria e storia del diritto*, 3, Atti dell'incontro di studio Roma, 9 ottobre 2015, Roma, edizioni Roma TrE-Press, gennaio 2017, pp. 151 a 168. Disponible en: http://romatrepress.uniroma3.it/libro/la-funzione-sociale-nel-diritto-privato-tra-xx-e-xxi-secolo/.

230 BIANCA, C. MASSIMO, *Diritto civile*, III, *Il contratto,* seconda edizione, Milano, Dott. A. Giuffrè Editore, S.p.A., 2000, pp. 30 a 34 y 500 a 505.

de la persona, quiere decir sobre todo libertad del sujeto para adoptar libremente sus elecciones en el mercado. Y como todas las libertades, forma parte de un contexto de valores constitucionales jerárquicamente ordenados. En particular, la evolución en sentido social de los derechos fundamentales tiende a privilegiar la solidaridad social por encima de la libertad individual. La autonomía privada, por tanto, puede y debe ser controlada para garantizar relaciones justas. La idea según la cual solo y exclusivamente el individuo puede ser juez de sus propios intereses no tiene cabida en la sociedad de nuestro tiempo. El Estado no puede limitarse a reconocer el derecho de cada uno a regular por sí solo los propios intereses cuando este derecho se convierte en un instrumento de abuso en perjuicio de los otros. La intangibilidad de la voluntad individual cede en presencia de la exigencia de justicia social. Esto se traduce en un control del contrato al objeto de evitar que la parte más fuerte abuse de su poder contractual para desequilibrar a su favor la regulación del contrato. Y esa tutela de la parte más débil encuentra su referente en la norma de la buena fe, la cual, como principio de solidaridad contractual, se especifica en dos fundamentales modelos de conducta: comportamiento leal y deber de cada parte de preservar los intereses de la otra o de salvaguardar la utilidad de la otra.

Fuera del ámbito de una especial relación jurídica entre personas, también el derecho se preocupa de conformar el comportamiento correcto del individuo en el momento interno del ejercicio de sus propios derechos a través del abuso del derecho, situación que se produce cuando el sujeto sobrepasa los límites o la esfera de su derecho a consecuencia de la violación del interés que fundamenta la atribución por el ordenamiento del derecho subjetivo.

El abuso del derecho se entiende hoy como la expresión de un necesario control normativo sobre los actos de ejercicio de los derechos subjetivos, que limita el espacio de autonomía personal que las normas atributivas de los derechos subjetivos garantizan a cada uno, precisamente porque el sujeto construye el proyecto de acción como miembro de una comunidad y la acción proyectada está destinada a operar en la sociedad: las acciones y las decisiones de la persona pueden afectar los intereses de las demás personas o los intereses colectivos[231].

B) Por otro lado, estableciendo diversas formas de tutela al objeto de eliminar las desigualdades de hecho que impiden el libre desarrollo de la personalidad, atribuyendo derechos al individuo en virtud de su pertenencia a una determinada categoría social.

En este caso, la exigencia de igualdad sustancial y el deber de solidaridad social se realizan introduciendo un trato diferenciado entre las personas, que tiene como objetivo la protección de los intereses de aquellos sujetos que, por las razones que sean, se encuentran ocupando una posición débil en un concreto contexto de relación.

---

231 Pinaglia-Villalón, «Aproximación al concepto de abuso del derecho...», cit., p. 942.

6. La esencial estructura relacional o social del ser humano como fundamento de la vida jurídica entendida como experiencia de vida: sus consecuencias en el plano de la subjetividad jurídica

Como hemos escrito ya, persona es un término que se usa para designar una realidad humana *sub specie iuris*[232].

Tal noción era desconocida en las culturas occidentales antiguas, es decir, en las civilizaciones griega y romana, siendo introducida por el cristianismo[233].

---

232 En la arquitectura (teórica y práctica) del derecho lo que se toma en consideración es siempre el ser humano; también cuando resultan calificadas jurídicamente cosas o hechos, la prescripción mira siempre al ser humano. Los «cursos de agua» son calificados como «bienes inmuebles» (artículo 812 código civil italiano) respecto a la apropiación de los mismos por parte del ser humano, y no en sí mismos bajo el perfil geológico. Así, COTTA, «Soggetto di diritto», cit., p. 1215.

233 Como afirma Cotta (*Diritto. Persona. Mondo Umano*, cit., pp. 60 a 63), en griego persona es *prósopon*, término que designaba originariamente la máscara teatral (literalmente eso que está puesto delante de los ojos), llegando luego, por extensión, a denominar al actor teatral mismo que portaba la máscara. El término *per se* no designa de hecho al ser humano, sino al personaje, la parte recitada por el actor, que recurre a la máscara para aparentar lo que no es en persona. También en latín persona es la máscara: según Aulo Gelio (Noches Áticas, 5, 7), erudito del siglo II d.C., la máscara teatral se dice persona porque esta resuena, es decir, *per-sonat*. Mientras real es el ser humano, la persona es apariencia ficticia y lúdica. El pensamiento cristiano asume progresivamente un significado claramente de persona individual e individuada que la distingue de las otras de su misma naturaleza. Al final de la evolución semántica el concepto prevalece sobre la etimología y en el lugar de lo aparente se coloca la realidad más individuada y más elevada. Si, siguiendo a Heidegger, se piensa que el lenguaje es la casa del ser, y en su morada habita el ser humano, entonces el lenguaje es el advenimiento de algo absolutamente anterior: el advenimiento del ser mismo.
No obstante lo dicho, hay que poner de relieve que el origen religioso de las representaciones teatrales permite comprender fácilmente cómo la máscara era útil para identificar a un personaje, así como el papel y la función que le son características. Propiamente porque la máscara comporta el ejercicio de una función y el desenvolvimiento de un papel, ella pertenece a la esfera del *agere* y, pues, de la *actio*, de la que es representante por excelencia el actor. Las acciones realizadas por el actor en la escena no pueden ser dictadas por el arbitrio o capricho individual, sino que deben ser conformes al papel que la máscara impone. La persona en el sentido de máscara exige que sea respetada la coherencia entre el tipo ideal personificado en la máscara y la serie de los actos que ella hace posibles, y esto constituye un elemento indispensable para el buen éxito y para la completa perfección de la obra teatral. Desde este punto de vista, la persona en el sentido de máscara no tiene un sentido negativo, sino que, por el contrario, constituye un instrumento indispensable para interpretar y hacer comunicable un contenido, cuyo significado permanecería escondido, una vez privado de la labor de mediación del actor. El hecho de que a través de la persona como máscara se realice una interpretación que clarifica y comunica un contenido explica la afinidad que los romanos advirtieron entre la acción teatral y la acción judicial. También en el tribunal actúan las *personae*: el acusado, el acusador, el juez, el

Siguiendo nuevamente al insigne profesor italiano Cotta[234], si, como hemos escrito, la noción de persona termina por designar al ser humano en cuanto tal (según Gayo: *«summa divisio personarum haec est, quod omnes homines aut liberi sunt aut servi»*), situando a la persona en el centro de la experiencia y de la reflexión jurídica: ella es la autora de las propias acciones, el actor principal, no el actor ficticio, titular de derechos y responsabilidad que distingue el actuar humano de los movimientos de los animales, sin embargo, en la cuestión del concepto jurídico de persona influyen dos orientaciones doctrinales diferentes: la primera orientación doctrinal restringe el concepto de persona a los seres humanos que tienen capacidad jurídica. Donello, en el siglo XVI, afirma que *«servus [...] homo est, non persona; homo naturae, persona iuris civilis vocabulum»*. Para otra dirección doctrinal, iniciada a partir de la reflexión de los canonistas medievales, persona no designará ya solamente al ser humano, sino a cualquier ente al que sea imputable la acción y, por tanto, la capacidad jurídica. El léxico jurídico extiende el término a las denominadas personas jurídicas en cuanto distintas de las consideradas como personas físicas. Se llega a una definición unitaria completamente formal (en el sentido del formalismo jurídico) de la persona, sea individual o colectiva, como centro de imputación de deberes y derechos establecido por el ordenamiento jurídico. Se recuerda la definición de Kelsen: «La persona física o jurídica que tiene (como titular de los mismos) deberes jurídicos y derechos subjetivos, es estos deberes jurídicos y estos derechos subjetivos, esto es, un complejo de deberes jurídicos y de derechos subjetivos, cuya unidad se expresa de modo figurado en el concepto de persona». Tal definición formal es capaz de abarcar a cualquier ente al que sea imputable el cumplimiento de actos. Al final de esta segunda fase de la aventura semántica, el término lexical ha perdido el significado general, adquirido al culminar su conceptualización filosófica, según la cual la persona equivale a ser humano en cuanto ser racional, como todavía Kant repite fielmente con Boecio. Se cae en la abstracción de un conceptualismo formal, para el cual ni todo ser humano es persona (ayer el esclavo, hoy el *nasciturus*) ni toda persona (en sentido jurídico) es ser humano. Desde esta última perspectiva, persona viene a significar el abstracto y casi deshumanizado actor jurídico, privado de consistencia existencial, mera apariencia artificial.

Según Cotta[235], la más divulgada vía propuesta para llegar a una renovada definición de la persona, que no caiga en las citadas salidas reductivas o abs-

abogado, que a su vez puede encarnar *personae*, y por eso papeles diversos, pero todos dirigidos a la actuación de la justicia. CHIEREGHIN, FRANCO, «Le ambiguità del concetto di persona e l'impersonale», en Autori vari, *L'idea di persona*, a cura di VIRGILIO MELCHIORRE, collana *Metafisica e storia della metafisica*, 16, Vita e Pensiero, Pubblicazioni dell'Università Cattolica del Sacro Cuore, Milano, 1996, pp. 68-69.

234 *Diritto. Persona. Mondo Umano*, cit., pp. 63 a 65.

235 *Diritto. Persona. Mondo Umano*, cit., p. 66.

tractas de su evolución semántica, no es la de la profundización de la comprensión de la realidad estructural expresada o expresable con la noción de persona. El camino es otro, que tiene su punto de partida en la *distinctio per oppositionem* entre persona e individuo. Los términos persona e individuo son atribuidos al mismo ente, al ser humano, del cual designan dos modos de ser.

La distinción anterior, añade[236], se ha contemplado principalmente desde dos perspectivas:

a) La primera perspectiva estima que la oposición entre persona e individuo no es estructural, porque son materialmente el mismo dato existencial, sino axiológica: persona es «categoría ética», en cuanto se presenta ya en la superación del egocentrismo, ya en la «libertad adquirida» mediante «una elección».

b) La segunda perspectiva definitoria comporta la prevalencia del criterio del actuar sobre el criterio del ser. Bajo este perfil, el individuo es presentado como un dato naturalístico, como pasividad. En cambio, la persona es definida por su hacer, por su dinámico hacerse. En síntesis: se «es» individuo, uno «se hace» persona.

Sin embargo, para Cotta[237] la distinción-oposición propuesta entre persona e individuo no es convincente porque carece de fundamento. Una somera reflexión histórica confirma este juicio negativo. Se ha recordado anteriormente que se suele negar la presencia del concepto de persona en la filosofía griega, atribuyendo el origen a la reflexión cristiana. En la filosofía cristiana, persona es el término específico correspondiente al individuo dotado de razón. La calificación de persona sirve únicamente para establecer la diferencia ontológica entre el ser humano y los seres pertenecientes al mundo físico, los animales en particular. Este es el uso del término en una larga tradición de pensamiento que culmina en Kant y Rosmini, para los cuales persona significa «autor de las propias acciones» y por eso no es predicable de las cosas materiales y de las bestias, ya que comporta el poder de determinar las acciones de acuerdo con la inteligencia. La calificación de racional del individuo humano tiene un preciso significado: excluye que el ente humano esté condicionado de modo determinista, pues tiene la posibilidad de elegir. Por tanto, la persona es (el concepto, el nombre que designa) el individuo humano[238].

A juicio del referido profesor[239], la reafirmada identidad conceptual y estructural entre persona e individuo permite enfocar mejor, al margen de nominalismos o consideraciones meramente empíricas, la fundamental cuestión de la relación entre persona y persona. Verdaderamente, no hay doctrina

236 COTTA, *Diritto. Persona. Mondo Umano*, cit., pp. 67 a 70.

237 *Diritto. Persona. Mondo Umano*, cit., pp. 71 ss.

238 Sobre esto último, ver también COTTA, *Soggetto Umano. Soggetto Giuridico*, cit., pp. 43-44.

239 COTTA, *Diritto. Persona. Mondo Umano*, cit., pp. 76-77.

filosófica seria que haya sostenido la posibilidad para la persona de una vida cerrada en sí misma, es decir, sin la presencia de la relación interhumana.

La estructura relacional del ser humano es algo evidente cuando se observa el mundo fenoménico sin prejuicios. Como explica Husserl, en una primera etapa cognitiva de la observación el ser humano aparece inmerso en el mundo genérico y neutro de las cosas. En él, el ser humano se distingue de las otras cosas por su apariencia morfológica exterior. Pero esta diversidad morfológica abre al observador una segunda etapa cognitiva en la que aparece una figura más precisa: la del individuo humano, capaz de actuar por iniciativa propia de manera diversa e imprevisible, incluso contradictoria, a diferencia de los animales. Es, por tanto, un sujeto humano activo. Por último, el observador, procediendo de la manera dicha, alcanza una tercera etapa, en la que se hace patente la reciprocidad de las posiciones de observador y de observado. Cada uno con respecto al otro es de hecho otro yo[240].

Si, según Husserl, la reflexión sobre mí mismo (del yo soy) comporta el reconocimiento de la presencia del otro, que aparece como un *alter ego* (otro yo) en analogía con mi propio yo, esto significa, según Cotta[241], lo siguiente: que la estructura relacional del sujeto se apoya sobre la paridad ontológica de las personas, en virtud de la cual ningún ser humano puede negar dignidad y valor a otro sin negarse a sí mismo. Tal paridad explica la comunicación y comprensión interhumana, la dialogicidad o comunicatividad de la existencia, de otro modo incomprensible: no hay diálogo con los animales. En resumidas cuentas, la persona es ella misma, y tiene conciencia de sí misma solamente como ente en relación. Tal cualidad relacional del sujeto no es el producto ni de la voluntad personal ni de la imposición de un ente colectivo ideal o histórico-sociológico. Es determinación ontológica y, por tanto, es condición inseparable de la existencia humana.

Partiendo de estas consideraciones, hay espacio, como afirma Cotta[242], para una distinción entre individuo y persona, pero no en términos de contraposición, sino de secuencia: es la distinción que reconoce a la persona la titularidad del ejercicio existencial de la posibilidad de la que el ente humano es detentador por propia estructura constitutiva. Transitar del individuo, caracterizado por ser posibilidad o potencia, a la persona, caracterizada por ser ejercicio o acto. La actividad de ejercicio de la posibilidad es susceptible de un juicio valorativo. El valor de la dignidad pertenece al individuo de por sí, por el hecho de ser titular de la posibilidad de elegir y actuar que hace patente la diferencia ontológica respecto a cosas y animales. Esta diferencia propicia el reconocimiento al individuo de la capacidad de atestiguar la juridicidad implícita en el sujeto humano.

---

240 Seguimos en este punto la exposición de COTTA, «Soggetto di diritto», cit., p. 1220; *Soggetto Umano. Soggetto Giuridico*, cit., p. 45.

241 *Diritto. Persona. Mondo Umano*, cit., pp. 80-81.

242 *Soggetto Umano. Soggetto Giuridico*, cit., pp. 45 a 47.

En resumen, *la persona es el mismo individuo en comunicación o relación intersubjetiva o social con los otros. El término persona indica la realidad del ser humano en su dimensión social*.

En el vocabulario jurídico romano, afirma Betancourt[243], existe una distinción entre los términos latinos *caput* y *persona (personare)*, es decir, entre individuo y persona, y más exactamente entre cabeza *(caput)* y máscara *(persona)*. En efecto, la máscara *(persona)* es la forma exterior por la que se reconoce la función, la personalidad, que corresponde en el conjunto de la acción dramática al actor en cuya cabeza *(caput)* se coloca aquella máscara *(persona = dramatis personae*). Así, pues, la cabeza *(caput)* es interior y la máscara *(persona)* es exterior: la cabeza *(caput)* sostiene la personalidad. Por tanto, y por extrapolación a la vida jurídica, la cabeza *(caput)* no es más que la individualidad humana natural, considerada aisladamente. En cambio, toda relación de unos seres humanos con otros que transcienda su pura naturaleza común no se refiere a la individualidad humana natural *(caput)*, sino a la persona. Consecuentemente, la *persona* es individualidad humana en comunicación o relación intersubjetiva o social con otros. En efecto, allí donde existen relaciones intersubjetivas o sociales, allí hay personas *(personae)* y no meros individuos *(capita)*. Mientras la individualidad humana natural es única *(caput)*, su personalidad puede ser varia según la distinta relación social en que se integra *(persona): unus homo plures personas sustinet* (es decir, el hombre sostiene o desempeña muchas máscaras o papeles). Por tanto, la personalidad tiene un carácter esencialmente relativo; está en función de las relaciones intersubjetivas o sociales: *homo homini persona* (es decir, el hombre es una persona para el hombre)[244].

243 BETANCOURT SERNA, FERNANDO, *Derecho romano clásico*, 2.ª edición (revisada y aumentada), colección *Manuales Universitarios*, núm. 33, Sevilla, Universidad de Sevilla, Secretariado de Publicaciones, 2001, p. 48.

244 Según Robles, la palabra «persona» es la traducción latina del término griego *«prósopon»*, que designaba la máscara o careta de los actores en el teatro. En el marco teatral *(dramatis personae)* es donde hay que situar el significado originario del vocablo, con todas las connotaciones que ello implica. Reflexionar un poco sobre este origen nos dará algunas claves interesantes para comprender su significado en la vida social y en el derecho. La máscara que porta el actor es, evidentemente, distinta a la propia cara de este. Es la cara del personaje que el actor representa. El personaje, en el drama, tiene un papel o rol. La «persona» (máscara) no es exactamente el individuo humano que la porta, sino una construcción, un personaje, que alcanza su significado en el conjunto de la obra teatral. Hay un claro deslinde entre la persona y el individuo que lleva la máscara. Este representa un papel, y el papel es lo que dota de significado a toda su actuación en el teatro. Algún autor ha destacado la idea de que «persona» tiene que ver con *«per-sonare»*, que significa «sonar a través de», y que la máscara tenía, entre otras, la función de modular la voz del actor. Constituye una imagen de gran tradición en la literatura la del mundo (social) visto como un teatro (recuérdese el «gran teatro del mundo»). En la vida social, en efecto, cada uno de nosotros representa varios papeles o roles: hijo, padre, madre, estudiante, empresario, médico, juez, etc. Cada uno de ellos viene estereotipado por reglas de distinto género. Pues bien, determinados papeles o roles sociales alcanzan también una dimensión jurídica. Cuando actuamos como sujetos jurídicos (como administrados, como votan-

En la propia raíz etimológica del sustantivo latino *persōna*, que indica la máscara teatral, el personaje y por transposición el actor que recita su parte en el teatro social, se manifiesta esa estructura relacional empírica y también ontológica del ser humano: *el individuo se eleva a persona solo en la vida comunitaria*, porque a través del contacto social con los demás el ser humano adquiere exacta conciencia del propio ser y de la realidad en la que está inmerso.

En la necesaria relación de cada uno con su prójimo se encuentra el secreto de la solidaridad constitucional, como pone de manifiesto la observación según la cual la persona no puede aislar su vida de las otras vidas. El relieve objetivo asignado a la persona por el ordenamiento sugiere una fórmula política de convivencia en la que todos son solidarios con el destino de cada uno y en la que el recíproco reconocimiento como personas, titulares de la dignidad humana, hace surgir la solidaridad entre nosotros y los otros[245].

El ser humano constituye el presupuesto del derecho, porque el sujeto es la cosa en sentido amplio con relación a la cual la proposición normativa enuncia una o más cualidades, acaecimientos, etc.[246] El sujeto constituye el presupuesto ineludible que da sentido a la proposición normativa, ya que es siempre el verdadero protagonista[247]. La expresión persona, cuyo subs-

tes, como compradores, como prestatarios, como jueces, etc.) representamos papeles o roles que han sido estructurados jurídicamente. Y de la misma manera que el actor no se identifica con el hombre, así el sujeto jurídico no es equivalente a la realidad físico-psíquica del ser humano. El origen etimológico de la palabra «persona» nos abre así la puerta para la comprensión cabal de lo que significa ser sujeto jurídico. ROBLES MORCHÓN, GREGORIO, «Persona: análisis lingüístico y algunos rasgos de la historia del concepto», en *Teoría del Derecho. Fundamentos de Teoría Comunicacional del Derecho*, Volumen I, sexta edición, mayo 2015, Cizur Menor (Navarra), Civitas-Thomson Reuters, p. 884.

245 *Cfr.* sobre lo dicho, citando doctrina, GIUFFRÈ, *La solidarietà nell'ordinamento costituzionale*, cit., pp. 78 a 80.

246 Como afirma Lipari (*Las categorías...*, cit., p. 79), las Cartas internacionales de derechos reconocen como inviolables e intangibles algunos derechos, lo que pone de relieve que el reconocimiento supone la preexistencia de lo que se reconoce, en cuanto que la relevancia en clave jurídica deriva del reconocimiento, debiéndose por lo demás tener por seguro —salvo el caso límite de normas de carácter meramente reglamentario— que ninguna previsión normativa se apoya en el vacío sino que asume como propio presupuesto situaciones fácticas ya existentes.
Martínez de Aguirre afirma que, desde el punto de vista jurídico, persona equivale a sujeto de derechos —concepto jurídico—, pero son sujetos de derechos, primordial y necesariamente, los seres humanos —concepto extrajurídico—. MARTÍNEZ DE AGUIRRE ALDAZ, CARLOS, «Comentario a los artículos 29 a 34 del código civil (Del nacimiento y la extinción de la personalidad civil de las personas naturales)», en *Comentarios al código civil*, Tomo II, Vol. 1.°, coordinador JOAQUÍN RAMS ALBESA, coordinadora adjunta ROSA MARÍA MORENO FLÓREZ, Barcelona, José María Bosch Editor, 2000, p. 241.

247 Afirma Hervada que, en lenguaje jurídico, el término persona designa el sujeto de derecho, el protagonista del orden social y jurídico, que no es otro que el ser humano. Como quiera que la personalidad jurídica es, en su raíz, un dato natural, la consecuencia es obvia: todo ser humano es persona; allí donde hay un ser humano, allí hay una persona en sentido jurídico.

trato es el cuerpo humano o el ser humano hecho de carne y hueso, sería un simple expediente verbal para indicar la consideración del ser humano en su dimensión relacional y social, es decir, para señalar la concreción del individuo a través de la actividad de ejercicio de la posibilidad o potencia propia de su estructura constitutiva. Mientras las cosas del mundo exterior se califican por el derecho como objetos porque son útiles al ser humano, y se caracterizan por su simple presencia en el mundo, el ser humano se califica por el derecho como autor de actos, es decir, como sujeto activo, como fuente de derechos y deberes, y se caracteriza por encontrarse en el mundo con la posibilidad de elegir y actuar libremente. En consecuencia, en la base del ordenamiento positivo se halla un sujeto psíquico-corpóreo, dotado de potencialidad de raciocinio y voluntad. Mediante la atribución de la capacidad jurídica a partir del momento del nacimiento con vida el sujeto adquiere la cualidad jurídica de destinatario potencial de las reglas de conducta.

Afirma Cotta[248] que la atribución de la capacidad jurídica al individuo responde a la exigencia humana de aclarar las relaciones entre individuos en el reconocimiento y en la tutela de la común condición humana, exigencia implícita en sus relaciones.

Según Lipari[249], cualquiera que sea el punto de vista en que nos coloquemos, el individuo aparece necesariamente como centro o punto de referencia de efectos jurídicos y, por consiguiente, en cierto sentido como objeto de la previsión normativa, añadiendo[250] que una visión realista de la experiencia jurídica, que se fije en el resultado producido por la conexión de las relaciones sociales, no puede sino considerar al sujeto como punto de encuentro de toda posible calificación jurídica o, dicho en otros términos, no puede sino convenir en reconocer que ninguna calificación jurídica puede prescindir, en su concreta actuación, de una imputación de tipo subjetivo. La esencia de la reflexión de la subjetividad consiste en el tránsito de la idea de sujeto como supuesto de hecho jurídicamente configurado por el ordenamiento a la del sujeto como síntesis de los efectos, que es, afirma Lipari, el modo con que la moderna cultura jurídica ha caracterizado la transición de la lógica del agente a la lógica de la acción.

Advirtiendo que esta personalidad jurídica natural no es solamente la capacidad para ser titular de derechos y obligaciones, sino que, además, comporta la titularidad de derechos y deberes naturales. De donde se deduce que negar la personalidad jurídica a un ser humano, cualquiera que sea su condición o estado, es una injusticia. Con razón la Declaración Universal de Derechos Humanos dice en su art. 6 que todo ser humano tiene derecho, en todas partes, al reconocimiento de su personalidad jurídica, o como se lee en el texto inglés, todo ser humano tiene derecho, en todas partes, a ser reconocido como persona ante la ley. HERVADA XIBERTA, JAVIER, «Concepto jurídico y concepto filosófico de persona», en *La Ley: Revista jurídica española de doctrina, jurisprudencia y bibliografía*, número 1, Madrid, Edilex, 1981, pp. 942 a 944.

248 *Diritto. Persona. Mondo Umano*, cit., p. 203.

249 *Las categorías*..., cit., p. 70.

250 *Ibidem*, p. 72.

Para entender correctamente la idea de subjetividad desde el punto de vista jurídico hay que partir de la base de que *el verdadero protagonista de la experiencia jurídica es el ser humano en sus múltiples relaciones de hecho*, puesto que, como ya se ha señalado, la naturaleza del ser humano que se contempla aquí es la del ser humano que ha superado el momento estático y ha pasado al dinamismo del actuar, precisamente porque únicamente el individuo tiene la posibilidad de elegir y actuar, es decir, tiene la posibilidad de la existencia en su libertad o, en términos bergsonianos, en su movimiento y, por tanto, en su impulso vital[251].

Si de hecho no estuvieran presentes en el mundo un yo y otro yo, ambos no sometidos al determinismo animal, no podría surgir la idea del deber hacer y, por tanto, de las reglas objetivas. La vida en comunicación o en relación es la verdad que resulta de la regulación jurídica positiva de cualquier tiempo y de cualquier cultura[252].

En el campo de la acción, el ser humano necesita la relación de cooperación con los otros seres humanos[253]. La experiencia jurídica es una experiencia de vida; el derecho regula exclusivamente las relaciones del ser humano con los demás. Por tal motivo, como afirma Alcaro[254], el proceso cognoscitivo del jurista no tendrá, evidentemente, un valor simplemente abstracto y formal, debiendo necesariamente adoptar un punto de vista histórico, concreto: el jurista deberá observar y valorar la realidad de los hechos en su devenir, adoptando una visión dinámica de la realidad que se modela y cambia incesantemente bajo el estímulo de las acciones. La juridicidad se expresa en la acción, porque la experiencia jurídica, que es el mundo de la acción y de las relaciones externas del ser humano, tiene por contenido la experiencia práctica.

Por tanto:

La subjetividad es un concepto jurídico que contempla la doble dimensión del ser humano: su dimensión estática como individuo (el sujeto como destinatario potencial de los esquemas de acción) y su dimensión dinámica como persona (el sujeto como actor de la vida social y jurídica o como autor efectivo de las acciones previstas por las normas).

Existe una relación entre la subjetividad y la actividad práctica, ya que, desde el punto de vista jurídico, la subjetividad hay que entenderla como un modo de ser de la acción del sujeto: como afirma Lipari[255], puede decirse que la idea de subjetividad (en sentido jurídico) no puede reconducirse ni al ser humano en cuanto tal ni al mero centro o punto de imputación de previsiones

251 *Cfr.* COTTA, *Soggetto Umano. Soggetto Giuridico*, cit., p. 99.

252 *Cfr.* COTTA, *Diritto. Persona. Mondo Umano*, cit., p. 202.

253 *Cfr.* COTTA, *Diritto. Persona. Mondo Umano*, cit., p. 204.

254 *Riflessioni...*, cit., pp. 22-23.

255 *Las categorías...*, cit., p. 72.

normativas, sino más bien al modo en que, en la concreción de la acción, se realiza, en la consideración de los efectos, la soldadura entre la simbología de las normas y la morfología práctica de la vida social.

Con tal caracterización técnica es concebible la superación de la concepción abstracta, formalista, que hace del sujeto solo un abstracto centro o punto de imputación de previsiones normativas, sin tener en cuenta el modo o la manera en que tales previsiones se concretan en la realidad histórica[256].

---

256 *Cfr.* ALCARO, *Riflessioni...*, cit., p. 40.

CAPÍTULO VII

ANÁLISIS DEL PROBLEMA FUNDAMENTAL DEL COMIENZO DE LA VIDA JURÍDICA

1. El nacimiento como hecho social determinante del inicio de la vida jurídica. Particular referencia a la situación del concebido y no nacido en nuestro ordenamiento jurídico

Para entender correctamente esta cuestión hay que partir de la base de que *el verdadero protagonista de la experiencia jurídica es el ser humano en sus múltiples relaciones de hecho*. Por tanto, en la base de la subjetividad jurídica hay una *capacidad de comportamiento*[257].

El código civil español toma en consideración al concebido y no nacido, ya que dispone en su artículo 29 que «el concebido se tiene por nacido para todos los efectos que le sean favorables, siempre que nazca con las condiciones que expresa el artículo siguiente».

Cosa que también hace el código civil italiano en sus artículos 1 («I diritti che la legge riconosce a favore del concepito sono subordinati all'evento della nascita») y 462 («Sono capaci di succedere tutti coloro che sono nati o concepiti al tempo dell'apertura della successione»).

En relación con la previsión normativa de los artículos 1 y 462 del código civil italiano, afirma Lipari[258] que dicha previsión está ligada exclusivamente a la lógica de la transmisión del patrimonio y desvinculada, por tanto, de cualquier atribución previa de la subjetividad a una persona todavía futura, tratándose simplemente de preservar algunas entidades patrimoniales a la espera del nacimiento de la persona.

257 *Cfr.* LIPARI, *Las categorías...*, cit., p. 86.

258 *Las categorías...*, cit., p. 86.

Rodotà[259] sostiene que la previsión contenida en el código civil italiano con respecto al concebido no es generalizable, porque responde únicamente a la lógica de la transmisión del patrimonio, a una capacidad para suceder que permanece subordinada al evento del nacimiento, excluyendo propiamente la equiparación del concebido con la persona. Sin embargo, la previsión normativa citada resulta útil para satisfacer específicas exigencias, ligadas a la irreductibilidad del embrión a un simple cúmulo de células, atribuyendo al mismo un estatuto jurídico que no debe necesariamente coincidir con el general de la persona.

O sea, siendo imposible aplicar al concebido el conjunto de las situaciones jurídicamente relevantes que se refieren al ser humano nacido, resulta confirmada la legitimidad de atribuir al concebido un estatuto diferenciado. La disciplina relativa a la tutela del concebido no implica en absoluto, afirma Lipari[260], la exigencia de un tránsito a través del criterio cualificante de la subjetividad, que se adquiere en el momento del nacimiento, siendo perfectamente admisible que el legislador garantice la tutela de determinados «bienes» o «valores» sin necesidad de atribuir a los mismos la cualidad de sujetos de derecho.

Lo expuesto con relación al concebido y no nacido pone de manifiesto que la vida jurídica, cuya determinación corresponde al derecho, no coincide necesariamente con la vida natural del ser humano. Lo confirma el artículo 29 del código civil español cuando establece que *el nacimiento determina la personalidad*.

Qué duda cabe que el comienzo de la personalidad jurídica podría tener lugar en el momento de la concepción o en cualquier otro posterior a la concepción y anterior al nacimiento, pero el código civil español, como otros contemporáneos, ha elegido el momento del nacimiento como momento de inicio de la vida jurídica.

Siguiendo la explicación de Mazzoni[261], mientras la ley natural hace de la vida humana un suceso en desarrollo, desde la concepción hasta el nacimiento, la ley civil hace de la vida humana una entidad llamada a desenvolver un papel o una función a partir de una determinada etapa de su desarrollo. Los códigos contemporáneos han elegido el momento del nacimiento como momento del inicio de la vida jurídica. El nacimiento tiene importancia para el jurista solamente como un hecho social, no biológico. Es el hecho social que hace adquirir al cuerpo nacido vivo la cualidad de persona. Para el referido autor[262], *vitam instituere* significa crear jurídicamente la vida. La vida jurídica no es aquella biológica: es una institución, debe su esencia a un conjunto de

---

259 *Dal soggetto alla persona*, cit., pp. 49-50.

260 *Las categorías...*, cit., p. 84.

261 «Il corpo umano», cit., p. 10.

262 MAZZONI, COSIMO MARCO, «La vita dalla nascita alla morte», en MAZZONI, COSIMO MARCO e PICCINNI, MARIASSUNTA, *La persona fisica*, collana *Trattato di diritto privato*, a cura di GIOVANNI IUDICA e PAOLO ZATTI, Milano, Dott. A. Giuffrè Editore, S.p.A., 2016, pp. 77-78.

reglas jurídicas. La palabra nacimiento tiene una connotación social que prevalece sobre su significado orgánico y genético. El feto con su propia venida al mundo califica formalmente el cambio de estado a través de la adquisición de la capacidad jurídica.

Como hemos señalado anteriormente, hay que conectar la subjetividad en sentido jurídico con una capacidad de relación necesariamente ligada a la persona humana: la persona como sujeto de derecho no puede ser sino socialmente expresada[263].

Afirma Lipari[264] que, si subjetividad y capacidad jurídica no pueden ser artificiosamente separadas, por ser la una la contrafigura de la otra, de ello deriva que no solo no puede darse anticipación de la capacidad con respecto a la existencia del sujeto, sino tampoco atribución de una subjetividad incapaz de traducirse en concretas situaciones de titularidad ejercitables en relación con posiciones análogas. Lo que no significa que no se puedan prever creaciones de centros de imputación objetivamente individualizables en función (o en previsión) del nacimiento del sujeto.

Una vez excluida la aplicabilidad al concebido y no nacido de las nociones de personalidad, subjetividad o capacidad, porque tales nociones, con independencia del significado que se les atribuya, toman como referencia al ser humano que llega a existir (para el derecho) en el momento del nacimiento, la relevancia jurídica del concebido debe ser analizada desde el punto de vista constitucional[265]. El sistema jurídico español comprende entre los derechos

263 Si el derecho prescribe formas de acción dentro de las cuales los individuos pueden realizar sus intereses, es evidente entonces que no puede prescindir de la idoneidad del ser humano para participar o entrar en los hechos de la vida.

264 *Las categorías...*, cit., p. 86.

265 *Cfr.* MAZZONI, «La vita dalla nascita alla morte», cit., pp. 80-81. Sin embargo, hay un sector de la doctrina que utiliza las categorías «metafísicas» señaladas para explicar la tutela del concebido. Martínez de Aguirre («Comentario a los artículos 29 a 34 del Código civil...», cit., pp. 254 a 256) parte de la base de que los conceptos de persona y personalidad tienen desde el punto de vista jurídico un contenido relacional, de alteridad podríamos decir, fundamental, en la medida en que el derecho mismo lo tiene: para que exista derecho es preciso que se instauren relaciones de convivencia y justicia al menos entre dos seres humanos. Cabe, por tanto, afirmar, añade, que para el derecho solo se es persona en relación con otras personas. Y entiende que el concebido y no nacido es un ser humano que se encuentra en una situación especial, desde el punto de vista de sus relaciones, pues, por no haber nacido, carece todavía de una vida social propia y autónoma. En efecto, afirma, la vida social del concebido transcurre a través de la madre; hay relaciones interpersonales (con la propia madre), pero no directas y autónomas, sino mediatizadas por el hecho de la gestación. Por tanto, concluye, en cuanto es ser humano, y en cuanto tiene relaciones con su madre, es evidentemente titular de los derechos naturales primarios (a la vida y la integridad física) y, simultáneamente, por eso mismo, es sujeto de derechos (con toda claridad, de esos de los que es titular), teniendo personalidad jurídica, la cual, antes del nacimiento, está restringida o limitada a la titularidad de los derechos señalados. En esta línea, Corripio afirma lo siguiente: «... se hace preciso construir el estatuto jurídico del concebido sobre su consideración como un sujeto desde el inicio de su devenir vital, por ser esta la

inviolables el valor de la vida (artículo 15 de la Constitución española), valor que no se mide en términos de titularidad de derechos, sino como entidad en sí misma. Los sistemas jurídicos occidentales conocen formas de tutela que son independientes de la titularidad de derechos (piénsese en la infancia, en la juventud, en la salud, en el medio ambiente, en el paisaje o en el patrimonio histórico y artístico, entre otros)[266].

El Tribunal Constitucional español en su sentencia 53/1985, de 11 de abril, fundamento jurídico 5 reconoce que la vida del *nasciturus*, en cuanto este encarna un valor fundamental —la vida humana— garantizado en el artículo 15 de la Constitución, constituye un bien jurídico cuya protección encuentra en dicho precepto constitucional, aunque no permite afirmar que sea titular del derecho fundamental.

Cuando en el mismo fundamento jurídico aborda el concepto de vida, afirma que la vida es un proceso que comienza con la gestación, en el curso de la cual una realidad biológica va tomando corpórea y sensitivamente configuración humana, teniendo particular relevancia el nacimiento, ya que significa el paso de la vida albergada en el seno materno a la vida albergada en la sociedad.

Precisamente el nacimiento como separación de los cuerpos de la madre y del hijo fue considerada la etapa de la evolución biológica más idónea e ideal para que el derecho determinase el momento de la creación jurídica de la persona. El concepto (jurídico) de persona nace de este dato biológico determinante en el desarrollo del proceso vital. Por tanto, el inicio de la vida biológica no se corresponde con el inicio de la vida jurídica: esta se inicia en el momento del nacimiento con vida[267].

---

categoría jurídica más idónea para sustentar su esfera jurídica personal como portador que es de fines propios ligados a su dignidad humana. Ello tropieza, sin embargo, con la dificultad de haberse asimilado los conceptos de "sujeto de derecho", "persona" y "personalidad", concluyéndose que el concebido no es persona por no tener personalidad. Es necesario, pues, acometer una mejor clarificación conceptual y distinguir entre un concepto técnico-formal (e instrumental) de persona entendida como aquel sujeto dotado de personalidad y, por tanto, capacitado para actuar con carácter general en el tráfico jurídico económico, de un concepto de "persona no nacida", entendida como un sujeto en vías de personificación pero capaz ya para las titularidades especiales que las normas le reconozcan, particularmente las inherentes a su ser personal». CORRIPIO GIL DELGADO, MARÍA REYES, «El ser humano en gestación. Hacia un estatuto civil del "hijo no nacido"», en *Revista de derecho civil*, vol. V, núm. 4 (octubre-diciembre, 2018), Estudios, p. 176. Disponible en: https://www.nreg.es/ojs/index.php/RDC/article/view/311.

266 *Cfr.* MAZZONI, «La vita dalla nascita alla morte», cit., pp. 80-87.

267 *Cfr.* MAZZONI, «La vita dalla nascita alla morte», cit., pp. 82-83. Escribe Cabanillas: «No es la concepción, sino el nacimiento el hecho que en nuestro Derecho positivo determina la personalidad. El concebido no es persona, ni tiene tampoco una personalidad especial o limitada. No hay, siquiera, una genuina equiparación entre el concebido y el nacido, ya que la equiparación es solo parcial... y, además, eventual y condicional, sometida a la *conditio*

Por otra parte, tampoco los problemas concernientes al resarcimiento del daño, físico o moral, sufrido por la persona como consecuencia de un evento ocurrido antes de su nacimiento deben resolverse apelando a la posición jurídica del concebido, al tema de la subjetividad o no del concebido, porque el daño, físico o moral, es sufrido por la persona sucesivamente al nacimiento.

La doctrina[268] llega a la conclusión de la resarcibilidad de tales daños con base en una correcta aplicación del principio de responsabilidad civil: se estima que acto ilícito y daño pueden ser separados en el tiempo, siempre que entre ellos exista una relación de causalidad adecuada. Por tanto, si hecho ilícito y producción del daño pueden ocurrir en momentos distintos, no es necesario que el sujeto pasivo exista en el momento en el que el acto ilícito se realiza, como tampoco lo es que el autor del ilícito exista en el momento en el que el daño se produce.

Así, por ejemplo, en el caso de lesiones producidas al feto en virtud de un hecho ilícito ocurrido en el período anterior al nacimiento, parece evidente que el daño invocado por el sujeto que nace no es otro que la disminución de su integridad física, con el consiguiente perjuicio para su normal desarrollo, que él ha sufrido naciendo con vida, experimentando por tal motivo la pérdida de un derecho constitucionalmente protegido, la integridad física, que corresponde a todo individuo nacido. No cabe hablar de lesión de un derecho a la integridad física del concebido antes del nacimiento, porque antes de ocurrir el nacimiento no existe un sujeto de derecho titular del derecho constitucional mencionado, sino de un hecho que se transforma en daño o lesión de un derecho a la integridad física con el nacimiento del sujeto, momento en el que la persona que existe adquiere el derecho al resarcimiento del daño, el cual presupone la lesión de un derecho (o de cualquier otra posición subjetiva tutelada por el ordenamiento).

Con respecto al derecho español, nuestra doctrina no ha encontrado dificultades a la hora de reconocer al nacido el derecho a ser indemnizado por

iuris de un nacimiento… Teóricamente, resulta difícil admitir una personalidad o una capacidad que no tienen una persona a quien ser atribuidas». CABANILLAS SÁNCHEZ, ANTONIO, «Comentario al artículo 29», en *Comentarios al código civil y compilaciones forales*, Tomo I, Vol. 3.º: Artículos 17 a 41 del Código Civil, 2.ª ed., Madrid, EDERSA, 1993, p. 770.

La atribución de personalidad jurídica supone el reconocimiento de una persona como sujeto de derechos y obligaciones. Y en nuestro derecho, como afirma una autora, la personalidad jurídica se adquiere por el nacimiento, siempre que se cumplan los dos requisitos exigidos en el artículo 30 del código civil, esto es, nacer con vida y el entero desprendimiento del seno materno. CAZORLA GONZÁLEZ-SERRANO, M.ª DEL CARMEN, «La protección jurídica del *nasciturus* en el ordenamiento jurídico español», en *Revista internacional de doctrina y jurisprudencia*, núm. 15, 2017, p. 3.

268 Seguimos en este punto los argumentos esgrimidos por RESCIGNO, PIETRO, «Il danno da procreazione», en *Rivista di diritto civile*, Anno II, fascicolo 3.º (luglio-settembre, 1956), especialmente pp. 630 y 633.

los daños sufridos durante el periodo de gestación con base en el artículo 29.2 del código civil (el concebido se tiene por nacido para todos los efectos que le sean favorables, siempre que nazca con vida)[269].

De modo que el sujeto, una vez que nace con vida, puede actuar como si él hubiese existido en cuanto tal desde el mismo momento de la gestación, identificándose mediante una ficción gestación y nacimiento.

El Tribunal Europeo de Derechos Humanos de Estrasburgo dictaminó en la sentencia de 8 de julio de 2004 que no se puede reconocer a un feto como persona. El fallo se produjo después de la demanda presentada por una ciudadana francesa que alegaba que las autoridades judiciales nacionales habían violado el artículo 2 del Convenio porque la conducta del médico que fue responsable de la muerte de su feto de seis meses *in utero* no se calificó como un homicidio (un médico francés, por error, provocó la interrupción del embarazo después de confundir a dos pacientes y perforar el saco amniótico de la demandante, lo que produjo la muerte de su feto). La demanda sostenía que el término «toda persona» del artículo 2 del Convenio incluía a todo ser

---

269 Afirma José Ramón de Verda que el artículo 29 del código civil español se aparta de su modelo el código civil francés, al establecer una regla general de protección civil del concebido, que no solo permite que el *nasciturus* pueda heredar al causante premuerto (será legitimario y, de no ser instituido heredero, habrá preterición), sino que abarca todos los efectos que le sean favorables, entre los que el artículo 627 del código civil contempla, expresamente, la posibilidad de que reciba donaciones (que podrán aceptadas por las personas que legítimamente lo representarían, de haberse verificado el nacimiento), habiendo sido admitido, tanto a nivel doctrinal como jurisprudencial, el resarcimiento de los daños y perjuicios causados por hechos ilícitos que tuvieron lugar en el período de la gestación: así, se ha reconocido el derecho a ser resarcido por el daño derivado de la muerte del padre en un accidente de tráfico acaecido antes del nacimiento; y, por supuesto, la reparación de los perjuicios causados al feto por una mala praxis médica, esto es, por un comportamiento negligente del profesional sanitario durante el período de embarazo de la madre o durante el parto. Así mismo, el art. 29 del código civil ha sido invocado en juicios de separación y divorcio para determinar la cuantía de la futura prestación de alimentos en favor del hijo ya concebido, en previsión de su nacimiento, o para atribuir el uso de la vivienda familiar a la madre, por razón de su embarazo y ser su interés el más necesitado de protección. Pero la jurisprudencia todavía no se ha pronunciado sobre la delicada cuestión de si los hijos pueden ejercitar acciones de resarcimiento contra sus padres por los daños prenatales ocasionados por un comportamiento culpable de estos durante el período de gestación. Para el autor citado, no hay por qué excluir apriorísticamente el resarcimiento de dichos daños: no cree, así, que el hecho de que los padres hayan dado la vida al hijo (bien mayor) opere como una suerte de compensación para eximirles de responsabilidad por los perjuicios que, obrando negligentemente, les puedan haber originado (mal menor): si esto es indiscutible respecto de los daños causados a un hijo ya nacido no ve por qué razón ha de ponerse en duda en relación a los provocados antes de que nazca. Pensemos, por ejemplo, en enfermedades ocasionadas por el consumo de alcohol o tabaco por parte de la madre embarazada, en las debidas a un accidente de tráfico causado por cualquiera de los progenitores o en las originadas por la violencia ejercida por el padre sobre la gestante. De Verda y Beamonte, José Ramón, «La protección jurídica del concebido en el derecho español», en *Revista boliviana de derecho*, n.º 22, julio 2016, pp. 24-25. Disponible en: http://www.scielo.org.bo/pdf/rbd/n22/n22_a02.pdf.

humano, también a los concebidos, pero todavía no nacidos y, por tanto, las legislaciones de los Estados debían asegurar la protección del *nasciturus* tipificando penalmente el homicidio involuntario, incluso aunque, en ciertos casos, permitieran el aborto. El asunto en litigio era, pues, si la ausencia de una respuesta criminal dentro del sistema jurídico francés para castigar la destrucción involuntaria de un feto constituía un fallo estatal en la protección del derecho a la vida en el sentido del artículo 2 del Convenio. El Tribunal recuerda, en primer lugar, las escasas decisiones anteriores, tanto suyas como, sobre todo, de la Comisión, y concluye que el *nasciturus* no ha sido visto por ellos como una «persona» directamente protegida por el artículo 2 del Convenio. La cuestión de cuándo comienza el derecho a la vida debe remitirse, declara el Tribunal, al margen de apreciación de los Estados por dos razones: primera, porque esta cuestión (el estatuto jurídico del embrión y del feto) no ha sido ni siquiera resuelta por los propios Estados y, segunda, porque no existe un consenso europeo sobre la definición científica y jurídica del comienzo de la vida, aunque están empezando a recibir embriones y fetos alguna protección a la luz de los progresos científicos y las potenciales consecuencias de la investigación en ingeniería genética, procreación asistida y experimentación con embriones. Como mucho, «podría decirse que es una idea compartida entre los Estados que el embrión y el feto pertenecen a la raza humana». «La potencialidad de estos seres y su capacidad para llegar a ser personas (lo que les asegura protección en diversos Estados desde el punto de vista del derecho civil), requiere protegerles en nombre de la dignidad humana, sin necesidad de convertirlos en una "persona" con "derecho a la vida" a los efectos del artículo 2 CEDH». En cualquier caso, continúa razonando el Tribunal Europeo, «no es deseable, ni posible, responder en abstracto a la cuestión de si un no-nacido es una persona a los efectos del artículo 2 CEDH».

En la actualidad, en el sistema jurídico español la tutela del concebido y no nacido forma parte de la tutela de la vida, ya que la vida del *nasciturus* representa un momento del desarrollo de la vida misma elevada a valor jurídico fundamental garantizado en el artículo 15 de la Constitución española. Como afirma la STC 53/1985, de 11 de abril, la vida del *nasciturus* es un bien jurídico constitucionalmente protegido por el artículo 15 de nuestra norma fundamental[270]. Dicho lo cual, hay que añadir que junto al valor de la vida

270 Para Robles: «Resulta cuando menos sorprendente cómo califica el TC español al feto humano. Lo ha designado con el poco amable y muy metafísico nombre de "bien jurídico" (STC 53/1985), y con el de "sujeto vital", que tiene resonancias zoológicas: también una vaca es un sujeto vital, y asimismo una hormiga, y cualquier otro animal o vegetal, independientemente del estadio de su formación biológica. Designación esta última que, sin embargo, tiene sobre la priemra la ventaja de reconocer que no se trata de un bien jurídico cualquiera sino que se trata de un sujeto. Ahora bien, para el Derecho no hay sujetos "vitales", sino sujetos "jurídicos". Cuando la Constitución Española proclama su artículo 15 que "todos tienen derecho a la vida" —subrayo, "todos" y no "todas"— se está refiriendo, en mi opinión, a todos los sujetos jurídicos, tal como empleamos este concepto.

humana nuestra Constitución ha elevado también a valor jurídico fundamental la dignidad de la persona. En el fundamento jurídico 8 de la referida sentencia 53/1985 el Tribunal Constitucional español afirma lo siguiente:

> «Junto al valor de la vida humana y sustancialmente relacionado con la dimensión moral de esta, nuestra Constitución ha elevado también a valor jurídico fundamental la dignidad de la persona, que, sin perjuicio de los derechos que le son inherentes, se halla íntimamente vinculada con el libre desarrollo de la personalidad (art. 10) y los derechos a la integridad física y moral (art. 15), a la libertad de ideas y creencias (art. 16), al honor, a la intimidad personal y familiar y a la propia imagen (art. 18.1). Del sentido de estos preceptos puede deducirse que la dignidad es un valor espiritual y moral inherente a la persona, que se manifiesta singularmente en la autodeterminación consciente y responsable de la propia vida y que lleva consigo la pretensión al respeto por parte de los demás.
>
> La dignidad está reconocida a todas las personas con carácter general, pero cuando el intérprete constitucional trata de concretar este principio no puede ignorar el hecho obvio de la especificidad de la condición femenina y la concreción de los mencionados derechos en el ámbito de la maternidad, derechos que el Estado debe respetar y a cuya efectividad debe contribuir, dentro de los límites impuestos por la existencia de otros derechos y bienes asimismo reconocidos por la Constitución».

Por último, hay que mencionar la Ley Orgánica 2/2010, de 3 de marzo, de salud sexual y reproductiva y de la interrupción voluntaria del embarazo, que permite el aborto libre en las 14 primeras semanas de gestación. En dicha ley ya no insiste en el deber del Estado, derivado del artículo 15 de la Constitución española, de proteger la vida en formación, sino que se parte de la libre autodeterminación de la mujer y de sus derechos sexuales y reproductivos, dentro de los cuales está «la decisión de tener hijos y cuándo tenerlos». La protección de esa autonomía personal se vincula con la necesidad de luchar contra la discriminación de las mujeres, «para quienes el embarazo y la maternidad son hechos que afectan profundamente a sus vidas en todos los sentidos».

En España, la regulación de la interrupción voluntaria del embarazo no descansa en la idea de que el embrión sea una simple cosa, *pars viscerum*, parte del cuerpo de la madre, como tal privado de individualidad y autonomía (según

Al eludir la expresión "todas las personas" me parece que lo que hace el precepto es decantarse por un derecho universal a la vida de todos los individuos humanos, cualquiera que sea el estadio de su formación biológica. No obstante, el Tribunal Constitucional ha modificado el sentido de esta eufemísticamente "interrupción voluntaria del embarazo", cuando lo que en verdad se interrumpe —además del embarazo de la mujer— es la vida de un sujeto vital y, por tanto, jurídico» ROBLES MORCHÓN, GREGORIO, «Sujeto jurídico y persona en la teoría comunicacional del derecho», en *Teoría del Derecho. Fundamentos de Teoría Comunicacional del Derecho*, Volumen I, sexta edición, Cizur Menor (Navarra), Civitas-Thomson Reuters, mayo 2015, pp. 937-938.

D. 25.4.1.1: *partus enim antequam edatur, mulieris portio est vel viscerum*[271]), sino en el principio de la libre autodeterminación de la mujer y de su dignidad como persona desde el punto de vista jurídico, porque la mujer, siguiendo la máxima de la moral kantiana, no puede ser tratada como medio para fines ajenos[272] o como instrumento de reproducción mecánica e involuntaria[273].

Según Ferrajoli[274], es evidente que la cuestión del aborto es al mismo tiempo una cuestión moral, o sea, de filosofía moral, y una cuestión jurídica, o sea, de filosofía del derecho, pero también lo es que las dos cuestiones son diversas. El primer corolario de la separación entre derecho y moral es el pluralismo moral que debemos admitir y tolerar en la sociedad. Todos estamos y debemos estar sometidos al mismo derecho: es una condición de la igualdad y todavía antes de la certeza y del mismo papel normativo del derecho. No todos, por el contrario, tenemos ni debemos tener —en una sociedad liberal— las mismas opiniones o creencias o valores morales.

Para la opinión doctrinal que atribuye al feto el valor de sujeto de derecho desde el momento de la gestación, no es congruente hipotetizar un salto cualitativo entre la época de la gestación y el tiempo del nacimiento: como quiera que la vida del ser humano constituye un *continuum*, no es concebible, se afirma, un inicio jurídico diverso del natural[275].

Dentro de esta misma línea de pensamiento, hay quien considera[276] que de la protección que las constituciones otorgan al concebido emerge una visión unitaria de la persona, no susceptible de ser fragmentada en fases distintas, y

---

271 (El procreado antes de nacer es parte de la mujer o de sus vísceras).

272 *Cfr.* FERRAJOLI, LUIGI, en *La tutela dell'embrione*, a cura di BISCONTINI, GUIDO e RUGGERI, LUCIA, Università degli Studi di Camerino, Scuola di perfezionamento in diritto civile, Lezioni raccolte da PIETRO PERLINGIERI, volume 19, Napoli, Edizioni Scientifiche Italiane, 2002, p. 17 y nota 5.
Ver también sobre esta cuestión CARUSI, DONATO, *L'ordine naturale delle cose*, Torino, g. giappichelli editore, 2011, pp. 286-287.

273 *Cfr.* FERRAJOLI, *Principia iuris. Teoría del dirritto e della democrazia,* 1..., cit., p. 352.

274 *La tutela dell' embrione*, cit. pp. 12 y 14.

275 Véase sobre esta última dirección doctrinal la exposición de PARENTE, «La staticità normativa...», cit., pp. 99 ss. Como señala este último autor («La staticità normativa...», cit., pp. 102-103), las consecuencias de la referida construcción teórica son evidentes llevadas al plano normativo: si el sujeto existe desde el mismo momento de la gestación, tiene derecho a la vida y a la tutela de la dignidad y de la integridad, en sintonía con el antiguo brocardo *«nasciturus pro iam nato habetur quotiens de commodo eius agitur»*. En este sentido, no se entiende cómo puede existir un individuo humano que, desde la gestación, no sea por eso mismo también persona. Reconocer al concebido la condición de sujeto de derecho desde la gestación significa sostener que todas las intervenciones que se lleven a cabo sobre él serán jurídicamente valoradas como intervenciones sobre una persona humana.

276 D'ADDINO SERRAVALLE, PAOLA, en *La tutela dell'embrione*, a cura di BISCONTINI, GUIDO e RUGGERI, LUCIA, Università degli Studi di Camerino, Scuola di perfezionamento in diritto civile, Lezioni raccolte da PIETRO PERLINGIERI, volume 19, Napoli, Edizioni Scientifiche Italiane, 2002, pp. 44 a 48.

que dicha protección permite devaluar el concepto de capacidad jurídica, de tal modo que se puede establecer una escisión entre subjetividad y capacidad jurídica. Así, la subjetividad es la categoría jurídica idónea para reflejar la evolución biológica del individuo, mientras la capacidad, expresión del planteamiento patrimonialista del código civil, expresa una noción susceptible de graduación. La atribución de la capacidad jurídica y, por tanto, de la subjetividad al individuo desde el momento del nacimiento es coherente con un sistema de tutela de los derechos patrimoniales, pero no desde el punto de vista constitucional, que reconoce y tutela el valor de la persona humana en cuanto tal, como esencia y como existencia, es decir, en las facultades inseparables de la naturaleza humana, que constituyen razón y fundamento de su dignidad. Los derechos fundamentales de la persona, que no se miden con el metro de la capacidad jurídica, son connaturales a la persona humana y pertenecen al concebido.

2. El nacimiento con vida

Afirma lo siguiente el artículo 30 del código civil español: «La personalidad se adquiere en el momento del nacimiento con vida, una vez producido el entero desprendimiento del seno materno».

Por lo tanto, el momento del nacimiento es aquel en el que el feto queda enteramente desprendido del seno materno, con lo que se pone fin a la antigua polémica de algunos romanistas sobre si el momento de nacer era el de la salida del claustro materno o el del corte del cordón umbilical. La total independencia física del feto, con una función nerviosa, circulatoria y respiratoria propias, es el momento que valora nuestro código civil[277].

Con respecto al requisito del «entero desprendimiento del seno materno», hay que decir resumidamente, siguiendo casi literalmente el estudio de Macanás[278] sobre la cuestión, que no hay que interpretarlo en el sentido literal de entenderlo cumplido con la evacuación íntegra del nacido del interior del cuerpo de la madre (mero tránsito espacial del nacido), sino en la consideración del mismo de forma autónoma a la madre (que el ser humano se independice de la vida de su madre), constituyendo la rotura del cordón umbilical, según la doctrina civil española mayoritaria, el hecho culminador del desprendimiento, su carácter visualmente definitivo. Sin embargo, la rotura del cordón umbilical no manifiesta un claro origen histórico ni tampoco ninguna otra fundamentación consistente o constatación jurídico-práctica en el

277 Así, Cabanillas Sánchez, Antonio, «Comentario al artículo 30», en *Comentarios al código civil y compilaciones forales*, Tomo I, Vol. 3.°: Artículos 17 a 41 del Código Civil, 2.ª ed., EDERSA, Madrid, 1993, p. 796.

278 Macanás Vicente, Gabriel, «Efectos y defectos del artículo 30 del Código civil», en *InDret: Revista para el análisis del derecho*, año 2013, número 4, pp. 8 a 12. Disponible en: https://indret.com/?autor=gabriel-macanas-vicente.

ámbito científico. «Entero desprendimiento» no se refirió en su origen al corte del cordón umbilical. Tampoco existe ningún otro motivo para entenderlo de ese modo; ni se ha creado una práctica real más allá de su mera enunciación teorética. Por tanto, nada impide su sustitución por criterios más adecuados, si los hay. En el sistema jurídico actual, afirma Macanás, el criterio del corte del cordón resulta inadecuado a la norma tanto literal como teleológicamente, pues dicho cordón no forma parte del «seno materno» ni su corte implica autonomía sino en tanto exista respiración. Incluso puede llegar a ser cortado el cordón umbilical sin que implique evacuación del útero, antes de la consumación normal del nacimiento. De hecho, aunque la tradición jurídica haya tenido en cuenta únicamente la habitualidad de una sección prácticamente instantánea al nacimiento que apenas añadiría nada a este, a día de hoy la adecuación del propio momento en que el cordón debe seccionarse es una cuestión discutida por la ciencia médica, y practicada de forma desigual dependiendo del centro médico o del profesional sanitario de que se trate. Atribuirle efectos jurídicos tan relevantes como el inicio de la personalidad a una contingencia médica que desborda el alcance de la norma y costumbre jurídica, supondría cargar de más incertidumbre aún una categoría ya de por sí complicada. La personalidad sería desigual dependiendo de la opción médica escogida, aunque la vitalidad y el resto de características físicas, así como estado del proceso de alumbramiento, fueran iguales. Por el contrario, aplicar «entero desprendimiento del seno materno» como extensor conceptual de la finalización del parto, más allá de la mera apariencia natural de la consumación, sí podría suponer ahora un elemento localizador del momento relevante del nacimiento cara a la consideración jurídica de su finalización.

En cuanto al requisito de la vitalidad en el momento del nacimiento, entendida como la cualidad de tener vida, afirma también Macanás[279] que se hace necesario determinar cuál es el indicio o prueba denotativo de vida que debe tomarse como referencia. Podría utilizarse el criterio tradicional en sede penal relativo al inicio de la vitalidad del nacido determinada por la respiración autónoma del sujeto respecto de la madre. No responde –ni podría hacerlo– a la hipotética verdad científica del nacimiento vivo, pero aporta un supuesto de hecho objetivo, universal y racional para todos los sujetos que, además, es indicativo a un tiempo de vitalidad y autonomía. Aúna tanto la verdadera separación de la madre en el sentido de la *ratio* de la norma más allá de su dicción (y de forma mucho más sustancial que la representación física que suponía el corte del cordón umbilical), como la prueba de vida propia, no derivada. Además, es necesario el abandono del útero –al menos de forma parcial– para poder efectuar tal respiración.

Es evidente que la exigencia del «entero desprendimiento del seno materno» evita especulaciones sobre la determinación del momento relevante del nacimiento, que lleva a interpretar que el legislador considera el

279 «Efectos y defectos...», cit., pp. 12 a 14.

nacimiento como un hecho ya acaecido y, por tanto, cumplido en su integridad, ya que, siguiendo las consideraciones sobre la cuestión esgrimidas por Florensa[280], consideraciones que recogemos también de forma resumida y casi literal, qué duda cabe de que el nacimiento, como hecho biológico artificialmente asistido o no, es un proceso natural que pone fin al estadio fetal y que está compuesto por diferentes etapas, fases o momentos, empezando con el periodo de dilatación y terminando con el periodo de expulsión y el alumbramiento. El requisito del artículo 30 del código civil español alude a la vida autónoma extrauterina a partir de ese mismo hecho biológico concluido mediante la independización de la vida de la madre. Para Florensa, el artículo 30 del código civil español se refiere aparentemente al nacimiento desde una perspectiva estática —momento—, en contraste con el nacimiento entendido como proceso y, por tanto, sin la necesidad de referirse a un instante preciso. Relacionando ese momento con la exigencia («una vez producido») del «entero desprendimiento» del seno materno, parecería acertado defender que la regla parte de un concepto biológico o natural del nacimiento —la salida del feto del vientre materno— al cual se le añade una exigencia cronológicamente consecuente —el «entero desprendimiento del seno materno»— para, una vez completado el *iter* jurídico previsto por la norma, tener por adquirida la personalidad. Una vez más, el requisito de la autonomía o independencia física del nacido respecto de su madre sería condición necesaria para que adquiriera personalidad siendo, pues, insuficiente el cumplimiento del hecho biológico, asistido o no, del parto. En nada habría cambiado el criterio actual de adquisición de la personalidad si se hubiese omitido la referencia al desprendimiento del seno materno y la regla dispusiera solamente que «la personalidad se adquiere en el momento del nacimiento con vida», puesto que la consideración jurídica del nacimiento requiere que el ser humano se independice de la vida de su madre. Por último, considera que la eliminación de la locución «para los efectos civiles» no puede interpretarse de otra forma que para evidenciar que el legislador, ahormándose al signo (jurídico) de los tiempos, ha determinado que con el nacimiento se adquiere personalidad a todos los efectos civiles, personales y patrimoniales, quedando así huérfanos todos los argumentos que, más allá del propio apoyo que aportaba la dicción legal, se habían aducido para justificar una norma como la ahora modificada, sobre todo aquellos relacionados con el ámbito patrimonial sucesorio. A partir del nacimiento y, por tanto, de la adquisición de la personalidad, el nacido se interpone y actúa como sujeto de derecho en cualquier desplazamiento patrimonial del que sea destinatario final o intermedio. Desde otro punto de vista, afirma Florensa, la supresión de la referencia a los efectos civiles acentúa seguramente la vocación de trascender al exclusivo ámbito del derecho civil de la disposición estudiada. Recuerda que la personalidad ha sido defi-

280 Florensa i Tomàs, Carles Enric, «La modificación del criterio de adquisición de la personalidad civil: un análisis desde el derecho civil catalán», en *InDret: Revista para el Análisis del Derecho*, año 2012, número 4, pp. 22-23, 32-33, 36 y 38-39.

nida como aquel complejo de derechos que el ordenamiento reconoce a la persona por el hecho de serlo, identificándose su contenido con la titularidad de derechos fundamentales. Termina diciendo que con la entrada en vigor del nuevo artículo 30 del código civil español coinciden plausiblemente las distintas disciplinas del derecho en considerar jurídicamente a la persona desde el nacimiento. Desde la perspectiva del derecho civil, la unificación del criterio de adquisición de la personalidad ha tenido lugar tanto con relación a los convenios internacionales ratificados por España como con el derecho catalán, con la consecuencia de compartir unos mismos efectos con el mismo alcance; pero la modificación del criterio también ha permitido la armonización de los efectos del nacimiento con la normativa penal y constitucional, principalmente, en las que se considera a un recién nacido, sin más, como un sujeto de derecho penal y constitucionalmente protegible. Con ello ha desaparecido la criticable diferencia valorativa que no tenía justificación desde el punto de vista del artículo 10 de la Constitución española.

CAPÍTULO VIII

LAS CONDICIONES FORMALES NECESARIAS PARA EL DESARROLLO DEL PODER REAL DEL SER HUMANO NACIDO EN LAS RELACIONES SOCIALES

Como se ha analizado en las páginas anteriores, el derecho privado establece una igualdad formal entre los sujetos al reconocer a cada uno el papel de creador del orden real, limitándose dicho derecho a prever solamente, mediante un sistema de reglas objetivas abstractas, esquemas de relaciones y acciones, dentro de los cuales cada uno es libre de dar un contenido efectivo a los mismos. Por tanto, *la relación social es aquella que se actúa cuando se vive en el mundo*.

Sabemos ya que el artículo 29 del código civil español establece que el nacimiento determina la personalidad. Así pues, a cada ser humano se le atribuye la capacidad jurídica en el momento del nacimiento.

Siguiendo a Barcellona[281], con la expresión *capacidad jurídica* se designa la posibilidad de ser destinatario de las normas; en consecuencia, cualquier ser humano es potencialmente destinatario de todas las normas del sistema. Asumir la posición de destinatario quiere decir ponerse como punto de referencia de las consecuencias de la aplicación de las normas. Ahora bien, hay que añadir a continuación que no se puede comprender el real sentido de la posición del sujeto en el sistema jurídico si no se considera el otro aspecto de la subjetividad que se designa con la expresión *capacidad de obrar*. Los actos son esencialmente manifestaciones de voluntad que tienen la función de crear los presupuestos de aplicación de las normas: las normas de las que el sujeto, en cuanto capaz jurídicamente, es destinatario potencial, se ponen en relación con los intereses de un determinado sujeto si y en cuanto se emite una declaración de voluntad que actúa como condición de aplicabilidad de las normas. Si con la capacidad jurídica el sujeto es mero portador

281 «Il problema...», cit., p. 82.

de intereses, con la capacidad de obrar él adquiere la facultad o el poder de poner en práctica los presupuestos de hecho abstractamente previstos por la norma y, por tanto, de promover la producción de las consecuencias jurídicas correspondientes.

Según el parecer de Barcellona[282], doble es, en consecuencia, la forma de la subjetividad que en nuestro sistema puede asumir el sujeto: destinatario potencial o punto de referencia de los efectos jurídicos de las normas y autor de los comportamientos que realizan los presupuestos de aplicación de las normas. En el código civil vienen establecidas en abstracto las condiciones en las que se es destinatario (cualidad de ser humano nacido) y las condiciones en las que se es autor (fundamentalmente, mayoría de edad). Condiciones ulteriores son, por ejemplo, las condiciones que se deducen de la disciplina de los actos y de la disciplina de los efectos. Con ello se quiere expresar que con el fin de que la posibilidad de crear los presupuestos para la aplicación de una norma, posibilidad reconocida en abstracto al sujeto que haya alcanzado la mayoría de edad, se convierta en un poder concreto es necesario que el acto realizado por el sujeto o que la manifestación de voluntad realizada por el sujeto tenga ciertos requisitos y sea conforme a las reglas normativas que prevén aquel tipo de acto. Barcellona pone como ejemplo el artículo 1376 del código civil italiano, el cual prevé el contrato como instrumento para la transmisión de la propiedad: determina la forma de la acción con la que es posible hacer aplicable la tutela prevista para el propietario con respecto al sujeto que asume la posición de adquirente. Lo que significa que el artículo 832 del mismo código, que prevé los poderes que el propietario puede tener sobre una cosa, será referible a un sujeto determinado cuando sea realizado aquel presupuesto que se llama contrato de compraventa y correlativamente aquel presupuesto se estima realizado si el comportamiento concreto es conforme al supuesto de hecho del contrato.

282 «Il problema...», cit., pp. 83-84.

CAPÍTULO IX

CAPACIDAD JURÍDICA Y CAPACIDAD DE OBRAR

1. Introducción

El sujeto jurídico es esencialmente la persona humana y, en virtud del reconocimiento y de la garantía de los derechos inviolables del ser humano y de la afirmación del principio de igualdad, el atributo de la subjetividad corresponde a todos los seres humanos sin distinciones. La «natural» atribución de la subjetividad a la persona humana no propone un retorno al iusnaturalismo (considerar la intangible subjetividad del ser humano como reflejo de reglas de derecho natural); expresa más bien la exigencia de superar la abstracción y la neutralidad de las fórmulas de definición de la subjetividad jurídica, para alcanzar una más clara referencia a los valores humanos. Mientras la noción de sujeto jurídico permanece ligada a la exigencia, teórica y sistemática, de identificar un centro de imputación de situaciones subjetivas, formal punto de referencia de efectos jurídicos, la noción de persona física expresa una directa referencia a las condiciones del ser humano para el derecho y a su papel central en el ordenamiento jurídico. Para la persona física, la atribución de la cualidad de sujeto de derecho es, pues, consecuencia directa de su existencia, sin posibilidad de discriminaciones[283].

Según Falzea[284], la capacidad jurídica y la capacidad de obrar constituyen los modos de ser del sujeto en el mundo jurídico y por eso las fundamentales manifestaciones de la subjetividad jurídica.

---

283 Seguimos en este punto a GIARDINA, FRANCESCA, «La persona física», en *Diritto civile*, diretto da N. LIPARI e P. RESCIGNO, coordinato da ANDREA ZOPPINI, Volume I, *Fonti, soggetti, famiglia*, Tomo I, *Le fonti e i soggetti*, Milano, Giuffrè Editore, 2009, pp. 253-254.

284 FALZEA, ANGELO, «Capacità (teoria generale)», en *Enciclopedia del diritto*, VI, Milano, Giuffrè Editore, 1960, p. 9.

Aunque falta una definición normativa tanto de la subjetividad como de la capacidad jurídica, siguiendo la tradición puede decirse, según Giardina[285], que el ser humano, naciendo con vida, se convierte para el derecho en un nuevo sujeto de derecho; al mismo tiempo, es capaz de convertirse en titular de derechos y obligaciones. Adquiere inmediatamente algunos derechos fundamentales que se conectan indisolublemente a la condición humana y está en condiciones de ser o llegar a ser titular de cualquier otro derecho y obligación (propietario, acreedor, deudor, etc.). En definitiva, a través de los conceptos de subjetividad y capacidad jurídica tenemos una imagen de la persona humana para el derecho: la persona humana es considerada, desde el nacimiento, como centro unitario de imputación de situaciones subjetivas (sujeto) y, a la vez, como ser titular de derechos (jurídicamente capaz)[286].

Afirma la doctrina[287] que la primera e indiscutible proyección de la dignidad en el ámbito privado es el concepto de capacidad jurídica, en virtud del cual se reconoce la subjetividad jurídica general y connatural del individuo humano, pero lo es también la capacidad de obrar, que está determinada por el grado de autogobierno en virtud del derecho al libre desarrollo de la personalidad.

Es sabido que la tradición jurídica continental contempla la capacidad jurídica y la capacidad de obrar como dos figuras distintas, y dicha escisión se ha ido enriqueciendo, a lo largo del camino, mediante importantes soportes culturales. En este sentido, es suficiente recordar que frecuentes son las referencias a algunos postulados filosóficos, de modo que la antítesis se perfecciona y explica recurriendo a la categoría aristotélica de potencia y acto. Una variante está representada por las teorías que modelan y alimentan la antítesis con el dualismo abstracción-concreción[288].

Sin embargo, con relación al menor de edad, como detallaremos más adelante, actualmente se mantiene la separación entre capacidad jurídica y capacidad de obrar únicamente con respecto a las situaciones jurídicas subjetivas patrimoniales, pero no en relación con las situaciones jurídicas subjetivas

285 «La persona física», cit., p. 271.

286 Señalan Rodotà (*Dal soggetto*..., cit., p. 51) y Giardina («La persona física», cit., p. 272) que en determinados períodos de la historia la capacidad juridica se ha utilizado como un dispositivo de exclusión. Citan los referidos autores el artículo 1 del código civil italiano durante el período fascista, el cual artículo preveía posibles limitaciones a la capacidad jurídica en virtud de la pertenencia a determinadas razas, lógica que el régimen nazista llevó a las más terribles consecuencias. Sobre esto último, ver el libro de GENTILE, SAVERIO, *Le leggi razziali. Scienza giuridica, norme, circolari*, Milano, EDUCatt, 2010, especialmente pp. 177 ss.

287 Así, RAMOS CHAPARRO, ENRIQUE, *La persona y su capacidad civil*, Madrid, Editorial Tecnos, S.A., 1995, p. 154.

288 *Cfr.* STANZIONE, PASQUALE, «Capacità. Diritto privato», en AUTORINO, GABRIELLA e STANZIONE, PASQUALE, *Diritto civile e situazioni esistenziali*, Torino, G. Giappichelli Editore, 1997, p. 93.

personales. Con respecto a estas últimas, el planteamiento de la irrelevancia de la distinción es fiel a una premisa de carácter fundamental que se puede resumir en la siguiente proposición: si algunos derechos están concebidos con vistas al desarrollo de la persona humana, no tiene valor reconocer abstractamente los referidos derechos sin conceder también la posibilidad de ejercitarlos inmediatamente. Se trata entonces, con sentido de equilibrio y mediante decisión referida a cada hipótesis, de atribuir preponderancia a la autodeterminación del menor, de acuerdo con los principios constitucionales de tutela de la dignidad humana y del pleno desarrollo de la persona, cuando, por supuesto, lo exija el interés del menor dotado de discernimiento, o bien de conceder preeminencia al deber-derecho de los padres, cuando el mencionado interés exija también una limitación de la situación jurídica del menor[289].

Con referencia al derecho español, afirma Gete-Alonso[290] que el paulatino reconocimiento de la autonomía y de cierta independencia a la persona menor en las normas tuvo lugar desde que se asumieron e incorporaron los principios del primer texto internacional que recogían los principios de las personas menores, en particular la Convención sobre los Derechos del Niño, de las Naciones Unidas, de 20 de noviembre de 1989 (ratificada por el Estado español el 30 de noviembre de 1990). En el referido texto, así como en la Convención Internacional de las Naciones Unidas sobre los Derechos de las Personas con Discapacidad de 13 de diciembre de 2006 (ratificada por el Estado español el 3 de diciembre de 2007), se produce una importante innovación en el presupuesto conceptual sobre la capacidad, completado con el cambio del sistema de protección de la persona: se pasa del modelo paternalista (patriarcal) al autonomista, en el que es la propia persona tal y como es y sin importar la edad, con las limitaciones, circunstancias o condiciones que le acompañan, la actora principal en las relaciones y actos jurídicos. En el modelo de capacidad denominado autonomista o de participación, se parte de constatar una realidad: que el desarrollo físico e intelectual de la persona, desde que nace es gradual, un proceso. La formación física e intelectual, la adquisición de consciencia, de valores y aptitudes para decidir libremente es fruto de una evolución que se completa poco a poco desde la infancia, pasando por la adolescencia, hasta la madurez, situada jurídicamente en la mayoría de edad. Así que la minoría de edad no se debe calificar jurídicamente como incapacidad. La consecuencia de admitir que la capacidad se desenvuelve gradualmente implica que la conciencia, la aptitud para tomar decisiones y formar una opinión se adapta al propio desarrollo personal, lo

289 *Cfr.* STANZIONE, «Capacità. Diritto privato», cit., pp. 95 ss.

290 GETE-ALONSO Y CALERA, M.ª DEL CARMEN,«Conceptuación de la capacidad: del paternalismo a la autonomía», en *Capacidad y protección de las personas menores de edad en el derecho*, colección *Biblioteca de derecho de las personas*, directores GUILLERMO CERDEIRA BRAVO DE MANSILLA y LEONARDO B. PÉREZ GALLARDO, coordinador MANUEL GARCÍA MAYO, Santiago-Chile, Ediciones Olejnik, 2021, pp. 31-32.

que se debe acoger por la norma jurídica para asegurar la dignidad y garantizar la participación en la sociedad (artículo 9 de la Constitución española). Admitida la diversidad de situaciones de la persona (infancia, adolescencia) se atiende a la realidad de su evolución que fija la autonomía.

Precisamente, la Ley 8/2021, de 2 de junio, por la que se reforma la legislación civil y procesal para el apoyo a las personas con discapacidad en el ejercicio de su capacidad jurídica, trae causa de la adhesión de España a la Convención de Naciones Unidas sobre los Derechos de las Personas con Discapacidad anteriormente citada. El nuevo modelo parte de la base de que las personas con discapacidad tienen plena capacidad jurídica en igualdad de condiciones con las demás en todos los aspectos de la vida, entendiéndose que abarca tanto la titularidad de los derechos como la legitimación para ejercitarlos.

A consecuencia de este nuevo modelo de capacidad relativo a las personas con discapacidad, ha sido puesta en duda la distinción entre capacidad jurídica y capacidad de obrar. Sin embargo, afirma la doctrina española[291] que la distinción entre la dimensión estática (aptitud genérica para ser sujeto de relaciones jurídicas: capacidad jurídica) y la dimensión dinámica (capacidad para ejercitar los derechos y obligaciones de que se es titular: capacidad de obrar) de la capacidad ante el derecho sigue siendo útil para comprender aspectos básicos del derecho de la persona, como por ejemplo, el régimen de la menor edad. Por ello, y por razones de claridad y seguridad, parece razonable mantener la terminología empleada hasta ahora (capacidad jurídica y de obrar), con la advertencia de que tras la Ley 8/2021, y en el ámbito de las personas afectadas por una discapacidad psíquica, se habla preferentemente de «ejercicio de la capacidad jurídica» para referirse a la dimensión dinámica de la capacidad ante el derecho.

2. La capacidad jurídica

La capacidad jurídica designa la posición general del sujeto en cuanto destinatario de los efectos jurídicos de un ordenamiento. Por su naturaleza, los efectos jurídicos, que se traducen en modos de comportamiento, se enlazan necesariamente a un sujeto, el cual resulta autorizado u obligado al comportamiento previsto por la norma. La referencia al sujeto es una exigencia lógica que deriva del hecho de que cualquier conducta regulada por la norma debe ser realizada por un agente, o sea, por un sujeto humano. Se trata de una necesidad empírica y práctica[292].

291 MARTÍNEZ DE AGUIRRE ALDAZ, CARLOS, «La persona y el derecho de la persona», en PEDRO DE PABLO CONTRERAS (coordinador) *et al.*, *Curso de Derecho Civil* (I), Volumen II, *Derecho de la Persona*, 7.ª ed., Madrid, Edisofer, 2021, parágrafo 123, p. 28.

292 *Cfr.* FALZEA, «Capacità...», cit., p. 10.

Afirma Falzea[293] que la capacidad jurídica, al igual que la subjetividad jurídica, constituye un carácter intrínseco del sujeto, una cualidad que para él deriva del hecho de ser titular potencial de los intereses tutelados por el derecho y, consiguientemente, titular potencial de las situaciones jurídicas establecidas por las normas para actuar la tutela de los intereses.

En síntesis, siguiendo a la doctrina[294], se puede afirmar lo siguiente:

a) La capacidad jurídica es el presupuesto de la titularidad de derechos y deberes; este presupuesto es insuprimible, y se deduce de la normativa constitucional que ampara a la persona y del principio de igualdad formal, el cual no toleraría una distinción entre individuos provistos e individuos privados de la capacidad jurídica.

b) Si la capacidad es un valor prejurídico, connatural al individuo en cuanto tal (concepción iusnaturalista) o, por el contrario, es un valor reconocido y garantizado por el ordenamiento jurídico, es decir, es un valor que deriva del ordenamiento (concepción iuspositivista), constituye una cuestión poco importante, porque, aun no acogiéndose la concepción iusnaturalista, las declaraciones de los derechos del ser humano, las convenciones internacionales y europeas, las resoluciones comunitarias y las constituciones de los países pertenecientes a la Unión Europea han consolidado un principio uniforme de carácter general —se podría incluso decir supremo— con base en el cual el ser humano no puede ser privado de la dignidad de sujeto.

c) El individuo, sujeto individualmente considerado, y los individuos colectivamente considerados (en general, las llamadas personas jurídicas), se sitúan en el centro del ordenamiento jurídico.

La atribución de la capacidad jurídica a toda persona, por el solo hecho del nacimiento, constituye una innegable conquista de la civilización, porque expresa el rechazo a las discriminaciones conocidas en otras épocas históricas y el reconocimiento de la igual dignidad de todas las personas humanas. Del reconocimiento de la capacidad jurídica a toda persona deriva, como necesidad de orden lógico (antes incluso que jurídico), la distinción entre capacidad jurídica y capacidad de obrar. Esta última tiene como fundamento la efectiva idoneidad para velar por los propios intereses[295].

Se ha escrito antes que la previsión normativa que contienen los códigos civiles italiano y español con relación al concebido y no nacido no debe

---

293 «Capacità...», cit., p. 15.

294 ALPA, GUIDO «Commento *sub* art. 1», en ALPA, GUIDO e ANSALDO, ANNA, *Le persone fisiche,* collana *Il codice civile. Commentario*, diretto da PIERO SCHLESINGER, Artt. 1-10, Milano, Dott. A. Giuffrè Editore, S.p.A., 1996, pp. 174-175.

295 *Cfr.* BESSONE-FERRANDO, «Persona fisica (dir. priv.)», cit., pp. 207-208.

entenderse en el sentido de una anticipación de la capacidad de derecho y, pues, de la subjetividad respecto al hecho natural del nacimiento[296].

En el ordenamiento jurídico español, la personalidad se adquiere en el momento del nacimiento con vida[297], sin exigirse ya, según la actual redacción del artículo 30 del código civil español[298], el requisito de la viabilidad, es decir, la capacidad de supervivencia del nacido (aptitud de la persona para permanecer con vida o para prolongarla). Con la reforma del citado artículo 30 llevada a cabo por la disposición final tercera de la Ley 20/2011, de 21 de julio desaparecen los requisitos que determinaban, a modo de *conditio iuris*, la adquisición de la personalidad: tener figura humana y vivir veinticuatro horas desprendido del claustro materno.

3. La capacidad de obrar. Especial referencia a los menores de edad

A. Concepto y fundamento de la capacidad de obrar

La capacidad jurídica describe la condición del sujeto en términos estáticos de abstracta posibilidad de ser titular de derechos, de deberes y de otras situaciones jurídicas subjetivas, mientras que la capacidad de obrar delinea en términos dinámicos la posibilidad para el sujeto de desenvolver un papel activo en la adquisición y en el ejercicio de derechos, en la asunción y ejecución de deberes y, en general, en la realización de una válida actividad jurídicamente relevante[299].

296 *Cfr.* RESCIGNO, *Manuale...*, cit., p. 127.

297 Comenzando con el nacimiento, y acompañando a todos los individuos hasta su muerte, viene a consagrar en términos de igualdad ante la ley la igualdad natural de todos los seres humanos. A través de la capacidad jurídica el ordenamiento toma nota del dato de la existencia personal; basta esta para que el individuo quede constituido *actu*, general e indiferenciadamente, en sujeto de derecho (subjetividad jurídica cuyo reconocimiento se impone a todos) y potencialmente en eventual sujeto activo o pasivo de todas aquellas relaciones jurídicas que en el curso de su vida pueda libremente establecer o que, por razón de su comportamiento, o por hechos producidos en su esfera jurídica, puedan ocasionarse. Así, GORDILLO CAÑAS, ANTONIO, *Capacidad, incapacidades y estabilidad de los contratos*, Madrid, Editorial Tecnos, S.A., 1986, pp. 26 a 28.

298 Afirma Florensa («La modificación del criterio de adquisición de la personalidad civil...», cit., p. 10) que el actual artículo 30 del código civil es mucho más fiel a la regla predispuesta por el derecho romano; para este, en palabras de García Goyena, era suficiente con que el hijo naciera vivo, entendiéndose «nacido» cuando quedaba desprendido del seno materno aunque no fuera viable y aunque muriera al momento.

299 Ni la posibilidad genérica de ser titular de derechos y obligaciones (capacidad jurídica), ni la situación de pertenencia de un concreto derecho a un sujeto (titularidad), son suficientes para poder llevar a cabo eficazmente actuaciones relacionadas con ese derecho. A tal

Como afirma Tamburrino[300], normalmente se define la capacidad de obrar como la posibilidad que tiene el sujeto de concluir actos jurídicos, es decir, de hacer valer los propios intereses en los modos reconocidos por la norma, de determinar con el propio comportamiento la aplicación de la norma y el nacimiento de los efectos por ella previstos.

Si la capacidad jurídica identifica en el sujeto el punto de referencia esencial para la atribución y la imputación de efectos jurídicos, la capacidad de obrar reconoce en el sujeto el motor de los efectos jurídicos, aquel que los produce, los modifica, los extingue. La capacidad de obrar, al contrario que la capacidad jurídica, corresponde solamente a los sujetos que el sistema considera aptos para asumir el papel de protagonistas del tráfico jurídico[301].

En el plano de la capacidad de obrar, la referencia a los efectos es indirecta y tiene valor exclusivamente para poner de relieve cómo el sujeto llega a provocar con el propio comportamiento el nacimiento de los efectos programados para la tutela de los propios intereses[302].

Tradicionalmente la doctrina distingue dos formas de capacidad de obrar, la legal y la natural: la primera es la establecida con carácter general por la ley y se reduce a los hechos que hacen posible la atribución de la capacidad, como la edad; la segunda hace referencia a la capacidad de entender y querer que se considera el substrato fundamental y primario para cualquier acción humana productora de efectos jurídicos[303].

---

fin es preciso tener capacidad de obrar (o, en la terminología de la Ley 8/2021, de ejercer la capacidad jurídica), que es, en términos generales, la posibilidad de desarrollar una actuación válida y eficaz desde el punto de vista jurídico. Así, MARTÍNEZ DE AGUIRRE, «La persona y el derecho de la persona», cit., parágrafo 124, p. 31.

300 *Le persone fisiche...*, cit., p. 6.

301 Gordillo Cañas (*Capacidad...*, cit., pp. 38-39) afirma lo siguiente: frente a la capacidad jurídica, aptitud o incluso exigencia para ser titular de derechos, como expresión básica de la subjetividad, la capacidad de obrar consiste en la aptitud para actuar como tal sujeto, con un comportamiento generador de efectos jurídicos eficaces. Y, como es lógico, de una tal distinta conceptuación de ambas formas de capacidad, también el distinto presupuesto de una y otra: la capacidad jurídica es simple versión de la personalidad; la capacidad de obrar, en cambio, supuesta la personalidad, exige, además, un mínimo de madurez en el sujeto. Y añade: distinta así en su concepto y presupuestos, también en sus notas o propiedades, la capacidad de obrar se distingue de la capacidad jurídica. Si esta última acompaña siempre a la persona desde su nacimiento hasta la muerte, sin que admita grados ni modificaciones, la capacidad de obrar representa un momento distinto de la subjetividad. Hace referencia, no a la básica y pura receptividad de titularidades, sino a la posibilidad del sujeto de llevar a cabo en la esfera de su interés actos jurídicos, provocando el nacimiento de efectos sancionados en su eficacia por el derecho. Exige, por ello, en la persona la madurez necesaria para valorar la conveniencia de tales actos.

302 *Cfr.* FALZEA, «Capacità...», cit., pp. 16-17

303 *Cfr.* TAMBURRINO, *Le persone fisiche...*, cit., p. 11.

Con respecto al derecho español, afirma la doctrina[304] que la consideración de la capacidad natural como *substratum* o presupuesto de la capacidad de obrar puede ser defendida en línea de principio. De aquí se deriva que, a diferencia de la capacidad jurídica, la de obrar no es igual para todas las personas, entre otras razones porque tampoco es la misma la capacidad natural. Llevada a su extremo, la correspondencia entre la capacidad natural y la capacidad de obrar obligaría a comprobar caso por caso la capacidad natural de las personas, para poder determinar así, también caso por caso, y momento a momento, su concreta capacidad de autogobierno; esto es impracticable porque paralizaría por completo la vida jurídica. Por estas o parecidas consideraciones, nuestro derecho, como otros de su entorno, ha optado por establecer una *capacidad general de obrar* (que permite realizar todos los actos de la vida jurídica que no exijan una capacidad distinta), y por vincular esta capacidad general de obrar a la concurrencia de una circunstancia objetiva y fácilmente comprobable, como es la edad.

El código civil español establece lo siguiente en su artículo 246: «El mayor de edad puede realizar todos los actos de la vida civil, salvo las excepciones establecidas en casos especiales por este Código».

Por tanto, el primer hecho mediante el cual la ley presume la capacidad de entender y querer es la mayoría de edad[305]. Siguiendo la explicación de la doctrina española[306], la capacidad general de obrar de una persona no depende directamente de su capacidad natural, sino solo indirectamente, y en un plano puramente abstracto o teórico; directamente, deriva de la edad, que, ahora sí, se funda en una presunción de capacidad o incapacidad natural ligada a las etapas del desarrollo de la personalidad (es el caso de la menor y la mayor edad). No obstante lo dicho, la opción legislativa en favor de la vinculación de la capacidad de obrar a la edad se ha visto progresivamente debilitada a lo largo de las últimas reformas legales, en las que se va acentuando cada vez más la dependencia directa entre la capacidad natural de autogobierno y las posibilidades reales de actuación con eficacia jurídica. En cuanto a los menores, a través del cada vez más habitual recurso directo a su capacidad natural.

Giardina[307], refiriéndose al derecho italiano, afirma que parece natural que, para la adquisición de la capacidad legal de obrar, se exija el cumplimiento de una edad mínima. La lógica es la misma: no sería posible determinar caso por

304 MARTÍNEZ DE AGUIRRE, «La persona y el derecho de la persona», cit., parágrafo 124, pp. 31-32.

305 La presunción legal de capacidad del mayor de edad es una presunción *iuris tantum*, lo que quiere decir que puede ser desvirtuada, en relación con actos concretos, mediante la prueba de que en el momento de realizarlos el mayor de edad carecía de capacidad natural suficiente. Así, MARTÍNEZ DE AGUIRRE ALDAZ, CARLOS, «La edad», en PEDRO DE PABLO CONTRERAS (coordinador) *et al.*, *Curso de Derecho Civil* (I), Volumen II, *Derecho de la Persona*, 7.ª ed., Madrid, Edisofer, 2021, parágrafo 173, p. 108.

306 MARTÍNEZ DE AGUIRRE, «La persona y el derecho de la persona», cit., parágrafo 124, p. 33.

307 «La persona física», cit., pp. 281-282.

caso (para cualquier sujeto y para cualquier tipo de acto) la capacidad necesaria. Es indispensable establecer una medida única y válida para todos los sujetos de derecho, que sacrifica los matices y las diversidades. La incapacidad legal de obrar conduce a la exclusión del incapaz de la actividad jurídica con una finalidad de protección. Las razones, siguiendo la lógica del código civil, son claras. Impidiendo la actividad jurídica a quien se considera que no está en condiciones de desenvolverla adecuadamente, se ofrece una doble garantía. Se garantiza la protección del incapaz, excluyéndolo del desenvolvimiento de la actividad jurídicamente relevante y productiva de efectos, los cuales, no adecuadamente conocidos y queridos, podrían revelarse perjudiciales para el sujeto inmaduro. Pero se garantiza también la protección de los otros sujetos del ordenamiento, que están en condiciones de saber antes, y con certeza, con quien pueden válidamente tener relaciones jurídicamente relevantes. Puesto que la garantía es, en su doble dirección, una garantía de seguridad del tráfico jurídico, la conexión a una edad fija como dato seguro (y fácilmente comprobable) de referencia permite a los institutos de la capacidad y de la incapacidad legal de obrar determinar las condiciones del sujeto antes de la realización de los actos individuales.

En el caso español, a partir de la Constitución de 1978 las sucesivas reformas legislativas en el tema de la capacidad han introducido una perspectiva diferente con respecto a los sujetos tradicionalmente calificados como carentes de capacidad de obrar con fundamento en que la capacidad es expresión de la personalidad, de la dignidad de toda persona, sea mayor o menor, tenga o no discapacidad. Por eso, por principio la capacidad ha de ser igualmente plena para toda persona[308].

Hoy se considera que la situación de minoría de edad no es de incapacidad, sino de capacidad que se amplía gradualmente al compás del desarrollo físico e intelectual de la persona[309].

308 Así, Cerdeira Bravo de Mansilla, Guillermo, «*In dubio pro capacitate y favorabilia amplianda, odiosa restringenda*: "viejos" principios para interpretar "nuevas" reglas sobre capacidad y prohibiciones», en *Capacidad y protección de las personas menores de edad en el derecho*, colección *Biblioteca de derecho de las personas*, directores Guillermo Cerdeira Bravo de Mansilla y Leonardo B. Pérez Gallardo, coordinador Manuel García Mayo, Santiago-Chile, Ediciones Olejnik, 2021, p. 84.

309 *Cfr.* Gete-Alonso, «Conceptuación de la capacidad: del paternalismo a la autonomía», cit., p. 40. Afirma Bayod, refiriéndose a la legislación aragonesa, que la minoría de edad no es una situación de incapacidad, sino un estado de las personas en aprendizaje; de ahí que el legislador aragonés regule la capacidad del menor alejándose del uso de un criterio objetivo: el cumplimiento de determinada edad; atendiendo, por el contrario, a uno subjetivo: el «juicio suficiente», que tiene que ver con el desarrollo evolutivo y la capacidad natural de entender y querer. Bayod López, Carmen, «Capacidad de las personas por razón de la edad. Uno de los modelos (¿a exportar?) de la legislación civil española», en *Capacidad y protección de las personas menores de edad en el derecho*, colección *Biblioteca de derecho de las personas*, directores Guillermo Cerdeira Bravo de Mansilla y Leonardo B. Pérez Gallardo, coordinador Manuel García Mayo, Santiago-Chile, Ediciones Olejnik, 2021, p. 129.

En definitiva, «mayor reconocimiento en favor de una capacidad progresiva de las personas menores de edad, aunque restricciones siga habiendo, no como prueba o manifestación de su innata o natural incapacidad, sino, precisamente al contrario, como muestra de su natural capacidad que solo por razones excepcionales para su propia protección conviene en ocasiones restringir»[310].

Según la doctrina española[311], nuestro derecho no establece con carácter general cuál es la capacidad de obrar del menor. Para conocerla hay que acudir a un conjunto relativamente amplio de preceptos, procedentes además de leyes diferentes. Partiéndose de la limitación de la capacidad de obrar del menor por lo que cabría denominar la falta de autonomía, es decir, de la posibilidad de actuar con eficacia jurídica respecto a la propia esfera jurídica, tanto el código civil como numerosas leyes especiales (civiles o no) establecen capacidades especiales de obrar, que producen una notable y progresiva ampliación de las posibilidades de actuación eficaz del menor. Estas capacidades especiales están vinculadas fundamentalmente a una edad inferior a los dieciocho años y a la capacidad natural de autogobierno o a la madurez de juicio del menor.

Como analizaremos a continuación, en algunos supuestos, por ejemplo acto ilícito y determinados actos negociales, basta la capacidad natural de entender y querer.

B. Punto de partida: la originaria formulación de la tutela del menor

Siguiendo a Moscati[312], tradicionalmente la tutela del menor se ha conectado con el ámbito de la incapacidad de obrar. En los manuales de derecho privado se leía que el menor de edad era un sujeto incapaz de atender los propios intereses y, por tanto, el ordenamiento no le reconocía la aptitud para la actividad jurídica, que se realizaría, en su nombre y en su interés, por quien tuviese la representación legal (los padres y, en su defecto, el tutor). La minoría de edad se contemplaba como una de las causas de la incapacidad de obrar, sancionándose con la anulabilidad los actos realizados directamente por el menor. El binomio incapacidad de obrar/anulabilidad de los actos del menor

310 CERDEIRA BRAVO DE MANSILLA, GUILLERMO y PÉREZ GALLARDO, LEONARDO B., «A modo de prólogo: la capacidad en las personas menores de edad: entre su autonomía —responsable— y su protección —ponderada—», en *Capacidad y protección de las personas menores de edad en el derecho*, colección *Biblioteca de derecho de las personas*, directores GUILLERMO CERDEIRA BRAVO DE MANSILLA y LEONARDO B. PÉREZ GALLARDO, coordinador MANUEL GARCÍA MAYO, Santiago-Chile, Ediciones Olejnik, 2021, p. 17.

311 MARTÍNEZ DE AGUIRRE, «La edad», cit., parágrafos 175-176, pp. 109 ss.

312 MOSCATI, ENRICO, «Il minore nel diritto privato, da soggetto da proteggere a persona da valorizzare (contributo allo studio dell´"interesse del minore")», en *Il diritto di famiglia e delle persone*, volume XLIII, luglio-settembre 2014, 3, Parte II, Studi, pp. 1141-1142.

era el instrumento de protección adoptado por el ordenamiento con respecto a esos sujetos sobre los que recaía la presunción absoluta de falta de idoneidad para la protección de los propios intereses. El ordenamiento jurídico concibió un sistema de protección del menor dirigido a impedir su participación en la actividad jurídica a través del doble instrumento de la anulabilidad de los actos realizados y de la representación legal. El sistema originario descrito perseguía, esencialmente, la protección de los intereses patrimoniales del incapaz. Esta orientación sustancialmente paternalista de la protección con respecto al menor contemplaba como excepción la hipótesis de la emancipación.

A grandes rasgos, esta originaria formulación legislativa de la protección del menor se inspira en la concepción patrimonialista de la persona[313].

De la concepción primitiva de la minoría de edad como objeto de protección legal se ha pasado actualmente a hablar del *interés* del menor[314], lo que ha motivado un paulatino reconocimiento de su capacidad de obrar, tanto en el código civil como en la legislación especial, apoyado dicho reconocimiento en los principios constitucionales de igualdad, solidaridad y libre desarrollo de la personalidad, con la consiguiente relevancia de la persona (categoría del ser), en lugar del patrimonio (categoría del tener), y de la autodeterminación individual, concretándose todo ello, fundamentalmente, en la atribución de capacidad al menor para ejercitar sus derechos fundamentales (elecciones de carácter existencial) cuando haya adquirido una suficiente madurez.

C. El concepto de la capacidad natural de entender y querer y su relevancia constitucional

Según Caterina[315], ya sea para valorar la validez de los actos de autonomía privada o para determinar la responsabilidad por las propias acciones, el derecho obviamente atribuye relevancia a la capacidad de entender y querer. La capacidad de entender y querer es la capacidad de darse cuenta de las consecuencias de las propias acciones y de determinarse de manera suficientemente libre, es decir, no sobre la base de impulsos incontrolables. Por una parte, el reconocimiento de la autonomía privada presupone un mínimo de consciencia y libertad respecto a las elecciones que el individuo toma. Por otra parte, también la responsabilidad parece justificarse solo con respecto a comportamientos sobre los que el sujeto tiene un mínimo de control. En conclusión, la privación o la limitación de la capacidad natural de entender y querer podrá comportar la invalidez de determinados actos de ejercicio de la

313 *Cfr.* MOSCATI, «Il minore nel diritto privato...», cit., p. 1144.

314 *Cfr.* MOSCATI, «Il minore nel diritto privato...», cit., p. 1149.

315 CATERINA, RAFFAELE, *Le persone fisiche*, terza edizione, Torino, G. Giappichelli Editore, 2019, pp. 23 a 25.

autonomía privada, o también excluir o limitar la responsabilidad del sujeto. Pero, además, la capacidad de entender y querer es una situación relativa y no siempre evidente para los terceros que interactúan con un sujeto. Piénsese en el caso de los niños y de los adolescentes. Por una parte, es evidente que un mismo adolescente puede ser capaz de comprender la gravedad de determinados comportamientos (golpear a un compañero de la escuela), pero no de otros (publicar sin autorización imágenes de los demás en una red social); podría ser capaz de asumir ciertas decisiones, por ejemplo con relación a pequeños gastos relacionados con la vida cotidiana, pero no elecciones más complejas, destinadas a tener consecuencias importantes y a largo plazo. Por otra parte, el proceso de maduración es en alguna medida individual, y no siempre los terceros disponen de suficientes indicios para valorar la efectiva capacidad de entender y querer del concreto adolescente. Por tales motivos, el derecho, por razones de certeza, construye junto con la capacidad de entender y querer una diversa situación, la capacidad legal de obrar. Nos encontramos de esta manera una situación natural (capacidad de entender y querer) y una situación legal (capacidad legal de obrar) que no siempre coinciden; un individuo menor de dieciocho años podría tener una plena capacidad de entender y querer, pero no la capacidad legal plena de obrar. Ante esta circunstancia de no coincidencia entre situación natural y situación legal el derecho puede dar relevancia a una u otra situación.

Desde el punto de vista legal, el principio constitucional del libre desarrollo de la personalidad ha traído consigo una nueva forma de valorar la capacidad de obrar del sujeto consistente en atender no tanto al dato formal de la edad, que implica presumir la inmadurez psicológica del sujeto que no ha alcanzado una determinada edad legalmente establecida para realizar un determinado acto, sino a la realidad existencial del sujeto, ya que este es el verdadero protagonista de su vida entendida como un proyecto de realización individual y colectiva, lo que comporta la exigencia de promover la autodeterminación de la persona física especialmente en relación con su esfera personal mediante el ejercicio de los derechos fundamentales.

Tal como señala la doctrina[316], la edad, en la fase de evolución del sujeto, incidiendo en el proceso de maduración psicofísica determina su peculiar condición hasta alcanzar la plena madurez: adquiere relevancia jurídica para el derecho en la medida en que produce la aparición de diversas necesidades e intereses merecedores de particular protección y promoción. A estos fines la edad deberá tenerse en cuenta no como dato cronológicamente predeterminado con base en criterios rígidos y formales, sino como fenómeno evolutivo que concurre a determinar el grado de madurez de cada menor.

El recorrido de la transformación de la condición jurídica del menor se ha sintetizado con la hipérbole «de objeto del derecho a sujeto de derechos»,

316 La Rosa, *Tutela dei minori...*, cit., p. 21.

para indicar que el ordenamiento considera al menor, fundamentalmente, como protagonista activo de las propias decisiones en la familia y fuera de ella[317].

La hipérbole anterior evidencia una tensión entre las exigencias de protección, que han inspirado las figuras de la incapacidad del menor y de la potestad de los padres, y las exigencias constitucionales de promoción de la autonomía, que han motivado una serie de modificaciones, entre las que tenemos que mencionar la relevancia atribuida a la capacidad de discernimiento (o a la madurez) del menor como criterio fáctico utilizado por el legislador para establecer de forma individualizada el grado o la medida de la participación directa del menor en las elecciones que le conciernen[318].

La tensión descrita se manifiesta a nivel normativo, en cuyo ámbito coexisten contemporáneamente viejos y nuevos modelos, contrapuestas descripciones de la condición jurídica del menor, sobre todo dependiendo del ámbito de actuación: el ámbito patrimonial del sujeto, relativo a sus intereses patrimoniales, a cuya satisfacción van dirigidos los actos de autonomía, o el ámbito personal y existencial del sujeto, relativo a los intereses inherentes a su esfera existencial, a cuya satisfacción van dirigidos los actos de ejercicio de los derechos de la personalidad.

Como pone de relieve la doctrina[319], se aprecia una nueva orientación, consistente en pasar del dogma de la incapacidad de obrar —entendida como general exclusión del menor de cualquier actividad jurídica con la correspondiente sujeción del mismo a la patria potestad— al análisis sistemático de los institutos dirigidos a la protección del menor. El cambio de perspectiva aludido ha sido fuertemente condicionado por los estudios sobre los llamados derechos de la personalidad y por la centralidad de la persona en lugar de la centralidad del patrimonio, lo que se ha traducido en una nueva concepción del derecho privado mismo. La persona se contempla como portadora de valores que no solo hay que defender, sino también promover, debiéndose incentivar la realización de los mismos mediante el desarrollo de la propia personalidad. La justificación de la incapacidad resulta muy difícil con respecto a los derechos de la personalidad, porque en este ámbito se ha difundido la idea de que no tiene sentido distinguir la abstracta titularidad de la posibilidad de ejercicio inmediato de los derechos. Se impone, en otras palabras, analizar el instituto de la incapacidad de obrar de forma coherente con los artículos constitucionales relativos a los derechos de la personalidad y al principio de igualdad material. La conexión con este principio exige: a) que

317 *Cfr.* PICCINNI, MARIASSUNTA, «I minori di età», en MAZZONI, COSIMO MARCO e PICCINNI, MARIASSUNTA, *La persona fisica*, collana *Trattato di diritto privato*, a cura di GIOVANNI IUDICA e PAOLO ZATTI, Milano, Dott. A. Giuffrè Editore, S.p.A., 2016, p. 397.

318 *Cfr.* PICCINNI, «I minori di età», cit., p. 398.

319 Seguimos la exposición de PICCINNI, «I minori di età», cit., pp. 403 a 405.

sea reconocida al menor la autonomía mediante una tendencial y progresiva igualdad de trato con respecto a quien es plenamente autónomo y, por tanto, «capaz»; b) que sea favorecida la autonomía con el gradual reconocimiento de la participación en la actividad jurídica.

D. Situaciones concretas en las que se da relevancia a la capacidad natural de entender y querer: la responsabilidad extracontractual, el contrato y los derechos de la personalidad

Por lo que se refiere a la responsabilidad extracontractual (artículo 1902 del código civil español), lo relevante es la capacidad de entender y querer.

El artículo 1902 del código civil español no exige la capacidad de obrar para el que causa un daño esté obligado a repararlo, sino solo que su conducta sea negligente (es imputable todo aquel que tenga suficiente capacidad de discernimiento para comprender el alcance de sus actos)[320].

Por tanto, para que en una conducta pueda hablarse de culpa o negligencia únicamente es necesario que el agente sea subjetivamente imputable o, dicho con otras palabras, que tenga voluntad libre y capacidad de entender y querer. Si la imputabilidad es uno de los elementos de la culpabilidad, no será responsable quien no tenga capacidad intelectiva (porque no entiende) y volitiva (porque no actúa libremente).

La Ley Orgánica 1/1996, de 15 de enero, de Protección Jurídica del Menor (en adelante, LOPJM), establece, después de la reforma introducida por la Ley 26/2015, de 28 de julio, de modificación del sistema de protección a la infancia y a la adolescencia, que «Los menores, de acuerdo a su edad y madurez, deberán asumir y cumplir los deberes, obligaciones y responsabilidades inherentes o consecuentes a la titularidad y al ejercicio de los derechos que tienen reconocidos en todos los ámbitos de la vida, tanto familiar, escolar como social» (art. 9 bis.1 LOPJM).

Si la estructura social actual y las nuevas normas otorgan al menor de edad mayor libertad de actuación, presumiendo la propia LOPJM la madurez del menor desde los doce años en numerosas ocasiones, resulta inadecuado hoy defender la irresponsabilidad civil de los menores.

Se puede afirmar que la LOPJM, que establece también que «Las limitaciones a la capacidad de obrar de los menores se interpretarán de forma restrictiva y, en todo caso, siempre en el interés superior del menor» (artículo

---

320 *Cfr.* Izquierdo Tolsada, Mariano M., «¿Por fin menores civilmente responsables? Reflexiones a propósito de las reformas de 2015», en *Foro. Revista de Ciencias Jurídicas y Sociales, Nueva Época*, vol. 19, número 2 (2016), p. 50. DOI: http://dx.doi.org/10.5209/FORO.55366.

2.1, segundo párrafo), parte de la base de que la persona no goza de capacidad de obrar plena, ya que está restringida durante la minoría de edad, pero dicha restricción va en función de la propia madurez del individuo y de las disposiciones de la ley.

Desde un punto de vista legal, la limitación de la capacidad de obrar del menor va reduciéndose a medida que la persona va cumpliendo años, como se encarga de poner de manifiesto el propio legislador cuando se refiere, en el articulado de la Ley Orgánica citada, al desarrollo evolutivo del individuo para el ejercicio de los derechos. Así, por ejemplo, en relación con el derecho a ser oído y escuchado se dispone que «La madurez habrá de valorarse por personal especializado, teniendo en cuenta tanto el desarrollo evolutivo del menor como su capacidad para comprender y evaluar el asunto concreto a tratar en cada caso. Se considera, en todo caso, que tiene suficiente madurez cuando tenga doce años cumplidos» (artículo 9.2, primer párrafo, LOPJM).

Según la propia ley, los menores constituyen una categoría formada por sujetos activos, participativos y creativos, con capacidad de modificar su propio medio personal y social; de participar en la búsqueda y satisfacción de sus necesidades y en la satisfacción de las necesidades de los demás (Exposición de Motivos, apartado 2, LOPJM).

Las actuales regulaciones legislativas se distancian cada vez más del viejo dogma del menor como indiferenciado objeto de protección, ya que tienen en cuenta el dato natural de la progresiva evolución de la personalidad del menor, dentro del contexto de una orientación general dirigida a impulsar todas las medidas idóneas para que el menor pueda desarrollarse física, mental, moral, espiritual y socialmente en forma saludable y normal, así como en condiciones de libertad y dignidad (así lo expresa la Declaración de los Derechos del Niño adoptada y aprobada por la Asamblea General de las Naciones Unidas el 20 de noviembre de 1959)[321].

Es indudable que en este nuevo panorama legislativo el instrumento de la capacidad de discernimiento o de la concreta madurez del menor constituye un mecanismo de protección acorde con el principio constitucional del libre desarrollo de la personalidad y con la contemplación del ser humano en la especificidad de sus condiciones personales, poniendo de manifiesto al mismo tiempo el error metodológico consistente en apelar al instituto de la incapacidad legal de obrar como único mecanismo eficaz de protección del menor, en consonancia con un único modelo abstracto de subjetividad, el del ser humano adulto. Por tanto, vincular apriorísticamente la capacidad de obrar del sujeto exclusivamente a la edad, siguiendo el modelo de subjetividad señalado, significa excluir injustificadamente al sujeto con capacidad

321 *Cfr.* Busnelli, Francesco Donato, «Capacità e incapacità di agire del minore», en *Scritti in memoria di Domenico Barillaro*, Pubblicazioni della Facoltà di Giurisprudenza della Università di Pisa, 79, Milano, Dott. A. Giufrrè Editore, 1982, p. 183 y nota 8.

natural de entender y querer de la realización de su personalidad, de la subjetividad que le reconoce la Constitución, al no poder adoptar autónoma y libremente, acorde con su concreta madurez, elecciones que conciernen a su propia persona o a su patrimonio. De ahí la utilidad del recurso a la capacidad de discernimiento (madurez, suficiente juicio), entendida no como una nueva categoría dogmática, sino como valoración casuística de la situación global del menor con relación a cada acto[322].

La referencia constitucional al libre desarrollo de la personalidad del individuo proyecta una concepción de la subjetividad personal como estructura permanentemente inacabada y susceptible de desarrollo, y por eso portadora de valor en cualquier fase de la historia humana. Se trata de una concepción que rehúye el uso de abstracciones y reduccionismos, y se aleja de la idea propia del individualismo liberal que hace coincidir la persona con el sujeto consciente, identificado, en función de las exigencias del mercado, con arreglo a la valoración típica expresada por el criterio de la mayoría de edad[323].

Además de todo lo dicho, conviene recordar que el código civil español no establece ninguna edad que precise a partir de qué momento se adquiere el discernimiento, sino que únicamente dispone que la mayoría de edad empieza a los dieciocho años cumplidos (artículo 240 del código civil español).

En conclusión, en la actualidad ya no se puede defender la irresponsabilidad civil de los menores, puesto que los menores son capaces de comprender el alcance de sus actos y, por lo tanto, es lógico que se les haga responder de las consecuencias resultantes de la comisión de dichos actos.

El problema consistirá entonces en determinar cuándo el menor posee la capacidad natural de entender y querer el resultado de sus actos. En el derecho civil no existe un límite de edad distinto al que constituye la mayoría de edad a partir del cual se pueda entender que un menor puede ser considerado imputable pese a que todavía no ha alcanzado su plena madurez. Al margen de algunos supuestos particulares, en los que se ha reconocido que los menores a partir de cierta edad tienen capacidad para realizar determina-

322 *Cfr.* STANZIONE, «Dal soggetto alle persone», cit., pp. 392-393.
En nuestra doctrina, afirma Aláez que se ha de conciliar la necesaria heteroprotección de los menores con su autoprotección a través del paulatino ejercicio autónomo de sus derechos fundamentales a medida que aumenta su autonomía volitiva, ya que la dignidad que el artículo 10 de la Constitución española confiere a todas las personas, también durante la minoría de edad, está anudada a la titularidad y ejercicio de los derechos fundamentales, aunque este último puede modularse en función de la paulatina capacidad de obrar que vayan adquiriendo las personas durante la minoría de edad. ALÁEZ CORRAL, BENITO, «El ejercicio autónomo de los derechos fundamentales por el menor de edad», en *Revista Europea de Derechos Fundamentales*, número 21, primer semestre 2013, pp. 39-40. Disponible en: https://dialnet.unirioja.es/descarga/articulo/4394551.pdf.

323 Seguimos en este punto a BILOTTI, EMANUELE, «Diritti e interesse del minore», en *L-JUS*, rivista semestrale del Centro Studi Rosario Livatino, fascicolo 2, 2019, p. 78. Disponible en: https://l-jus.it/indice-fascicolo-2-2019/.

dos actos, en el supuesto concreto relativo a la imputabilidad y, por lo tanto, a la responsabilidad que deriva de la comisión de una infracción civil se considera que el juez deberá constatar si el menor causante del daño tenía suficiente capacidad cuando ocasionó el perjuicio. En el derecho penal, por el contrario, se ha fijado el límite mínimo de los catorce años (el artículo 1 de la Ley Orgánica 5/2000, de 12 de enero, reguladora de la responsabilidad penal de los menores —en adelante, LORPM— dice que «Esta Ley se aplicará para exigir la responsabilidad de las personas mayores de catorce años y menores de dieciocho por la comisión de hechos tipificados como delitos o faltas en el Código Penal o las leyes penales especiales», y su artículo 3 establece que «Cuando el autor de los hechos mencionados en los artículos anteriores sea menor de catorce años, no se le exigirá responsabilidad con arreglo a la presente Ley, sino que se le aplicará lo dispuesto en las normas sobre protección de menores previstas en el Código Civil y demás disposiciones vigentes») para reconocer que un sujeto es penalmente imputable[324].

Si bien es cierto que el derecho penal establece la no imputabilidad de los menores de catorce años, eso no significa que en el ámbito de la responsabilidad extracontractual el menor de catorce años sea un incapaz de entender y querer, esto es, una persona carente de discernimiento suficiente para valorar mínimamente las consecuencias de sus actos. Así pues, puede existir un sujeto que sea inimputable penal pero imputable civilmente por tener suficiente capacidad de entender y querer. Este punto de vista lo mantiene en nuestra doctrina Díaz Alabart[325] cuando afirma que, en cuanto al régimen civil de los menores de catorce años, puesto que hay en el artículo 3 de la LORPM una remisión al código civil para su responsabilidad civil por ilícitos tipificados penalmente, hay que entender que esas normas serán también las que haya que aplicar a los menores de catorce años en lo tocante a su responsabilidad civil, es decir, los artículos 1902 y 1903 del código civil. En su opinión, el ser menores de catorce años, que automáticamente los convierte en inimputables a efectos penales, no tiene el mismo sentido para los efectos civiles. Así como es cierto, añade la misma autora, que los mayores de catorce años son imputables civilmente, no todos los menores que se encuentran por debajo de esa edad son inimputables civiles y, por lo tanto, no serán irresponsables en este aspecto. No puede establecerse una regla rígida que determine exactamente desde que edad puede considerarse imputable civil a un menor de catorce años, y habrá que analizar cada caso concreto.

---

324 Sobre la cuestión de la responsabilidad civil del menor nos ha resultado especialmente útil, y en cierto modo hemos seguido, la obra de LÓPEZ SÁNCHEZ, CRISTINA, *La responsabilidad del menor*, Madrid, Editorial Dykinson, S.L., 2.ª reimpresión 2003 (1.ª edición 2001).

325 DÍAZ ALABART, SILVIA, «La Responsabilidad Civil en la Ley Orgánica 5/2000, reguladora de la Responsabilidad Penal de los Menores», en *Responsa Iurisperitorum Digesta*, Vol. II, edición a cargo de EDUARDO A. FABIÁN CAPARRÓS, Salamanca, Ediciones Universidad de Salamanca, 2001, p. 193.

La capacidad de entender y querer del menor deberá valorarse teniendo en cuenta todas las circunstancias del caso concreto, tales como la naturaleza del acto, edad real, personalidad, formación individual y el ambiente en el que se desarrolle. Así pues, la determinación de la capacidad de discernimiento del menor no puede limitarse exclusivamente al dato de la edad, el cual no es más que un dato fáctico a valorar, como elemento presuntivo, conjuntamente con los otros elementos[326].

Configurándose la minoría de edad como una medida de protección, quedan sustraídas a su operatividad, además de las que expresamente recogen las disposiciones legales, las actividades, también de naturaleza negocial, de las cuales no pueda surgir ningún perjuicio para su autor. Así lo recoge expresamente el artículo 1263 del código civil español, modificado por la Ley 8/2021, de 2 de junio, por la que se reforma la legislación civil y procesal para el apoyo a las personas con discapacidad en el ejercicio de su capacidad jurídica, conforme al cual «Los menores de edad no emancipados podrán celebrar aquellos contratos que las leyes les permitan realizar por sí mismos o con asistencia de sus representantes y los relativos a bienes y servicios de la vida corriente propios de su edad de conformidad con los usos sociales»[327].

Si, como hemos afirmado anteriormente en relación con el tema de la responsabilidad civil del menor, se parte de la base de que la minoría de edad no significa que el sujeto sea un incapaz de entender y querer (situación natural), la norma del artículo 1263 del código civil supone trasladar al campo de los actos negociales dicho planteamiento, atribuyendo al menor de edad la capacidad de autodeterminarse en el ámbito negocial, haciendo posible el libre desarrollo de su personalidad. También con dicha norma se protege o tutela al menor, pues se le introduce gradualmente en el ámbito de las relaciones contractuales, preparándolo de esa manera para entrar en el mundo de los adultos.

---

326 *Cfr.* PICCINNI, «I minori di età», cit., p. 409.

327 Como señala la doctrina española cuando comenta el artículo 1263 del código civil en su anterior redacción dada por Ley 26/2015, de 28 de julio (artículo 1263.1 «No pueden prestar consentimiento: 1.° Los menores no emancipados, salvo en aquellos contratos que las leyes les permitan realizar por sí mismos o con asistencia de sus representantes, y los relativos a bienes y servicios de la vida corriente propios de su edad de conformidad con los usos sociales»), dicho artículo supuso la legalización de la doctrina recogida por el Tribunal Supremo en su sentencia de 10 junio 1991 (fundamento de derecho tercero): «... resulta incuestionable que los menores de edad no emancipados vienen realizando en la vida diaria numerosos contratos para acceder a lugares de recreo y esparcimiento o para la adquisición de determinados artículos de consumo, ya directamente en establecimientos abiertos al público, ya a través de máquinas automáticas, e incluso de transporte en los servicios públicos, sin que para ello sea necesaria la presencia inmediata de sus representantes legales, debiendo entenderse que se da una declaración de voluntad

Según un amplio sector de la doctrina española[328], al comentar el artículo 1263 en su anterior redacción (dada por Ley 26/2015, de 28 de julio), para que puedan ser válidos los actos negociales que los menores pueden celebrar por sí mismos es necesario que la persona que emite el consentimiento, por sus condiciones de edad y con relación al contenido del negocio de que se trate, tenga la madurez suficiente o las facultades mentales adecuadas para poder decidir con libertad.

Al margen de los contratos que los menores puedan celebrar por sí mismos, los demás contratos onerosos o gratuitos realizados sin la representación del tutor o progenitores podrán ser anulados por el menor o sus representantes[329].

---

tácita de estos que impide que tales contratos puedan considerarse inexistentes». Para Nieto Alonso, la referencia contenida en el código civil a los contratos «relativos a bienes y servicios de la vida corriente propios de su edad de conformidad con los usos sociales» constituye una plausible fórmula abierta que razonablemente no establece un elenco cerrado de contratos «relativos a bienes y servicios de la vida corriente propios de su edad de conformidad con los usos sociales», que el menor no emancipado puede realizar por sí mismo y sin necesidad de representación legal, debiendo resolverse la cuestión en atención tanto a la capacidad natural de cada menor concreto, pero, también, de la situación económica del entorno del menor y los usos imperantes en el momento de la conclusión del acto o negocio jurídico; por lo que estima la autora referida que la citada norma debe ser interpretada atendiendo, fundamentalmente, a algunos de los criterios hermenéuticos que propicia el artículo 3.1 del código civil, tanto al criterio sociológico como al teleológico o finalista. NIETO ALONSO, ANTONIA, «Capacidad del menor de edad en el orden patrimonial civil y alcance de la intervención de sus representantes legales», en *Revista de Derecho Civil*, vol. III, núm. 3 (julio-septiembre 2016), Estudios, p. 11. Disponible en: https://dialnet.unirioja.es/ejemplar/439363.

Expone Nieto Alonso («Capacidad del menor de edad...», cit., p. 11, nota 31) que al analizar la doctrina el antiguo artículo 1263.1 observa cómo por una parte se manda atender a la «edad» del menor, «con lo que se diversifica la minoría a este respecto», por ser bien distintos «los grandes menores a los menores de siete u ocho años, como la son también sus respectivas necesidades o atenciones requeridas en su vida corriente». Por otra parte, se considera que los «usos sociales» determinarán el elenco de casos en que es socialmente aceptado o es práctica común admitir «la celebración autónoma de contratos por los menores». Por ejemplo, el caso de los contratos de prestación de servicios de entretenimiento o los contratos de transporte. Ahora bien, añade, esa misma doctrina puntualiza que, posiblemente, los usos sociales no reputen suficiente la intervención del menor no emancipado en casos de contratos de tracto sucesivo o que impongan una carga económica relevante o que sean excepcionales en la vida corriente, señalándose como ejemplo la adquisición de ciertos bienes de consumo, como un teléfono móvil o una motocicleta.

328 Véase NIETO ALONSO, «Capacidad del menor de edad...», cit., pp. 7 y 9.

329 Así, ÁLVAREZ LATA, NATALIA, «El art. 1302 CC», en *Comentarios a la Ley 8/2021 por la que se reforma la legislación civil y procesal en materia de discapacidad*, serie Derecho de la Discapacidad, Volumen III, directora CRISTINA GUILARTE MARTÍN-CALERO, Cizur Menor (Navarra), Thomson Reuters-Aranzadi, 2021, p. 1016.

Según el código civil español, «Los contratos celebrados por menores de edad podrán ser anulados por sus representantes legales o por ellos cuando alcancen la mayoría de edad. Se exceptúan aquellos que puedan celebrar válidamente por sí mismos» (artículo 1302.2).

La anulabilidad por defecto de capacidad protege el interés del menor, el cual podrá anular el contrato, pero no el interés de la otra parte que contrató con el menor, aunque hubiera actuado de buena fe («Los contratantes no podrán alegar la minoría de edad ni la falta de apoyo de aquel con el que contrataron», según el artículo 1302.4 del código civil español)[330]. Prevalece el interés en la protección del menor, como razón de la anulabilidad, frente a la protección de la confianza en la apariencia y la seguridad del tráfico.

Con respecto a los derechos de la personalidad, que forman parte de la esfera de relaciones íntimas de la persona, entiende la doctrina[331] que el carácter personalísimo de estos derechos y su vinculación a la dignidad de la persona determina que el ejercicio de los referidos derechos debe competer a su titular en la medida en que tenga suficiente madurez para ello, esto es, capacidad natural suficiente para comprender el alcance, las consecuencias y, en su caso, los riesgos de sus actos. Todo ello sin perjuicio de que legalmente se haya establecido una determinada edad para permitir el ejercicio de determinados derechos de la personalidad (donación de órganos en vida, consentimiento a actos médicos, etc.), bien por razones de seguridad jurídica, bien en consideración a los riesgos y consecuencias del acto en cuestión.

Por tanto, siguiendo a Stanzione[332], la operatividad de la dicotomía entre capacidad jurídica y capacidad de obrar debe limitarse al campo de las relaciones patrimoniales, en el que se puede admitir la escisión entre titularidad y ejercicio de determinados derechos. Sin embargo, dicha subdivisión no tiene razón de ser en tema de derechos fundamentales, de derechos de la personalidad o, mejor todavía, de situaciones jurídicas subjetivas existenciales. Aquí, de hecho, conceder la titularidad de un derecho sin el ejercicio

330 Afirma Álvarez Lata («El art. 1302 CC», cit., p. 1016) que la impugnación del contrato no requiere otro requisito que el hecho de la propia contratación del menor durante su minoría, independientemente de que el otro contratante supiera o no de esa circunstancia y de que se hubiera aprovechado de una ventaja que en otro caso no concurriría. Tampoco puede el contratante capaz alegar la incapacidad del menor, incluso aunque no conociera dicha circunstancia.

331 García Garnica, María del Carmen, «Artículo segundo. Modificación del Código Civil. Doce: se modifica la redacción del punto primero del artículo 162», en *Estudio sistemático de la Ley 26/2015, de 28 de julio de Modificación del sistema de protección a la infancia y a la adolescencia*, directores Francisco Lledó Yagüe *et al.*, coordinadores Óscar Monge Balmaseda y Leonardo Pérez Gallardo, Consejo General del Notariado, Madrid, editorial Dykinson, S.L., 2018, p. 579 y nota 15.

332 «Dal soggetto alle persone», cit., pp. 293-294.

significa excluir injustificadamente a un sujeto de la realización de su personalidad. Por lo tanto, hay que reafirmar la utilidad del recurso a la capacidad de discernimiento.

El artículo 162 del código civil español establece lo siguiente:

> «Los padres que ostenten la patria potestad tienen la representación legal de sus hijos menores no emancipados.
>
> Se exceptúan:
>
> 1.º Los actos relativos a los derechos de la personalidad que el hijo, de acuerdo con su madurez, pueda ejercitar por sí mismo».

Dicho artículo, afirma la doctrina[333], tiene como finalidad exclusiva la de excluir la representación legal respecto a los actos relativos a los derechos de la personalidad que pueda realizar el menor por sí mismo, de acuerdo con sus condiciones de madurez; y, correlativamente, atribuir al menor la capacidad de obrar en relación con tales actos: aquello (exclusión de la representación legal), como consecuencia de esto (atribución de la capacidad especial), de manera que si los padres carecen de la representación legal es precisamente porque el menor puede actuar por sí mismo, en cuyo caso nadie más puede actuar por él, salvo que el mismo menor lo autorice.

La utilización del instrumento técnico de la concreta madurez del menor con respecto al acto realizado permite modular la capacidad de obrar del menor, puesto que, en definitiva, se trata de determinar que en el ejercicio del derecho el menor es capaz de valorar autónomamente los propios intereses.

Por último, en esta materia hay que tener en cuenta la cláusula general del interés del menor contenida en el artículo 2 de la LOPJM: «1. Todo menor tiene derecho a que su interés superior sea valorado y considerado como primordial en todas las acciones y decisiones que le conciernan, tanto en el ámbito público como privado».

El interés del menor constituye un instrumento técnico jurídico dirigido a determinar, caso por caso, el adecuado equilibrio entre la exigencia de decidir por sí mismo el menor y la exigencia de decidir por parte de los adultos responsables, permitiendo soluciones diversas con base en la relevancia objetiva de los intereses y en las condiciones personales de los sujetos de la decisión[334].

Partiendo de la base de que el menor es un sujeto en formación, cuya capacidad para autodeterminarse está destinada a aumentar con el paso del tiempo, lo que se pretende con la cláusula general del interés del menor es interpretar la protección del menor del artículo 39 de la Constitución española a la luz de los principios constitucionales del libre desarrollo de la personalidad (artículo

---

333 MARTÍNEZ DE AGUIRRE, «La edad», cit., parágrafo 175, p. 113.

334 *Cfr.* PICCINNI, «I minori di età», cit., p. 422.

10 de la Constitución española) y de la igualdad formal y material (artículo 14 de la Constitución española), de tal modo que la protección de los intereses del menor se produzca con la menor limitación posible de su autonomía. La propia LOPJM, en su artículo 2.2, tiene presente el aspecto señalado cuando afirma que en el proceso de determinación del interés superior del menor hay que tomar en consideración, entre otros criterios, los deseos, sentimientos y opiniones del menor, así como su derecho a participar progresivamente, en función de su edad, madurez, desarrollo y evolución personal.

El legislador renuncia a establecer *a priori* que cosa corresponda al interés del menor, concibiéndose el concepto de interés superior del menor como un concepto complejo, flexible y adaptable, que debe ajustarse y definirse de forma individual, con arreglo a la situación concreta del menor afectado y teniendo en cuenta el contexto, las necesidades y las circunstancias específicas personales[335].

La ausencia de una definición legislativa del interés del menor no es debido tanto a la negativa de proporcionar indicaciones sobre este asunto como a la consciente elección de dejar la conformación de tal interés a las exigencias manifestadas en cada situación por el sujeto individual de conformidad con el desenvolvimiento de su personalidad. De ello deriva que no es posible lograr una definición abstracta, válida para todos los tiempos y para todos los lugares, para cualquier ocasión. Así que el criterio a seguir consiste en determinar en cada hipótesis, según las circunstancias ambientales en las que se encuentra y actúa el menor y haciendo, además, referencia a las peculiaridades de cada caso, el interés que concretamente debe perseguirse[336].

Según una opinión doctrinal[337], el planteamiento constitucional del problema de la protección de la personalidad en el artículo 10 de la Constitución española y su complemento en el artículo 39.3 y 39.4, en lo que se refiere a la protección del menor, diseñan un auténtico programa constitucional, cuya finalidad es conseguir que el niño se convierta en un ciudadano cuando llegue a la mayoría de edad. De acuerdo con lo anterior, el concepto de interés del menor no constituye otra cosa que la proyección en las personas menores de edad del problema de la protección de los derechos fundamentales en general. Partiendo de la base de que el menor es titular de derechos funda-

---

335 *Cfr.* NÚÑEZ ZORILLA, CARMEN, «El interés superior del menor en las últimas reformas llevadas a cabo por el legislador estatal en el sistema de protección a la infancia y a la adolescencia», en *Persona y derecho*, número 73, 2015/2, p. 125. DOI: https://doi.org/10.15581/011.73.117-160.

336 *Cfr.* STANZIONE, PASQUALE, «Interesse del minore e "statuto" dei suoi diritti», en AUTORINO, GABRIELLA e STANZIONE, PASQUALE, *Diritto civile e situazioni esistenziali*, Torino, G. Giappichelli Editore, 1997, p. 183.

337 Seguimos en este punto la exposición de RAVETLLAT BALLESTÉ, ISAAC, «El interés superior del niño: concepto y delimitación del término», en *Educatio Siglo XXI*, vol. 30, núm. 2, 2012, p. 96. Disponible en: https://revistas.um.es/educatio/article/view/153701.

mentales porque tiene personalidad jurídica desde el momento de su nacimiento, el principio del interés del menor se identifica con la protección de aquellos derechos que el ordenamiento jurídico atribuye con la categoría de fundamentales a las personas[338]. En consecuencia, la regulación que desarrolle este principio, las resoluciones judiciales que deban decidir en relación con problemas suscitados con menores no se encuentran con un concepto vacío, puesto que su contenido consiste en asegurar la efectividad de unos derechos a unas personas que por sus condiciones de madurez no pueden actuar por sí mismas o de forma independiente para reclamar su efectividad.

Estimamos acertado el punto de vista anterior, en el sentido de que el interés del menor no es un concepto sustitutivo de los derechos subjetivos que le pertenecen. El menor debe ser considerado como una persona plena y las medidas de protección deben ser consideradas como herramientas para superar su inmadurez y promover una armónica maduración. El interés del menor, lejos de sustituir a sus derechos, no puede más que ser interpretado como instrumento para la actuación de los mismos[339].

El vínculo entre (realización de los) derechos, ser oído y escuchado e interés superior del menor está expresado en el artículo 24 de la Carta de los Derechos Fundamentales de la Unión Europea:

> «1. Los niños tienen derecho a la protección y a los cuidados necesarios para su bienestar. Podrán expresar su opinión libremente. Esta será tenida en cuenta para los asuntos que les afecten, en función de su edad y madurez.
>
> 2. En todos los actos relativos a los niños llevados a cabo por autoridades públicas o instituciones privadas, el interés superior del niño constituirá una consideración primordial.
>
> 3. Todo niño tiene derecho a mantener de forma periódica relaciones personales y contactos directos con su padre y con su madre, salvo si ello es contrario a sus intereses»[340].

Como indica la doctrina[341], se considera que el interés superior del niño es un principio jurídico garantista, entendiéndose la «garantía», con base

338 Como afirma La Rosa (*Tutela dei minori...*, cit., p. 84), la Constitución italiana (también la española, añadimos nosotros) reconoce a todos los seres humanos los derechos de la personalidad, como patrimonio natural e irrenunciable de la persona humana. No existe a nivel constitucional una diversidad de tratamiento entre el menor y los otros sujetos de derecho. En el momento en que el ordenamiento reconoce los derechos inviolables del ser humano no opera ninguna distinción con base en el criterio de la edad. El dato de referencia sustancial está constituido por la simple existencia del sujeto al margen de sus individuales y personales condiciones.

339 Recoge este punto de vista PICCINNI, «I minori di età», cit., p. 417.

340 *Cfr.* PICCINNI, «I minori di età», cit., pp. 417-418.

341 CILLERO BRUÑOL, MIGUEL, «El interés superior del niño en el marco de la Convención Internacional sobre los Derechos del Niño», en *Derechos de la niñez y la adolescencia.*

en el desarrollo teórico de Ferrajoli, como una obligación de la autoridad pública destinada a asegurar la efectividad de los derechos subjetivos individuales. Cuando los niños eran considerados meros objetos dependientes de sus padres o de la arbitrariedad de la autoridad, el principio del interés superior del menor fue importante para resaltar la necesidad de reconocer al niño su cualidad de persona; ahora que, al menos en el plano normativo, se ha reconocido al niño como un sujeto portador de derechos, el principio debe ser un mecanismo eficaz para oponerse a la amenaza y a la vulneración de los derechos reconocidos al menor y para promover su protección. Los menores tienen derecho a que se adopten aquellas medidas que promuevan y protejan sus derechos, y no las que los conculquen. Se debe armonizar la utilización del interés superior del niño con una concepción de los derechos humanos como facultades que permiten oponerse a los abusos del poder y superar el paternalismo que tradicionalmente ha inspirado la regulación de los temas relativos a la infancia. En definitiva, el principio del interés superior del niño, tal como está configurado, tiene sentido en la medida en que los menores son titulares de los derechos fundamentales (sujetos de derecho), siendo obligación de las autoridades realizar el interés superior del menor consistente en alcanzar la plena satisfacción de sus derechos.

E. La dimensión relacional de la capacidad

Sabiendo ya que la capacidad de obrar se fundamenta en la capacidad natural de entender y querer del sujeto, en la capacidad de valorar los hechos y decidir los comportamientos, debemos hacer una observación final: la capacidad natural señalada aparece configurada tomando en consideración la imagen abstracta de un individuo dotado de razón y voluntad, capaz por sí mismo de autodeterminarse libremente, sin tener presente que existen múltiples circunstancias que condicionan la relación entre el sujeto y sus decisiones.

Por eso, en nuestra opinión, la capacidad de obrar se debe valorar contemplando al sujeto inmerso en la relación concreta en la que se encuentra y vive, y no al sujeto aislado del contexto social en el que participa; por tanto, se debe otorgar relevancia a las condiciones de la relación o a las condiciones del proceso en el que la decisión se sitúa.

En efecto, es necesario no perder de vista que la voluntad se conforma sobre la base de la representación de la realidad y sobre la base de la valoración del propio interés en el marco de la relación con los otros coprotagonis-

Antología, compiladores Mauricio González Oviedo y Elieth Vargas Ulate, Conamaj, Escuela Judicial, Unicef, Costa Rica 2001, pp. 31 a 45. Disponible en: https://www.unicef.org/costarica/media/876/file/Derechos%20de%20la%20Ni%C3%B1ez%20y%20Adolescencia:%20Antolog%C3%ADa.pdf.

tas. Desde esta perspectiva, la pregunta no es si el sujeto tiene razón y voluntad para realizar un determinado acto, sino si el sujeto adoptó libremente su decisión porque el proceso de decisión se desarrolló correctamente, es decir, de forma leal, honesta y veraz (contenido sustantivo de la buena fe) entre las partes. En consecuencia, se trata de dar relevancia al proceso de decisión, a las condiciones del proceso, a la efectividad del proceso, en el que domina la interacción entre los protagonistas y el contexto, con el fin de valorar si en una determinada relación el comportamiento del otro coprotagonista ha incidido en la posibilidad del sujeto de orientar su decisión en coherencia y armonía con su propia identidad —con eso que su biografía, sus valores y sus preferencias exigen—. En esa dimensión relacional de la capacidad la labor consiste en averiguar si las condiciones objetivas existentes han permitido o no al sujeto comprender y manifestar su preferencia[342].

Como destaca la doctrina[343], la negociación entre individuos a veces pone de manifiesto una disparidad de poder entre las partes contratantes que no se agota en la tipología de la disparidad económica entre un sujeto fuerte y otro débil, sino que comprende situaciones heterogéneas en las que una parte expresa su consentimiento contractual en un contexto de debilidad, de fragilidad o de sufrimiento, originado por sus condiciones psicofísicas, pero también en virtud de una relación de confianza, de dependencia o de sumisión psicológica, de subordinación (incluso de reverencia) con respecto a la otra parte. Piénsese, por ejemplo, en la persona mayor que dona todos sus bienes a quien la cuida durante la tercera edad, en la mujer que, inducida por su sumisión psicológica en relación con el autor del acto, presta su consentimiento para que el otro cónyuge celebre un acto patrimonial, en la persona que en un momento de fragilidad psicológica se vincula a una asociación religiosa a la que dona todos sus bienes, en la persona que en un momento de dificultad económica y de confusión personal vende su casa por una cantidad inadecuada al profesional de confianza que gestiona sus asuntos. Las hipótesis descritas se caracterizan por la concurrencia de diversos elementos. Por un lado, una situación de debilidad o de fragilidad, que puede estar determinada por la enfermedad, por la ancianidad, por una madurez no completamente adquirida o por una situación de dificultad accidental; por otro lado, una relación con la otra parte caracterizada por motivos y estados de dependencia, sumisión, temor, influenciabilidad, que impregna toda la fase de formación del consentimiento contractual, hasta el punto de determinar la situación límite en la que la voluntad no se constituye libremente, sino que se doblega a los deseos de la contraparte.

342 *Cfr.* ZATTI, *Maschere del diritto volti della vita*, cit., pp. 124 a 130 y 136 a 141.

343 FUSARO, ARIANNA, «Il negozio della persona vulnerabile e il linguaggio delle invalidità», en *Ars interpretandi*, n. 2, luglio-dicembre 2019, *Vulnerabilità e diritto*, pp. 39-40.

Y surge la pregunta siguiente: ¿cómo se traduce en el lenguaje jurídico el término vulnerabilidad[344]?

Un primer mecanismo a través del cual la vulnerabilidad relacional, que es la que se asocia a la relación con otro sujeto, llegó a plasmarse en el lenguaje jurídico fue el de la incapacidad, y en particular el de la incapacidad de obrar. Y fuera de los casos comprobados de incapacidad de obrar, la vulnerabilidad de la persona también adquirió relevancia con respecto a un determinado acto negocial bajo el aspecto de un vicio del acto[345].

Es sabido que el acto negocial es el instrumento a través del cual se ejercita una prerrogativa de la persona, que es la autonomía, una particular expresión del más amplio concepto de autodeterminación. En el ámbito del negocio, autonomía se liga a voluntad, que es a su vez expresión e instrumento de la autonomía: el acto de autonomía es aquella manifestación de voluntad con la que el sujeto regula los propios intereses y a la que la ley conecta efectos correspondientes a la voluntad manifestada.

Cuando se introduce el concepto de vulnerabilidad relacional en la categoría jurídica de los actos de autonomía, su colocación natural parece encontrarse en los elementos que alteran el proceso de formación de la voluntad o elementos perturbadores de la voluntad, y en particular en los vicios de la voluntad.

Dicho lo cual, existe jurídicamente una clara distinción entre la incapacidad natural de entender y querer y los vicios del consentimiento. Mientras el estado de incapacidad natural adquiere relevancia desde el punto de vista de los requisitos subjetivos de la actividad negocial y el correspondiente remedio responde a una lógica de protección del sujeto agente, el vicio de la voluntad altera el proceso de formación de la voluntad, constituyendo un elemento perturbador en la estructura del negocio jurídico[346].

La incapacidad natural de entender y querer es un estado psíquico que destaca como condición o estado del sujeto, independientemente del particular proceso volitivo con respecto a un determinado acto negocial; los vicios de la voluntad no derivan de una condición o estado del sujeto, sino de factores externos, contingentes y relativos al particular proceso formativo de la voluntad[347].

---

344 En sentido amplio, la vulnerabilidad indica la ausencia de defensa, la debilidad que nace de la exigencia de satisfacer las necesidades, ya sea en la relación con el ambiente externo, ya sea en las relaciones sociales o afectivas. Ver FUSARO, «Il negozio della persona vulnerabile...», cit., p. 43.

345 *Cfr.* FUSARO, «Il negozio della persona vulnerabile...», cit., pp. 45-46.

346 *Cfr.* FUSARO, «Il negozio della persona vulnerabile...», cit., p. 46.

347 Seguimos en este punto a LECCESE, *Incapacità naturale e teoria dell'affidamento*, cit., pp. 80 ss.

A los efectos de la impugnación del negocio, los vicios de la voluntad determinan un proceso volitivo viciado, pero se trata de una voluntad que proviene de un estado psíquico normal, de una mente sana, a diferencia de la incapacidad natural de entender y querer, la cual presupone una mente que, aunque sea solo de modo transitorio, está obnubilada.

BIBLIOGRAFÍA

Aláez Corral, Benito, «El ejercicio autónomo de los derechos fundamentales por el menor de edad», en *Revista Europea de Derechos Fundamentales*, número 21, primer semestre 2013, pp. 37 ss. Disponible en: https://dialnet.unirioja.es/descarga/articulo/4394551.pdf.

Albanese, Antonio, «La persona fisica e i diritti della personalità», en *Albanese et al., Manuale del diritto privato*, terza edizione, a cura di **Salvatore Mazzamuto**, Torino, G. Giappichelli Editore srl, 2019, pp. 119 ss.

Alcaro, Francesco, *Riflessioni critiche intorno alla soggettività giuridica. Significato di un'evoluzione,* collana *Quaderni di «Studi Senesi»*, raccolti da **Domenico Maffei**, 36, Milano, Dott. A. Giuffrè Editore, 1976.

Alcaro, Francesco, «Statica e dinamica nel rapporto tra soggetto e attività: processo di circolarità. Nuove prospettive funzionalistiche», en *Il diritto civile oggi. Compiti scientifici e didattici del civilista*, Società Italiana degli Studiosi del Diritto Civile, Atti del 1° Convegno Nazionale, 7-8-9 aprile 2005, Grand Hotel Quisisana-Capri, Napoli, Edizioni Scientifiche Italiane, 2006, pp. 251 ss.

Alcaro, Francesco, «Attività e soggettività: circolarità funzionale», en *Scritti in onore di Marco Comporti*, a cura di **Stefano Pagliantini**, **Enrico Quadri** e **Domenico Sinesio**, I, Università di Siena-Facoltà di Giurisprudenza e di Scienze Politiche, collana di studi «Pietro Rossi», nuova serie, volume XXIX, Milano, Dott. A. Giuffrè Editore, S.p.A., 2008, pp. 33 ss.

Alcaro, Francesco, «L'azione giuridica e la categoria dell'attività», en *Salvatore Romano,* a cura di **Giovanni Furgiuele**, collana *I maestri italiani del diritto civile*, Napoli, Edizioni Scientifiche Italiane s.p.a., 2015, pp. 57 ss.

Alpa, Guido, «Commento *sub* art. 1», en **Alpa, Guido** e **Ansaldo, Anna**, *Le persone fisiche*, collana *Il codice civile. Commentario*, diretto da **Piero Schlesinger**, Artt. 1-10, Milano, Dott. A. Giuffrè Editore, S.p.A., 1996, pp. 171 ss.

ALPA, GUIDO,«La persona física», en **ALPA, GUIDO** e **RESTA, GIORGIO**, *Le persone e la famiglia,* 1, *Le persone fisiche e i diritti della personalità*, en *Trattato di diritto civile*, diretto da **RODOLFO SACCO**, Torino, Utet Giuridica, 2006, pp. 3 ss.

ÁLVAREZ LATA, NATALIA, «El art. 1302 CC», en *Comentarios a la Ley 8/2021 por la que se reforma la legislación civil y procesal en materia de discapacidad*, serie Derecho de la Discapacidad, Volumen III, directora **CRISTINA GUILARTE MARTÍN-CALERO**, Cizur Menor (Navarra), Thomson Reuters-Aranzadi, 2021, pp. 1011 ss.

BARCELLONA, PIETRO, «Il problema del rapporto fra soggetto e ordinamento», en *Scritti in onore di Salvatore Pugliatti*, vol. I, t. 1, *Diritto civile*, Pubblicazioni dell'Istituto di scienze giuridiche, economiche, politiche e sociali della Università di Messina, Milano, Dott. A. Giuffrè Editore, 1978, pp. 45 ss.

BARCELLONA, PIETRO, *I soggetti e le norme*, collana *Per la storia del pensiero giuridico moderno*, 16, Milano, Giuffrè Editore, 1984.

BARILE, PAOLO, *Il soggetto privato nella costituzione italiana*,Padova, Cedam, 1953.

BAYOD LÓPEZ, CARMEN, «Capacidad de las personas por razón de la edad. Uno de los modelos (¿a exportar?) de la legislación civil española», en *Capacidad y protección de las personas menores de edad en el derecho*, colección *Biblioteca de derecho de las personas*, directores **GUILLERMO CERDEIRA BRAVO DE MANSILLA** y **LEONARDO B. PÉREZ GALLARDO**, coordinador **MANUEL GARCÍA MAYO**, Santiago-Chile, Ediciones Olejnik, 2021, pp. 117 ss.

BAYÓN MOHÍNO, JUAN CARLOS, *La normatividad del derecho: deber jurídico y razones para la acción*, colección *El Derecho y la justicia*, 26, Madrid, Centro de Estudios Constitucionales, 1991.

BEORLEGUI, CARLOS, «La capacidad lingüística del ser humano: una diferencia cualitativa», en *Thémata. Revista de Filosofía*, núm. 37, 2006, pp. 139 ss. Disponible en: https://institucional.us.es/revistas/themata/37/11Beorlegui.pdf.

BESSONE, MARIO e **FERRANDO, GILDA**, «Persona fisica (dir. priv.)», en *Enciclopedia del diritto*, XXXIII, Milano, Giuffrè Editore, 1983, pp. 193 ss.

BETANCOURT SERNA, FERNANDO, *Derecho romano clásico*, 2.ª edición (revisada y aumentada), colección *Manuales Universitarios*, núm. 33, Sevilla, Universidad de Sevilla, Secretariado de Publicaciones, 2001.

Betegón Carrillo, Jerónimo, «La norma jurídica», en Betegón *et al.*, *Lecciones de teoría del derecho*, Aravaca (Madrid), MacGraw-Hill /Interamericana de España, S.A.U., 1997, pp.117 ss.

Bianca, C. Massimo, *Diritto civile,* III, *Il contratto*, seconda edizione, Milano, Dott. A. Giuffrè Editore, S.p.A., 2000.

Bianca, C. Massimo, *Diritto civile,* I, *La norma giuridica-I soggetti*, seconda edizione, Milano, Dott. A. Giuffrè Editore, S.p.A., 2002.

Bilbao Ubillos, Juan María, «Artículo 10.1», en *Comentario a la Constitución Española: 40 aniversario 1978-2018*, Tomo I *(Preámbulo a artículo 96)*, Libro-homenaje a Luis López Guerra, directores **Pablo Pérez Tremps** y **Alejandro Saiz Arnaiz**, coordinadora **Carmen Montesinos Padilla**, Valencia, Tirant lo Blanch, 2018, pp. 263 ss.

Bilotti, Emanuele, «Diritti e interesse del minore», en *L-JUS*, rivista semestrale del Centro Studi Rosario Livatino, fascicolo 2, 2019, pp. 78 ss. Disponible en: https://l-jus.it/indice-fascicolo-2-2019/.

Blanch Nougués, Juan Manuel, «*Ius, iustitia* y persona: a propósito de la pregunta antropológica», en *Revista General de Derecho Romano*, n.° 10, julio 2008, pp. 1 ss.

Busnelli, Francesco Donato, «Capacità e incapacità di agire del minore», en *Scritti in memoria di Domenico Barillaro*, Pubblicazioni della Facoltà di Giurisprudenza della Università di Pisa, 79, Milano, Dott. A. Giufrrè Editore, 1982, pp. 179 ss.

Cabanillas Sánchez, Antonio, «Comentario a los artículos 29 y 30», en *Comentarios al código civil y compilaciones forales*, Tomo I, Vol. 3.°: Artículos 17 a 41 del Código Civil, 2.ª ed., Madrid, EDERSA, 1993, pp. 761 ss. y 795 ss.

Cantelmo, Vincenzo Ernesto, «Il valore umano della soggettività», en Argiroffi *et al.*, *Soggetti e norma individuo e società*, a cura di **Pietro Perlingieri**, Napoli, Edizioni Scientifiche Italiane s.p.a, 1987, pp. 155 ss.

Carusi, Donato, *L'ordine naturale delle cose*, Torino, g. giappichelli editore, 2011.

Caterina, Raffaele, *Le persone fisiche*, terza edizione, Torino, G. Giappichelli Editore, 2019.

Cazorla González-Serrano, M.ª del Carmen, «La protección jurídica del *nasciturus* en el ordenamiento jurídico español», en *Revista internacional de doctrina y jurisprudencia*, núm. 15, 2017, pp. 1 ss.

Cerdeira Bravo de Mansilla, Guillermo, «*In dubio pro capacitate y favorabilia amplianda, odiosa restringenda*: "viejos" principios para interpretar "nuevas" reglas sobre capacidad y prohibiciones», en *Capacidad y protección de las personas menores de edad en el derecho*, colección *Biblioteca de derecho de las personas*, directores **Guillermo Cerdeira Bravo de Mansilla** y **Leonardo Pérez Gallardo**, coordinador **Manuel García Mayo**, Santiago-Chile, Ediciones Olejnik, 2021, pp. 75 ss.

Cerdeira Bravo de Mansilla, Guillermo y **Pérez Gallardo, Leonardo B.**, «A modo de prólogo: la capacidad en las personas menores de edad: entre su autonomía —responsable— y su protección —ponderada—», en *Capacidad y protección de las personas menores de edad en el derecho*, colección *Biblioteca de derecho de las personas*, directores **Cerdeira Bravo de Mansilla, Guillermo** y **Pérez Gallardo, Leonardo B.**, coordinador **Manuel García Mayo**, Santiago-Chile, Ediciones Olejnik, 2021, pp. 15 ss.

Cillero Bruñol, Miguel, «El interés superior del niño en el marco de la Convención Internacional sobre los Derechos del Niño», en *Derechos de la niñez y la adolescencia. Antología*, compiladores **Mauricio González Oviedo** y **Elieth Vargas Ulate, Conamaj**, Escuela Judicial, Unicef, Costa Rica 2001, pp. 31 ss. Disponible en: https://www.unicef.org/costarica/media/876/file/Derechos%20de%20la%20Ni%C3%B1ez%20y%20Adolescencia:%20Antolog%C3%ADa.pdf.

Clavero, Bartolomé, «La máscara de Boecio: antropologías del sujeto entre persona e individuo, teología y derecho», en *Quaderni fiorentini per la storia del pensiero giuridico moderno*, 39 (1), pp. 7 ss. Disponible en: http://www.centropgm.unifi.it/quaderni/39/index.htm.

Comporti, Marco, «Formalismo e realismo in tema di diritto soggettivo», en *Studi in onore di Francesco Santoro-Passarelli*, I, Napoli, Casa Editrice Dott. Eugenio Jovene, 1972, pp. 715 ss.

Corripio Gil Delgado, María Reyes, «El ser humano en gestación. Hacia un estatuto civil del "hijo no nacido"», en *Revista de derecho civil*, vol. V, núm. 4 (octubre-diciembre, 2018), Estudios, pp. 139 ss. Disponible en: https://www.nreg.es/ojs/index.php/RDC/article/view/311.

Cotta, Sergio, *Diritto. Persona. Mondo Umano*, Torino, G. Giappichelli Editore, 1989.

Cotta, Sergio, «Soggetto di diritto», en *Enciclopedia del diritto*, XLII, Milano, Giuffrè Editore, 1990, pp. 1213 ss.

Cotta, Sergio, *Soggetto Umano. Soggetto Giuridico*, Milano, Dott. A. Giuffrè Editore, 1997.

Cotturri, Giuseppe, *Diritto eguale e società di classi. Per una critica dei manuali tradizionali*, Bari, De Donato editore, 1972.

Chiereghin, Franco, «Le ambiguità del concetto di persona e l'impersonale», en Autori vari, *L'idea di persona*, a cura di **Virgilio Melchiorre**, collana *Metafisica e storia della metafisica*, 16, Vita e Pensiero, Pubblicazioni dell'Università Cattolica del Sacro Cuore, Milano, 1996, pp. 65 ss.

Chiodi, Giovanni, «La funzione sociale del contratto: riflessioni di uno storico del diritto», en *La funzione sociale nel diritto privato tra XX e XXI secolo*, a cura di **Francesco Macario** e **Marco Nicola Miletti**, collana *La cultura giuridica. Testi di scienza, teoria e storia del diritto*, 3, Atti dell'incontro di studio Roma, 9 ottobre 2015, Roma, edizioni Roma TrE-Press, gennaio 2017, pp. 151 ss. Disponible en: http://romatrepress.uniroma3.it/libro/la-funzione-sociale-nel-diritto-rivato-tra-xx-e-xxi-secolo/.

D'Addino Serravalle, Paola, en *La tutela dell'embrione*, a cura di **Biscontini, Guido** e **Ruggeri, Lucia**, Università degli Studi di Camerino, Scuola di perfezionamento in diritto civile, Lezioni raccolte da Pietro Perlingieri, volume 19, Napoli, Edizioni Scientifiche Italiane, 2002, pp. 43 ss.

De Cupis, Adriano, *I diritti della personalità*, Tomo I, en *Trattato di diritto civile e commerciale*, diretto dai professori **Antonio Cicu-Francesco Messineo**, Volume IV, t. 1, Milano, Dott. A. Giuffrè-Editore, 1959.

De Verda y Beamonte, José Ramón, «La protección jurídica del concebido en el derecho español», en *Revista boliviana de derecho*, n.° 22, julio 2016, pp. 16 ss. Disponible en: http://www.scielo.org.bo/pdf/rbd/n22/n22_a02.pdf.

Di Majo, Adolfo, «Il diritto soggettivo nell'ideologia dello stato sociale», en *Annuario bibliografico di filosofia del diritto*, III, Centro di Documentazione per la Filosofia del Diritto diretto da **Sergio Cotta**, Milano, Dott. A. Giuffrè Editore, 1971, pp. 263 ss.

Díaz Alabart, Silvia, «La Responsabilidad Civil en la Ley Orgánica 5/2000, reguladora de la Responsabilidad Penal de los Menores», en *Responsa Iurisperitorum Digesta*, Vol. II, edición a cargo de **Eduardo A. Fabián Caparrós**, Salamanca, Ediciones Universidad de Salamanca, 2001, pp. 185 ss.

Dogliotti, M. e **Figone, A.**, «Soggetti di diritto. Nozioni generali», en *Le persone*, I, *Persone fisiche*, collana *Il diritto privato nella giurisprudenza*, a cura di **Paolo Cendon**, Torino, Utet, 2000, pp. 3 ss.

Dogliotti, Massimo, *Persone fisiche. Capacità, status, diritti*, en *Trattato di diritto privato*, diretto da **Mario Bessone**, Volume II, Torino, G. Giappichelli Editore, 2014.

Falzea, Angelo, *Il soggetto nel sistema dei fenomeni giuridici,* Pubblicazioni dell'Istituto di scienze giuridiche, economiche, politiche e sociali della R. Università di Messina, N. 10, Milano, Dott. A. Giufrrè Editore, 1939.

Falzea, Angelo, «Capacità (teoria generale)», en *Enciclopedia del diritto*, VI, Milano, Giuffrè Editore,1960, pp. 8 ss.

Falzea, Angelo, «Efficacia giuridica», «Fatto giuridico» y «Il fatto naturale», en *Voci di teoria generale del diritto*, Milano, Giuffrè Editore, 1970, pp. 183 ss., 375 ss. y 401 ss.

Falzea, Angelo, *Introduzione alle scienze giuridiche. Parte prima: Il concetto del diritto*, seconda edizione, Milano, Giuffrè Editore, 1979, pp. 3 ss.

Falzea, Angelo, «Fatto vitale», en *Ricerche di teoria generale del diritto e di dogmatica giuridica*, II, *Dogmatica giuridica*, Milano, Dott. A. Giuffrè Editore, S.p.A., 1997, pp. 391 ss.

Fernández Segado, Francisco, «La solidaridad como principio constitucional», en *Teoría y Realidad Constitucional*, n.° 30, 2.° semestre 2012, pp. 139 ss. DOI: https://doi.org/10.5944/trc.30.2012.7004.

Ferrajoli, Luigi, en *La tutela dell'embrione*, a cura di **Biscontini, Guido** e **Ruggeri, Lucia**, Università degli Studi di Camerino, Scuola di perfezionamento in diritto civile, Lezioni raccolte da Pietro Perlingieri, volume 19, Napoli, Edizioni Scientifiche Italiane, 2002, pp. 12 ss.

Ferrajoli, Luigi, *Diritto e ragione. Teoria del garantismo penale*, prefazione di **Norberto Bobbio**, settima edizione, Roma-Bari, Gius. Laterza & Figli Spa, 2002.

Ferrajoli, Luigi, *Principia iuris. Teoria del diritto e della democracia*, 1. *Teoria del diritto*, Roma-Bari, Gius. Laterza & Figli Spa, 2007.

Ferrater Mora, José, «Substrato», en *Diccionario de filosofía*, Tomo IV (Q-Z), nueva edición revisada, aumentada y actualizada por el profesor **Josep-María Terricabras**, supervisión de la profesora **Priscilla Cohn Ferrater Mora**, 1.ª edición, revisada, aumentada y actualizada en Ariel Referencia: noviembre 1994, 1.ª reimpresión: octubre 1998, Barcelona, Editorial Ariel, S.A., pp. 3408-3409.

Florensa i Tomàs, Carles Enric, «La modificación del criterio de adquisición de la personalidad civil: un análisis desde el derecho civil catalán», en *InDret: Revista para el Análisis del Derecho*, año 2012, número 4, pp. 1 ss.

Fusaro, Arianna, «Il negozio della persona vulnerabile e il linguaggio delle invalidità», en *Ars interpretandi*, n. 2, luglio-dicembre 2019, *Vulnerabilità e diritto*, pp. 39 ss.

Galgano, Francesco, «Fonti e sistema», en *Scienza e insegnamento del diritto civile in Italia*, Convegno di studio in onore del prof. Angelo Falzea, Messina 4-7 giugno 2002, a cura di **Vincenzo Scalisi**, Pubblicazioni della Facoltà di Giurisprudenza della Università di Messina, N. 212, Milano, Dott. A. Giuffrè Editore, S.p.A., 2004, pp. 61 ss.

García Garnica, María del Carmen, «Artículo segundo. Modificación del Código Civil. Doce: se modifica la redacción del punto primero del artículo 162», en *Estudio sistemático de la Ley 26/2015, de 28 de julio de Modificación del sistema de protección a la infancia y a la adolescencia*, directores **Francisco Lledó Yagüe** *et al.*, coordinadores **Óscar Monge Balmaseda** y **Leonardo Pérez Gallardo**, Consejo General del Notariado, Madrid, editorial Dykinson, S.L., 2018, pp. 571 ss.

Gentile, Saverio, *Le leggi razziali. Scienza giuridica, norme, circolari*, Milano, EDUCatt, 2010.

Gentili, Aurelio, *Il diritto come discorso*, en *Trattato di diritto privato*, a cura di **Giovanni Iudica** e **Paolo Zatti**, Milano, Dott. A. Giuffrè Editore, 2013.

Gete-Alonso y Calera, M.ª del Carmen, «Conceptuación de la capacidad: del paternalismo a la autonomía», en *Capacidad y protección de las personas menores de edad en el derecho*, colección *Biblioteca de derecho de las personas*, directores **Guillermo Cerdeira Bravo de Mansilla** y **Leonardo Pérez Gallardo**, coordinador **Manuel García Mayo**, Santiago-Chile, Ediciones Olejnik, 2021, pp. 21 ss.

Giardina, Francesca, «La persona física», en *Diritto civile,* diretto da **N. Lipari** e P. **Rescigno**, coordinato da **Andrea Zoppini**, Volume I, *Fonti, soggetti, famiglia*, Tomo I, *Le fonti e i soggetti*, Milano, Giuffrè Editore, 2009, pp. 251 ss.

Giuffrè, Felice, *La solidarietà nell'ordinamento costituzionale*, Università di Catania, Pubblicazioni della Facoltà di Giurisprudenza, Nuova Serie, 179, Milano, Dott. A. Giuffrè Editore, S.p.A., 2002.

Gordillo Cañas, Antonio, *Capacidad, incapacidades y estabilidad de los contratos*, Madrid, Editorial Tecnos, S.A., 1986.

Grossi, Paolo, «*La scienza del diritto privato*». *Una rivista-progetto nella Firenze di fine secolo, 1893-1896*, collana *Per la storia del pensiero giuridico moderno*, 27, Milano, Giuffrè Editore, 1988.

Guastini, Riccardo, *Distinguiendo. Estudios de teoría y metateoría del derecho*, Barcelona, Editorial Gedisa, 1999.

Hernández Gil, Antonio, *El cambio político español y la Constitución*, colección *Textos*, 69, Madrid, Editorial Planeta, S.A., 1982.

Hervada Xiberta, Javier, «Concepto jurídico y concepto filosófico de persona», en *La Ley: Revista jurídica española de doctrina, jurisprudencia y bibliografía*, número 1, Madrid, Edilex, 1981, pp. 942 ss.

Iannarelli, Antonio, «Funzione sociale della proprietà e disciplina dei beni», en *La funzione sociale nel diritto privato tra XX e XXI secolo*, a cura di **Francesco Macario** e **Marco Nicola Miletti**, collana *La cultura giuridica. Testi di scienza, teoria e storia del diritto*, 3, Atti dell'incontro di studio Roma, 9 ottobre 2015, Roma, edizioni Roma TrE-Press, gennaio 2017, pp. 33 ss. Disponible en: http://romatrepress.uniroma3.it/book/la-funzione-sociale-nel-diritto-privato-tra-xx-e-xxi-secolo/.

Izquierdo Tolsada, Mariano M., «¿Por fin menores civilmente responsables? Reflexiones a propósito de las reformas de 2015», en *Foro. Revista de Ciencias Jurídicas y Sociales, Nueva Época*, vol. 19, número 2 (2016), pp. 31 ss. DOI: http://dx.doi.org/10.5209/FORO.55366.

La Rosa, Elena, *Tutela dei minori e contesti familiari. Contributo allo studio per uno statuto dei diritti dei minori*, Pubblicazioni della Facoltà di Giurisprudenza della Università di Messina, Milano, Dott. A. Giuffrè Editore, S.p.A., 2005.

Lavagna, Carlo, *Basi per uno studio delle figure giuridiche soggettive contenute nella Costituzione italiana*, Estratto dagli «Studi Economico-Giuridici» pubblicati per cura della Facoltà di Giurisprudenza della Università di Cagliari, Vol. XXXVI, Padova, Cedam, 1953.

Leccese, Eva, *Incapacità naturale e teoria dell'affidamento*, Università degli Studi «G. D'Annunzio», Facoltà di Economia e Commercio, Pescara, Pubblicazioni dell'Istituto di Studi Giuridici, Napoli, Casa Editrice Jovene, 1999.

Lipari, Nicolò, *Las categorías del derecho civil*, traducción y prólogo: **Agustín Luna Serrano**, Madrid, Editorial Dykinson, S.L., 2016.

Livi, M. Alessandra e **Macario, Francesco**, «I soggetti: profili generali», en *Diritto privato europeo*, a cura di **Nicolò Lipari**, Volume I, Padova, Cedam, 1997, pp. 111 ss.

López Sánchez, Cristina, *La responsabilidad del menor*, Madrid, Editorial Dykinson, S.L., 2.ª reimpresión 2003 (1.ª edición 2001).

Lucarelli, Francesco, *Solidarietà e autonomia privata*, Università di Napoli, Pubblicazioni dell'Istituto di Diritto Privato della Facoltà di Economia e Commercio, 3, Napoli, Casa Editrice Dott. Eugenio Jovene, 1970.

Lucas Verdú, Pablo, *Estimativa y política constitucionales (Los valores y los principios rectores del ordenamiento constitucional español)*, Madrid, Sección de Publicaciones, Facultad de Derecho, Universidad Complutense, 1984.

Macanás Vicente, Gabriel, «Efectos y defectos del artículo 30 del Código civil», en *InDret: Revista para el análisis del derecho*, año 2013, número 4, pp. 1 ss. Disponible en: https://indret.com/?autor=gabriel-macanas-vicente.

Marella, Maria Rosaria, «Note critiche in tema di soggettività giuridica e diversità», en *Politica del diritto*, annata XXIX, volume 29, numero 4, dicembre 1998, pp. 581 ss.

Martínez de Aguirre Aldaz, Carlos, «Comentario a los artículos 29 a 34 del código civil (Del nacimiento y la extinción de la personalidad civil de las personas naturales)», en *Comentarios al código civil*, Tomo II, Vol. 1.°, coordinador **Joaquín Rams Albesa**, coordinadora adjunta **Rosa María Moreno Flórez**, Barcelona, José María Bosch Editor, 2000, pp. 239 ss.

Martínez de Aguirre Aldaz, Carlos, «La persona y el derecho de la persona» y «La edad», en **Pedro de Pablo Contreras** (coordinador) *et al.*, *Curso de Derecho Civil* (I), Volumen II, *Derecho de la Persona*, 7.ª ed., Madrid, Edisofer, 2021, pp. 23 ss. y 103 ss.

Marzano Parisoli, Maria Michela, «La vitalità della dicotomia corporea fenomenologica: sviluppi antropologici e psicologici», en *Psychofenia*, vol. I, núm. 2, 1998, pp. 45 ss. Disponible en: http://siba-ese.unisalento.it/index.php/psychofenia/article/view/i17201632vIn2p45.

Mazzoni, Cosimo Marco, «Il corpo umano», «La vita dalla nascita alla morte» y «I diritti fondamentali dell'uomo», en **Mazzoni, Cosimo Marco** e **Piccinni, Mariassunta**, *La persona fisica*, collana *Trattato di diritto privato*, a cura di **Giovanni Iudica** e **Paolo Zatti**, Milano, Dott. A. Giuffrè Editore, S.p.A., 2016, pp. 3 ss., 69 ss. y 153 ss.

Mazzù, Carlo, «*Status* del soggetto, ordinamento democratico e fruizione dei beni», en *Il diritto di famiglia e delle persone*, Anno IX, luglio-settembre 1980, 3, Parte II, Studi, pp. 968 ss.

Mazzù, Carlo, «La soggettività contrattata. *Ex delicto oritur jus?* Dall'illecito penale un nuovo modo di acquisto della soggettività?», en *Scienza e insegnamento del diritto civile in Italia*, Convegno di studio in onore del prof. Angelo Falzea, Messina 4-7 giugno 2002, a cura di **Vincenzo Scalisi**, Pubblicazioni della Facoltà di Giurisprudenza della Università di Messina, N. 212, Milano, Dott. A. Giuffrè Editore, S.p.A., 2004, pp. 399 ss.

Messinetti, Davide, «Oggetto dei diritti», en *Enciclopedia del diritto*, XXIX, Milano, Dott. A. Giuffrè Editore, 1979, pp. 808 ss.

Messinetti, Davide, «Personalità (diritti della)», en *Enciclopedia del diritto*, XXXIII, Milano, Dott. A. Giuffrè-Editore, 1983, pp. 355 ss.

Moscati, Enrico, «Il minore nel diritto privato, da soggetto da proteggere a persona da valorizzare (contributo allo studio dell'"interesse del minore")», en *Il diritto di famiglia e delle persone*, volume XLIII, luglio-settembre 2014, 3, Parte II, Studi, pp. 1141 ss.

Najmanovich, Denise, «Pensar la subjetividad: complejidad, vínculos y emergencias», en *Utopía y praxis latinoamericana. Revista internacional de filosofía iberoamericana y teoría social*, año 6, n.° 14, septiembre, 2001, pp. 106 ss. Disponible en: http://www.redalyc.org/articulo.oa?id=27901409.

Najmanovich, Denise, *El juego de los vínculos. Subjetividad y redes: figuras en mutación*, colección *Sin fronteras*, Buenos Aires, Editorial Biblos, 2005.

Nieto Alonso, Antonia, «Capacidad del menor de edad en el orden patrimonial civil y alcance de la intervención de sus representantes legales», en *Revista de Derecho Civil*, vol. III, núm. 3 (julio-septiembre 2016), Estudios, pp. 1 ss. Disponible en: http://www.nreg.es/ojs/index.php/RDC/article/view/223/167.

Núñez Zorilla, Carmen, «El interés superior del menor en las últimas reformas llevadas a cabo por el legislador estatal en el sistema de protección a la infancia y a la adolescencia», en *Persona y derecho*, número 73, 2015/2, pp. 117 ss. DOI: https://doi.org/10.15581/011.73.117-160.

Orestano, Riccardo, «Diritti soggettivi e diritti senza soggetto», *en Azione. Diritti soggettivi. Persone giuridiche. Scienza del diritto e storia*, Bologna, Il Mulino, 1978, pp. 115 ss.

Parente, Ferdinando, «La persona e l'assetto delle tutele costituzionali» y «La staticità normativa e la soggettività della persona física», en **Lisella, Gaspare** e **Parente, Ferdinando**, *Persona fisica*, en *Trattato di diritto civile del Consiglio Nazionale del Notariato*, diretto da **Pietro Perlingieri**, Sezione II: *I soggetti*, Napoli, Edizioni Scientifiche Italiane s.p.a., 2012, pp. 1 ss. y 45 ss.

Pele, Antonio, *Filosofía e historia en el fundamento de la dignidad humana*, tesis doctoral en la Universidad Carlos III de Madrid, Instituto de Derechos Humanos «Bartolomé de las Casas», Getafe (Madrid), julio de 2006. URI: http://hdl.handle.net/10016/3052.

Perlingieri, Pietro, *La personalità umana nell'ordinamento giuridico*, Università degli Studi di Camerino, Scuola di perfezionamento in diritto civile, Lezioni raccolte da **Pietro Perlingieri**, volume 3, Napoli, Jovene editore, 1972.

Perlingieri, Pietro, *La persona e i suoi diritti. Problemi del diritto civile*, Napoli, Edizioni Scientifiche Italiane s.p.a., 2005.

Perlingieri, Pietro, *Il diritto civile nella legalità costituzionale secondo il sistema italo-comunitario delle fonti*, tomo II, *Interpretazione sistematica e assiologica. Situazioni soggettive e rapporto giuridico*, terza edizione del tutto rinnovata e corredata di note, Napoli, Edizioni Scientifiche Italiane s.p.a., 2006.

Piccinni, Mariassunta, «I minori di età», en **Mazzoni, Cosimo Marco** e **Piccinni, Mariassunta**, *La persona fisica*, collana *Trattato di diritto privato*, a cura di **Giovanni Iudica** e **Paolo Zatti**, Milano, Dott. A. Giuffrè Editore, S.p.A., 2016, pp. 397 ss.

Pinaglia-Villalón y **Gavira, Juan Ignacio**, «Aproximación al concepto de abuso del derecho del artículo 7.2 del Código civil español», en *Anuario de Derecho Civil*, tomo LXIX, fasc. III, Madrid, Ministerio de Justicia (Centro de Publicaciones) y Agencia Estatal Boletín Oficial del Estado, julio-septiembre 2016, pp. 925 ss.

Pirozzoli, Anna, *La dignità dell'uomo. Geometrie costituzionali*, Università degli Studi di Teramo, collana della Facoltà di Giurisprudenza, 21, Napoli, Edizioni Scientifiche Italiane, 2012.

Pizzorusso, Alessandro, en Pizzorusso *et al., Delle persone fisiche*, Art. 1-10, en *Commentario del codice civile Scialoja-Branca*, a cura di **Francesco Galgano**, Libro Primo-Delle persone e della famiglia, Bologna-Roma, Nicola Zanichelli Editore-Soc. Ed. del Foro Italiano, 1988.

Polacchini, Francesca, «Il principio di solidarietà», en *Diritti e doveri*, a cura di **Luca Mezzetti**, Torino, G. Giappichelli Editore, 2013, pp. 227 ss.

Prieto Sanchís, Luis, «Aproximación al concepto de derecho. Nociones fundamentales», en Betegón *et al.*, *Lecciones de teoría del derecho*, Aravaca (Madrid), MacGraw-Hill/Interamericana de España, S.A.U., 1997, pp. 3 ss.

Prosperi, Francesco, «Rilevanza della persona e nozione di *status*», en *civilistica.com*, Rio de Janeiro, a. 2, n. 4, out.-dez./2013, pp. 1 ss. Recuperado de: http://civilistica.com/rilevanza-della-persona-e-nozione-di-*status*/.

— Artículo originariamente publicado en *Rassegna di diritto civile*, 4/1997, pp. 810 ss.

Pugliatti, Salvatore, «Beni (Teoria generale)», en *Enciclopedia del diritto*, V, Milano, Dott. A. Giuffrè-Editore, 1959, pp. 164 ss.

Pugliatti, Salvatore, «Cosa (Teoria generale)», en *Enciclopedia del diritto*, XI, Milano, Dott. A. Giuffrè-Editore, 1962, pp. 19 ss.

Ramos Chaparro, Enrique, *La persona y su capacidad civil*, Madrid, Editorial Tecnos, S.A., 1995.

Ravetllat Ballesté, Isaac, «El interés superior del niño: concepto y delimitación del término», en *Educatio Siglo XXI*, vol. 30, núm. 2, 2012, pp. 89 ss. Disponible en: https://revistas.um.es/educatio/article/view/153701.

Ray, Jean, *Essai sur la strutture logique du code civil français*, Bibliothèque de philosophie contemporaine, Paris, Librairie Félix Alcan, 1926.

Raz, Joseph, *Razón práctica y normas*, traducción de Juan Ruiz Manero, colección *El Derecho y la justicia*, 27, Madrid, Centro de Estudios Constitucionales, 1991.

Rescigno, Pietro, «Il danno da procreazione», en *Rivista di diritto civile*, Anno II, fascicolo 3° (luglio-settembre, 1956), pp. 614 ss.

Rescigno, Pietro, *Manuale del diritto privato italiano*, nona edizione, Napoli, Casa Editrice Dott. Eugenio Jovene, 1990.

Resta, Giorgio, «I diritti della personalità», en **Alpa, Guido** e **Resta, Giorgio**, *Le persone e la famiglia*, 1, *Le persone fisiche e i diritti della personalità*, en *Trattato di diritto civile*, diretto da **Rodolfo Sacco**, Torino, Utet Giuridica, 2006, pp. 361 ss.

Robles Morchón, Gregorio, «Persona: análisis lingüístico y algunos rasgos de la historia del concepto» y «Sujeto jurídico y persona en la teoría comunicacional del derecho», en *Teoría del Derecho. Fundamentos de Teoría Comunicacional del Derecho*, Volumen I, sexta edición, Cizur Menor (Navarra), Civitas-Thomson Reuters, mayo 2015, pp. 881 ss. y 903 ss.

Rodotà, Stefano, *Il problema della responsabilità civile*, Università di Roma-Facoltà di Giurisprudenza, *Studi di diritto civile*, diretti da **Rosario Nicolò** e **Francesco Santoro-Passarelli**, Milano, Dott. A. Giuffrè-Editore, 1964.

Rodotà, Stefano, *La vita e le regole. Tra diritto e non diritto*, Milano, Giangiacomo Feltrinelli Editore, prima edizione in «Campi del sapere», maggio 2006, seconda edizione settembre 2006.

Rodotà, Stefano, *Dal soggetto alla persona*, Università degli Studi Suor Orsola Benincasa, Facoltà di Giurisprudenza, Lezioni Magistrali, collana diretta da **Francesco De Sanctis** e **Franco Fichera**, 15, Editoriale Scientifica srl, giugno 2007.

Rodotà, Stefano, *Solidarietà. Un'utopia necessaria*, Roma-Bari, Gius. Laterza & Figli Spa, 2014.

Rosmini, Antonio, *Filosofia del diritto*, a cura di **Rinaldo Orecchia**, I, Edizione nazionale delle opere edite e inedite di A. Rosmini-Serbati, vol. XXXV, Padova, Cedam, 1967.

Royes i Qui, Albert, «Comentarios al libro Los fundamentos de la bioética, de Hugo Tristam Engelhardt», en *Revista de Calidad Asistencial*, vol. 18, núm. 7, enero 2003, pp. 612 ss. DOI: 10.1016/S1134-282X (03)77648-9.

Ryszard Kosmider, Mariusz, «El contenido jurídico del concepto del libre desarrollo de la personalidad con referencia especial a los sistemas constitucionales alemán y español», en *Revista de derecho UNED*, núm. 23, 2018, pp. 667 ss. DOI: https://doi.org/10.5944/rduned.23.2018.24038.

Scalisi, Antonino, *Il valore della persona nel sistema e i nuovi diritti della personalità*, Pubblicazioni degli Istituti di scienze giuridiche, economiche, politiche e sociali della Facoltà di Giurisprudenza della Università di Messina, N. 162, Milano, Dott. A. Giuffrè Editore, S.p.A., 1990.

Scalisi, Vincenzo, «Ermeneutica dei diritti fondamentali e principio "personalista" in Italia e nell'Unione europea», en *Il controllo di legitimità costituzionale e comunitaria come tecnica di difesa: Corte costituzionale italiana e spagnola a confronto*, a cura di **Mezzasoma, Lorenzo**; **Rizzo, Vito** e **Ruggeri, Lucia**, collana *Lezioni della Scuola di specializzazione in diritto civile dell'Università di Camerino*, 29, Lezioni raccolte da **Pietro Perlingieri**, Napoli, Edizioni Scientifiche Italiane s.p.a., 2010, pp. 305 ss.

Scozzafava, Oberdan Tommaso, *I beni e le forme giuridique di appartenenza*, Università di Roma-Facoltà di Giurisprudenza, *Studi di diritto civile*, diretti da **Rosario Nicolò e Francesco Santoro-Passarelli**, 32, Milano, Dott. A. Giuffrè Editore, 1982.

Silvestri, Gaetano, *Dal potere ai principi. Libertà ed eguaglianza nel costituzionalismo contemporaneo*, Roma-Bari, Gius. Laterza & Figli Spa, marzo 2009.

Spiegelberg, Herbert, «Leggi costitutive», en *Il linguaggio del diritto*, a cura di **Uberto Scarpelli** e **Paolo Di Lucia**, prefazione di **Mario Jori**, collana *Esedra. Collana di letture*, Milano, LED-Edizioni Universitarie di Lettere Economia Diritto, 1994, pp. 115 ss.

Stanzione, Pasquale, «Persona umana e sistema normativo», en Argiroffi *et al.*, *Soggetti e norma individuo e società*, a cura di **Pietro Perlingieri**, Napoli, Edizioni Scientifiche Italiane s.p.a, 1987, pp. 158 ss.

Stanzione, Pasquale, «Persona fisica. Diritto civile», «Capacità. Diritto privato» y «Interesse del minore e "statuto" dei suoi diritti», en **Autorino, Gabriella** e **Stanzione, Pasquale**, *Diritto civile e situazioni esistenziali*, Torino, G. Giappichelli Editore, 1997, pp. 11 ss., 39 ss. y 161 ss.

STANZIONE, PASQUALE, «Dal soggetto alle persone», en *Scienza e insegnamento del diritto civile in Italia*, Convegno di studio in onore del prof. Angelo Falzea, Messina 4-7 giugno 2002, a cura di **VINCENZO SCALISI**, Pubblicazioni della Facoltà di Giurisprudenza della Università di Messina, N. 212, Milano, Dott. A. Giuffrè Editore, S.p.A., 2004, pp. 385 ss.

TAMBURRINO, GIUSEPPE, *Le persone fisiche: vicende e posizioni giuriche, diritti della personalità, alimenti, tutela della persona fisica incapace o bisognosa,* en *Giurisprudenza sistematica di diritto civile e commerciale*, fondata da Walter Bigiavi, Torino, Utet, 1990.

TRISCIUOGLIO, ANDREA, «Concetto di *status* nel pensiero giuridico», en *Diritto e processo*, 2017, pp. 13 ss.

UGAS, ANNA PAOLA, *Fatto e dinamica nel diritto*, en *Studi di diritto privato*, 39, collana diretta da **F. D. BUSNELLI-S. PATTI-V. SCALISI-P. ZATTI,** Torino, G. Giappichelli Editore, 2011.

URCIUOLI, MARIA ANTONIETTA, *Situazioni esistenziali ed autodeterminazione della persona*, collana *Quaderni della Rassegna di diritto civile*, diretta da **PIETRO PERLINGIERI**, Napoli, Edizioni Scientifiche Italiane s.p.a., 2018.

VEDASCHI, ARIANNA, «Il principio personalista», en *Diritti e doveri*, a cura di **LUCA MEZZETTI**, Torino, G. Giappichelli Editore, 2013, pp. 209 ss.

VELA SÁNCHEZ, ANTONIO, «La sede normativa del Derecho Civil común: Los estragos de la descodificación», en *Anuario de Derecho Civil*, tomo LX, fasc. III, Madrid, Ministerio de Justicia (Centro de Publicaciones) y Agencia Estatal Boletín Oficial del Estado, julio-septiembre 2007, pp. 1257 ss.

VIOLA, FRANCESCO, «Lo statuto giuridico della persona in prospettiva storica», en *Studi in memoria di Italo Mancini*, a cura di **GUSTAVO PANSINI**, Università degli Studi di Urbino, Pubblicazioni della Facoltà di Giurisprudenza e della Facoltà di Scienze Politiche, 3, Napoli, Edizioni Scientifiche Italiane s.p.a., 1999, pp. 621 ss.

VIOLA, FRANCESCO e **ZACCARIA, GIUSEPPE**, *Le ragioni del diritto*, Bologna, il Mulino/Manuali, 2003.

ZATTI, PAOLO, *Maschere del diritto volti della vita*, collana *Derive*, serie diretta da **COSIMO MARCO MAZZONI**, 12, Milano, Dott. A. Giufrrè Editore, S.p.A., 2009.

ZENO-ZENCOVICH, VINCENZO, «Cosa», en *Digesto delle discipline privatistiche*, Sezione civile, vol. IV, Torino, Utet, 1989, pp. 438 ss.

ZENO-ZENCOVICH, VINCENZO, «Identità personale», en *Digesto delle discipline privatistiche*, Sezione civile, quarta edizione, vol. IX, Torino, Utet, 1993, pp. 294 ss.

— «Sinopsis del artículo 10 CE», elaborado por **María Merino Norverto** (diciembre de 2003) y actualizado por **Sara Sieira** (enero de 2011) y que puede consultarse en el portal temático creado por el Congreso de los Diputados con ocasión del 25 aniversario de la Constitución de 1978. Disponible en: https://app.congreso.es/consti/constitucion/indice/sinopsis/sinopsis.jsp?art=10&tipo=2.

Made in United States
North Haven, CT
06 November 2026

21817306R00100